新时代新理念职业教育教材·铁道运输类

产教融合、校企合作教材

行业紧缺人才、关键岗位从业人员培训教材

# 铁道机车总体及整备作业

主　编　潘京涛　谭　啸　王鹏轩

副主编　孙　波　樊庆华　王魁英

刘红艳

北京交通大学出版社

·北京·

## 内 容 简 介

本书以铁道机车相关岗位任务为依据确定知识技能模块，以铁道机车岗位工作的实际完成程序为主线，采用任务驱动方式进行主体结构设计，按照实际工作任务、工作过程和工作情境组织内容编排，是一本体现职业教育教学改革精神的教改教材。本书分为 7 个模块，具体包括铁道机车概述、机车车体与设备布置、机车通风系统、机车空气管路系统、机车转向架、牵引装置及牵引缓冲装置、机车整备作业。

本书适合作为职业教育铁道机车车辆类专业铁道机车总体及整备类课程的教材，也可作为铁路企业职工培训用书。

**图书在版编目（CIP）数据**

铁道机车总体及整备作业 / 潘京涛，谭啸，王鹏轩主编. -- 北京 ： 北京交通大学出版社，2025. 3. -- ISBN 978-7-5121-5467-4

Ⅰ. U26

中国国家版本馆 CIP 数据核字第 20256DW082 号

**铁道机车总体及整备作业**
TIEDAO JICHE ZONGTI JI ZHENGBEI ZUOYE

策划编辑：刘 辉　　责任编辑：刘 辉
出版发行：北京交通大学出版社　　　　电话：010-51686414　　http://www.bjtup.com.cn
地　　址：北京市海淀区高粱桥斜街 44 号　　邮编：100044
印 刷 者：艺堂印刷（天津）有限公司
经　　销：全国新华书店
开　　本：185 mm×260 mm　　印张：17.5　　字数：446 千字
版 印 次：2025 年 3 月第 1 版　　2025 年 3 月第 1 次印刷
定　　价：78.80 元

本书如有质量问题，请向北京交通大学出版社质监组反映。对您的意见和批评，我们表示欢迎和感谢。
投诉电话：010-51686043，51686008；传真：010-62225406；E-mail：press@bjtu.edu.cn。

# 前　言

传统教学模式强调学科的系统性，教学内容多且难，严重脱离实际，不适应职业教育学生的学习与发展。《铁道机车总体及整备作业》是为贯彻高等职业教育、教学改革精神，根据作者自身工作经验并结合教学实践而编写的，本书将岗位的典型工作任务即机车整备作业中的给油检查作业典型工作任务同机车总体与走行部的理论知识有机结合，重在培养学生的实际应用能力和解决问题能力。本书主要介绍 $SS_4$ 改、$HXD_{3C}$、$DF_{4B}$、$HXN_5$ 等型号电力机车与内燃机车的总体及整备作业。

本书具有以下特点。

1. 以岗位任务为依据确定知识技能模块，以铁道机车岗位工作的实际完成程序为主线，采用任务驱动方式进行主体结构设计，按照实际工作任务、工作过程和工作情境组织内容编排。本书从岗位需求出发，以工作任务为中心来整合相应的知识和技能，实现理论与实践的统一，为学生提供体验完整工作过程的学习情境。

2. 通过"学习工作单""自测题"等展示知识要点，体现了知识结构、技能要求、教学内容的弹性化。

3. 每个模块任务着重展示一个基本的知识。将理论的知识融入每个任务中，让学生在进行机车整备检查作业过程中主动自主地去学习，教师在教学过程中可灵活地把握知识点的增删，以适应学生的具体情况，让学生能主动学习，培养学生形成良好的学习习惯。

本书共分 7 个模块，由黑龙江交通职业技术学院潘京涛、谭啸、王鹏轩担任主编；中国铁路哈尔滨局集团有限公司哈尔滨铁路职工培训中心孙波，中国铁路哈尔滨局集团有限公司三棵树机务段樊庆华，黑龙江交通职业技术学院王魁英、刘红艳担任副主编。潘京涛编写了模块 1、模块 7；谭啸编写了模块 3；王鹏轩编写了模块 5；王魁英编写了模块 4；刘红艳编写了模块 6；孙波、樊庆华编写了模块 2。

由于作者的水平有限，本书难免存在错误和不妥之处，恳请读者批评指正！索取本书教学资源，可与出版社编辑刘辉联系（hliu3@bjtu.edu.cn；微信：BJTUPLLT）。

编　者
2025 年 3 月

# 目　录

模块 **1**

# 铁道机车概述

　　机车是牵引或推送铁路车辆运行，而本身不装载营业载荷的自推进车辆，是铁路运输的牵引动力，俗称火车头。按运送每吨公里消耗燃料量计算，机车是耗能最少的陆地运输工具。

　　机车的基本构造、功率等级、科技含量和性能特征，代表着铁路现代化的水平。世界主要国家的铁路机车装备的发展和进步，遵循着同一个规律，即先制造蒸汽机车，再相继制造内燃、电力、混合动力、新能源及多源制机车。蒸汽、内燃、电力、混合动力、新能源及多源制机车的出现，代表着不同时期的科学技术发展和工业制造水平。

　　本模块主要介绍世界及我国铁路牵引动力发展的概况，以及铁道机车的分类及型号。

## 任务 1.1　铁路牵引动力发展概况

### 布置任务

1. 了解世界机车发展概况；
2. 了解我国铁路牵引动力发展概况；
3. 认识铁道机车分类、型号、轴列式、技术参数的含义。

### 相关资料

### 1.1.1　世界机车发展概况

　　铁路是交通运输的基础类型之一，而铁道机车在铁路运输中有着举足轻重的作用，在铁路机车数百年的发展历史中，无数位发明家以及工程师为铁路机车的发展付出了毕生精力。现如今，高铁飞驰，我们再也不会以两百年前"跑步就能追上"的速度来乘坐轨道交通出行了。在此我们分 5 个阶段列出了铁路机车发展的时间轴以及铁路运输速度纪录的时间轴，以便展现世界铁路机车的发展历程。

#### 1. 早期机车的诞生

　　公元 1 世纪，古希腊数学家希罗发明了世界上第一台蒸汽机，他制成了一台汽转球，成为蒸汽机的雏形。从 1765 年到 1790 年，詹姆斯·瓦特不断改进蒸汽机，比如使用分离式冷凝器，在汽缸外设置隔热层，用油润滑活塞，采用行星式齿轮、平行运动连杆机构、离心式调速器、节气阀、压力计，等等，使蒸汽机的效率提高到原来的 3 倍多，极大地提高了蒸汽机的效率。他改进的蒸汽机技术后来被广泛应用于工业生产和交通运输领域。19世纪初，随着蒸汽机的发明与应用，机车的发展历程正式拉开帷幕。

1804年，英国人理查德·特里维希克改进了瓦特的蒸汽机，造出了一台蒸汽机车——"新城堡号"，如图1-1-1所示。这台蒸汽机车，在结构上初步具备了早期蒸汽机车的雏形。而世界上第一台真正意义上的机车是由英国的乔治·斯蒂芬森设计的，于1814年投入使用，被称为"旅行者号"，如图1-1-2所示。这台机车有两个汽缸、一个2.5 m长的锅炉，装有凸缘的车轮可以拉着载重30 t的8节矿车，以6.4 km/h的速度前进。这种机车由于使用煤炭或木柴作燃料，前进时不断从烟囱里冒出烟火来，因此被称为"火车"，这个名称一直沿用至今。这辆机车采用了蒸汽机驱动，通过铁轨进行运输。随后，人们开始尝试改进机车的设计，以提高速度和运输能力。

图1-1-1 "新城堡号"蒸汽机车

图1-1-2 "旅行者号"蒸汽机车

1829年10月6日，乔治·斯蒂芬森和罗伯特共同研制了"火箭号"蒸汽机车，如图1-1-3所示，其在利物浦—曼彻斯特铁路最高跑出了38.4 km/h的速度。

1830年罗伯特·斯蒂芬森又造出"行星号"蒸汽机车，如图1-1-4所示，其将卧式锅炉的内外火箱和烟箱制成一个整体，这种形式的锅炉称为机车式锅炉。"行星号"蒸汽机车的两个汽缸装于锅炉前端的烟箱下部车架内侧水平位置，称为内汽缸式机车，只有一对动轮，装在后部，轴列式为1—1—0。蒸汽机车的基本构造形式除广泛采用外汽缸式（汽缸装于车架前端两外侧）外，迄今无多大变化。

图1-1-3 "火箭号"蒸汽机车

图1-1-4 "行星号"蒸汽机车

### 2. 蒸汽机车的发展

19世纪中叶，蒸汽机车成为当时铁路运输的主要动力。1830年9月，George父子研制了"诺森伯兰人号"蒸汽机车，创下57.6 km/h的最高速度。1830年以后，美国以及其他一些国家先后开始制造蒸汽机车。这个时期机车动轮由二、三对发展至四、五、六对。最早使用二轴引导转向架的是美国于 1832 年制造的 2—1—0 式"乔纳森兄弟"号机车,大型机车还在动轮后面装有较小的从轮。借助从轮,机车可装载一个较宽大、较重的火箱。

1884 年瑞士人马利特发明关节式机车,这种机车牵引力大,并能顺利通过曲线。当时最大的关节式机车是 2—4—4—2 式"大人物"号,整备质量为 543 t,锅炉压力为 2.068 MPa（21.1 kgf/cm²）。

1875—1900 年,蒸汽两次膨胀原理被广泛地应用,诞生了复胀式机车,提高了机车热效率。1900—1920 年由于采用蒸汽过热和给水加热等装置,机车的热效率、牵引力和功率又有所提高。

A4 型蒸汽机车是奈杰尔·格雷斯利于 1935 年为伦敦及东北部铁路设计的流线型 4—6—2 式蒸汽机车。伦敦及东北部铁路 4468 号机车是一台伦敦及东北铁路 A4 型蒸汽机车,其流线型设计赋予了高速能力,1938 年由唐卡斯特工厂（Doncaster Works）制造,英文别称"Mallard",中文意译为"野鸭号",曾创造了时速 126 英里（203 km/h）的蒸汽机车速度纪录,"野鸭号"蒸汽机车如图 1-1-5 所示。

大男孩"BIG BOY"为联合太平洋铁路使用的"4000"系列 4—8—8—4 关节转向架式蒸汽机车（4884-1 型、4884-2 型）的通称。1941 年和 1944 年由美国生产,产量共 25 台,为世界上仅有的轴式为 4—8—8—4 的蒸汽机车。机车前后分别排列有两组动轮,每组为四轴八个动轮,加上两轴四轮的无动力导轮或从轮。两组动轮拥有独立的活塞和曲柄连杆,以关节式转向架相连接。该型机车总重为 540 t,车长为 40.47 m,最高速度为 130 km/h,是历史上体积最大,功率最高和动轮数量最多的蒸汽机车,被誉为人类蒸汽机车的巅峰之作,"大男孩"蒸汽机车如图 1-1-6 所示。

图 1-1-5　"野鸭号"蒸汽机车

图 1-1-6　"大男孩"蒸汽机车

### 3. 内燃机车的兴起

内燃机车是以内燃机作为原动力,通过传动装置驱动车轮转动的机车。内燃机通过燃油（柴油）在汽缸内燃烧,将热能转换为由柴油机曲轴输出的机械能,但并不用来直接驱动动轮,而是通过内燃机车的传动装置转换为适合机车牵引特性要求的机械能,再通过走行部上的传动装置驱动机车动轮在轨道上转动。

内燃机车自出现之日起就备受关注,这是因为它和蒸汽机车相比有许多优点。第一,速度快,蒸汽机车的最高速度一般为 110 km/h,而内燃机车的最高速度可达 180 km/h。第二,载重量大,蒸汽机车的功率为 2 205 kW 左右,而内燃机车可以达到 2 940～4 660 kW,因此其载重量大于蒸汽机车。第三,内燃机车能较好地利用燃料的热效率,蒸汽机车的热效率一般仅为 7%左右,而内燃机车高达 28%,可节省大量的燃料,此外,内燃机车不像蒸汽机车那样费水,也不像蒸汽机车那样在行驶过程中需加煤和加水,因此操作更为方便。

铁道机车总体及整备作业

20 世纪初，国外开始探索试制内燃机车。1906 年美国制造出电传动汽油动车，这辆动车装用一台 150 kW 的汽油机，是通过电力传动装置驱动的。世界上第一台内燃机车于 1913 年开始营运，这台内燃机车用 6 缸柴油机直接连接发电机，驱动直流电动机。1924 年，苏联制成两台干线电力传动内燃机车，并交付铁路使用，成为世界上最早运用的干线内燃机车，"Shch'EL-1"号内燃机车如图 1-1-7 所示。同年，德国用柴油机和空气压缩机配合，利用柴油机排气余热加热压缩空气代替蒸汽，将蒸汽机车改装成空气传动内燃机车。1925 年，美国将一台 220 kW 电传动内燃机车投入运用，从事调车作业。20 世纪 30 年代，内燃机车进入试用阶段，20 世纪 30 年代后期，出现了一些由功率为 900~1 000 kW 单节机车多节连挂的干线客运内燃机车。第二次世界大战以后，因柴油机的性能和制造技术迅速提高，内燃机车多数配装了废气涡轮增压系统，功率比战前提高约 50%，配置直流电力传动装置和液力传动装置的内燃机车得到了快速发展。20 世纪 50 年代，内燃机车数量急骤增长。20 世纪 60 年代，大功率硅整流器研制成功，并应用于机车制造，出现了交—直流电力传动的 2 940 kW 内燃机车。20 世纪 70 年代，单柴油机内燃机车功率已达到 4 410 kW。随着电子技术的发展，联邦德国在 1971 年试制出 1 840 kW 的交—直—交电力传动内燃机车，从而为内燃机车和电力机车的技术发展提供了新的途径。内燃机车随后的发展，表现为在提高机车的可靠性、耐久性和经济性，以及防止污染、降低噪声等方面不断取得新的进展。

TEP80 型内燃机车如图 1-1-8 所示，它是苏联铁路的大功率准高速干线客运内燃机车车型之一，于 1988 年研制成功，仅试制了两台并未投入批量生产。TEP80 型内燃机车是单节八轴的 4 410 kW 干线客运内燃机车，设计用于牵引大编组旅客列车，走行部为两台四轴转向架，动力装置为一台四冲程柴油机，传动方式为交—直流电力传动。1993 年 10 月 5 日，TEP80-0002 号机车在莫斯科—圣彼得堡铁路上创造了 271 km/h 的速度纪录，至今仍是内燃机车的速度纪录"保持者"。

图 1-1-7 "Shch'EL-1"号内燃机车

图 1-1-8 TEP80 型内燃机车

EMD DDA40X 型内燃机车如图 1-1-9 所示，它是美国通用动力公司于 20 世纪 70 年代研发的双柴电机组实验机车，运用于联合太平洋铁路。该车也被昵称为"百年哥"或"大杰克"，它使用两台 AC6000CW 型 2.5 MW 机组，直到目前都是世界上最大功率和最长长度的柴油电传动内燃机车。

最早的燃气轮内燃机车是瑞典人于 1933 年制造的，此后，法国、美国都制造了不同功率的燃气轮内燃机车，并投入使用。20 世纪 50 年代初至 20 世纪 60 年代末，联合太平洋铁路装备有世界上最大的燃气轮铰链内燃机车车队，取代大男孩级蒸汽机车投入干线货运。其原型车 UP50，由奇异公司（美国机车公司-奇异联合体，1953 年解体）制造并于 1948 年交付，如图 1-1-10 所示。在此基础上，联合太平洋铁路燃气轮内燃机车发展了三代，共生产了 55 台。在鼎盛时期，燃气轮内燃机车车队承担了该路 10% 的运量。燃气轮内燃机车的优点是它对燃油质量要求不高，制造和修理简单，用水极少，不怕寒冷，外界气温越低，它的工作效率越高。它的不足之处是效率比柴油机低，噪声大，对材料的耐热性要求很高，这在一定程度上制约了燃气轮机车的发展。如果克服了这些缺点，燃气轮机车在交通领域中的发展前景将十分可观。

图 1-1-9　EMD DDA40X 型内燃机车

图 1-1-10　联合太平洋铁路燃气轮内燃机车

　　21 世纪初期，随着环保意识的提高和新能源技术的不断发展，内燃机车面临着巨大的挑战。为了降低能源消耗和减少污染排放，人们开始研发新型内燃机车，如混合动力内燃机车和氢燃料电池内燃机车等。这些新型内燃机车不仅能够提高能源利用效率，还能够降低环境污染，成为未来内燃机车发展的重要方向。

　　2023 年美国 Progress Rail 公司通过其 EMD 部门，推出了 Joule 系列全电池机车 SD40JR，如图 1-1-11 所示。Joule 机车是北美铁路运营中首次使用的此类车型，也是迄今为止生产的最大（也是最重）的电池驱动机车，其在外形上并无太大创新，看起来外观与内燃机车几乎一模一样，但没有柴油机，这种系列机车主要用于调车场的调车作业。该系列机车的充电方式包括再生制动系统，以及专门的快速充电设备。一台 500 kW 的快充站只需要 4 h 就能为机车充满电。

图 1-1-11　Joule 系列全电池机车 SD40JR

　　总的来说，内燃机车是铁路运输的重要组成部分，它的发展历程充满了创新和变革。未来，随着科技的不断进步和社会的不断发展，内燃机车将继续发挥重要作用，为人们提供更加便捷、高效和环保的铁路运输服务。

### 4. 电力机车的崛起

　　最早造出第一台标准轨距电力机车的是苏格兰人 R. 戴维森，时间是 1842 年。1879 年 5 月，德国人 W. V. 西门子设计制造了一台能拉乘坐 18 人的三辆敞开式"客车"的电力机车，这是电力机车首次试验成功，在柏林的工商业博览会上，这辆世界上第一辆电力机车公开试运行。这台机车只有 954 kg，车上装有直流电动机，由带电铁轨输送电流，一次可运旅客 18 人，速度为 7 km/h。由于机车车身小，没有驾驶台，操纵杆和刹车都装在靠前轮的地方，所以司机只好骑在车头上驾驶，如图 1-1-12 所示。

　　早期电力机车大部分采用第三轨供电方式，仅适合于电压和功率都比较低的情况。随着电力机车向高速、大功率方向发展，必须提高电力机车供电系统的电压和功率，因此就不能再使用设在地面上的第三轨供电方式了。1881 年，德国试验成功一种新的适合以高压输电线供电的电力机车供电系统，也就是将电力机车的供电线路由地面转向空中。第一条采用"架空接触导线"供电系统的全电气化铁路于 1895 年在美国巴尔的摩—俄亥俄铁路开通，全长 5 km，采用 675 V 直流供电，在巴尔的摩—俄亥俄铁路线上开行的直流电力机车如图 1-1-13 所示。

图 1-1-12　西门子设计制造的电力机车　　图 1-1-13　在巴尔的摩—俄亥俄铁路线上开行的直流电力机车

图 1-1-14　提速的试验动车

第一次世界大战期间出现了 DC 1 500 V 电压制式，采用这种电压的电车和通勤车能够经济地运行，但对长距离铁路，即使采用了间隔距离很短的中间供电整流器，还存在不可接受的电压降。1890 年，在意大利北部的铁路和后来的辛普朗隧道的电气化线路中使用了三相交流电（3AC）。1903 年，在电动快速运输研究会上，德国人采用西门子公司和通用电气（GE）三相高速试验轨道车公司联合制造的两辆接触网供电的电气车辆在柏林附近进行了试验，速度达到了 210 km/h，如图 1-1-14 所示。由于三相交流供电系统的设计和建设极为复杂，严重限制了此类供电系统的应用推广。

1903 年，瑞士的机械制造工程师实现了串励换向器与交流供电的兼容，并于 1905 年在苏黎世试验获得成功。1912 年，"电气铁路运输的执行协议"在德国签署，单相交流（1AC）牵引标准被设置为 15 kV，$16\frac{2}{3}$ Hz，这种特殊的低频单相交流电可以有效实现串励换向器电机无火花换向，随后奥地利、瑞典、瑞士和挪威也引进了这个系统。瑞士联邦铁路（SBB）在 1920 年运用于圣哥达铁路的著名的 Ce6/8 Ⅱ型电力机车，因其外形酷似鳄鱼，又被称为"鳄鱼"机车，如图 1-1-15 所示，该机车功率为 1 650 kW。

由于铁路供电网络使用 $16\frac{2}{3}$ Hz 的专用频率，完全独立于国家电网之外，导致很多铁路公司无法承担其巨大的成本。直到 1936 年，德国电气行业测试了多种

图 1-1-15　Ce 6/8 Ⅱ型电力机车

样车，其中带无蒸气整流器的样车获得成功，基本上解决了交流变直流的整流问题。在第二次世界大战后，法国工程师们在电气化铁路上引入了 25 kV 额定电压，50 Hz/12000 系列货运

机车，如图 1-1-16 所示。从此时起，50 Hz 工频供电系统就开始在全世界被广泛采用。

1949 年，阿尔斯通公司向法国国营铁路交付了两台 CC 7000 型电力机车（CC 7001～7002），如图 1-1-17 所示，其为法国第一种采用阿尔斯通架承式结构的电力机车，持续功率为 2 980 kW。这两台机车在巴黎—波尔多铁路投入运行试验，最高运营速度为 140～160 km/h，最高试验速度达 180 km/h。法国是较早开始研究高速铁路及既有线旅客列车提速技术的国家之一，1954 年 2 月 21 日，未经任何改造的 CC 7121 号机车牵引三节试验车（定额 111 t），在第戎—博讷铁路的最高试验速度达到 243 km/h。1955 年 3 月 28 日，CC 7107 号机车牵引三节流线型试验车（定额 103.5 t），在将接触网网压由 1 500 V 提高到 1 900 V、将传动齿轮比由 2.606 修改为 1.145、加装轮盘制动、提高机车牵引功率的条件下，于波尔多—达克斯铁路以瞬时速度 326 km/h，再次刷新了当时世界电力机车的速度纪录。

图 1-1-16　50 Hz/12 000 系列货运机车（2 560 kW）

图 1-1-17　CC 7000 型电力机车

1955 年 3 月 29 日，日蒙-施耐德公司（Jeumont-Schneider）制造了 BB 9004 号电力机车，如图 1-1-18 所示，也在相同线路上达到了 331 km/h 的最高试验速度，成为世界上速度最快的电力机车，其速度纪录一直保持了 50 多年，直到 2006 年才被德国西门子"欧洲短跑手"（EuroSprinter）系列的 ES64U4 型电力机车以 357 km/h 所打破。

1950 年法国试制了引燃管整流器式电力机车，1960 年联邦德国制成半导体整流器式电力机车，1958 年美国发明晶闸管后，晶闸管相控机车开始问世，使制造大功率机车用逆变器成为现实，工频单相交流制推动了电气化铁道的发展。1973—1974 年爆发石油危机之

图 1-1-18　BB 9004 号电力机车

后，各国对铁路电力和内燃牵引重新进行了经济评价，电力牵引更受青睐。英国原先主要发展内燃牵引，也开始重视发展电力牵引。连已经完全内燃化的美国，铁路电气化的呼声也很高。这时候，半导体技术和微机控制技术的突破和发展推动了新型电力机车的问世。

随着世界经济的快速发展，对铁路运输的需求越来越高，铁路运输作为陆上运输的骨干地位逐渐被越来越多的国家认可。1973 年至 1974 年的石油危机，进一步推动了电气化铁路的飞速发展。到 20 世纪 80 年代初，世界上有 50 多个国家和地区建设了电气化铁路，苏联的电气化铁路总长度达到 4 万 km。日本、法国、德国也拥有超过 10 000 km 的电气化铁路。

电气化铁路供电问题得到解决之后，发展高功率、高速度的电力机车成为很多国家追求的目标。1979 年，第一台大功率（5 600 kW）交流传动 E120 型电力机车（见图 1-1-19），诞生于德国，为电力机车的发展开创了一个新的时代，干线电力机车开始从直流传动向交流

传动转变。

20世纪90年代，欧洲、日本等主要机车制造厂商几乎已停止了直流传动电力机车的生产，交流传动电力机车已成为世界电力机车发展的主流，目前世界先进国家新造的大功率电力机车几乎都采用了三相交流传动技术，单轴功率达到1 000～1 600 kW的大功率客货通用型GTO变频调速电力机车已经广泛投入运用，在250 km/h及其以上的高速领域，交流传动的电动车组独领风骚，在140～220 km/h的快速客货运输领域，交—直型电力机车（或其他直流传动机车）也正在被三相交流传动机车取代。

BB 36000型电力机车是由法国阿尔斯通公司于1996年到2002年间制造的多电流干线电力机车，如图1-1-20所示，一共制造了60台，最高速度为220 km/h，适用于供电制式为1 500 V直流电、3 000 V直流电和25 kV工频单相交流电的电气化铁路。该机车采用了交流传动技术、GTO逆变器变频调速、异步牵引电动机，具有轮盘制动的牵引电机全悬挂、轮对空心轴四连杆弹性传动装置。

图1-1-19  E120型电力机车

图1-1-20  BB 36000型电力机车（Astride）

ES64U4型电力机车，如图1-1-21所示，是德国西门子"欧洲短跑手"（EuroSprinter）系列电力机车车型之一，由西门子交通集团于2005年研制成功。ES64U4型机车是在ES64F4、ES64U2型电力机车基础上开发研制的多电流制客货运通用电力机车，适用于供电制式为

图1-1-21  ES64U4型电力机车

15 kV 16$\frac{2}{3}$ Hz低频单相交流电、25 kV 50 Hz工频单相交流电、3 kV直流电和1 500 V直流电的电气化铁路。奥地利联邦铁路的一台ES64U4型电力机车在2006年9月2日的一次试验中创造了357 km/h的速度纪录，从而成为当时世界上速度最快的铁路机车。ES64U4型电力机车为交—直—交流电传动的四电流制电力机车，每台机车设有2个变流器柜以及2台独立的辅助逆变器，车顶上设置了4台受电弓和交流电系统所用的高压部件，包括交流主断路器、高压隔离

开关等；在交流电模式下，接触网导线上的15/25 kV单相交流电电流，经受电弓进入机车后，经过主断路器再进入主变压器，交流电经过主变压器降压后，分别向2个变流器柜内4组四象限脉冲整流器供电并整流为直流电，然后经过电压为2 800 V的中间直流回路，再由4台PWM牵引逆变器转换成三相交流电输出，独立向各自的4台牵引电动机供电。而在直流电模式下，经受电弓输入的1 500/3 000 V直流电直接与主变流器的中间直流回路连接。四象限整流器和逆变器由相同的功率控制模块组成，功率控制元件为IGBT（6.5 kV）。牵引电动机为三相交流异步电动机，单轴功率为1 600 kW。

## 1.1.2 我国机车发展概况

**1. 我国蒸汽机车发展历程**

1）新中国成立前蒸汽机车的发展

"先导号"（PIONEER）蒸汽机车，是开行于中国第一条铁路上的第一台机车，不言而喻，它是运行于华夏大地上的第一台铁路机车。先导号蒸汽机车于 1874 年由英国 Rorndom 工厂制造，如图 1-1-22 所示，其仅有 2 根动轮轴，轴式为 0—2—0，总重 1 320 kg，轨距 762 mm，速度为 24~32 km/h。吴淞铁路铺设期间，先导号就被用来运输施工材料，1876 年 7 月该路正式运营后，先导号是主要的牵引动力，同时运行于吴淞铁路的还有"天朝号"和"华国号"，"天朝号"蒸汽机车如图 1-1-23 所示，这两台机车都是英国制造的，车轴排列为 0—3—0 式，动轮 6 个，称为 6 轮式，代号 XK，机车总质量为 9 t。

图 1-1-22 "先导号"（PIONEER）蒸汽机车

图 1-1-23 "天朝号"蒸汽机车

中国制造的第一台蒸汽机车是 1881 年开平矿务局修理厂工人根据英国工程师金达提供的图纸，利用矿务局的起重机、锅炉、竖井槽钢等设备制成的六轮小型蒸汽机车。这台机车定名为"中国火箭号"。机车制成后，因清朝王室不准使用机车牵引列车，所以并未投入使用。由于机车侧面镶有龙的标志，所以也叫"龙号"蒸汽机车，如图 1-1-24 所示。

唐胥铁路是中国自建的第一条标准轨货运铁路，唐胥铁路通车后，又于 1882 年，从英国购来两台小型的 0—2—0 式机车（称"0号"），只有两对动轮，动轮直径为 812.8 mm。"0 号"机车如图 1-1-25 所示。1887 年 5 月唐胥铁路地面线路延伸至芦台，又向美国鲍尔温工厂购入一台蒸汽机车投入运营。当时使用的蒸汽机车绝大部分是从英、美两国购入的，由美国鲍尔温工厂生产制造的 AM2 型蒸汽机车如图 1-1-26 所示。

图 1-1-24 "龙号"蒸汽机车

图 1-1-25 "0 号"机车

图 1-1-26 AM2 型蒸汽机车

西方各国从 1876 年到 1911 年在中国共修筑铁路 9 943.6 km，这些国家在中国修建的铁路以其各自权益为准，使用的蒸汽机车标准各异，装备混杂。

1912—1949 年，我国为数不多的铁路在布局上很不合理，技术设备陈旧落后，特别在铁路的运输牵引动力——蒸汽机车上的整体质量和运用水平尤为落后。对于蒸汽机车的设计、制造，无论在人才资源、工业基础、物资条件、社会环境等方面都无从谈及。这段时期我国铁路使用的蒸汽机车，分别是从英、法、美、俄、日、比、德等国购入，机车型号多种多样，标准各异。

在新中国成立时接管的机车中，破损"死机"的机车为 1 324 台，占比为 32%，在可用的 2 745 台机车中，小型机车占比为 44%，远远不能满足国家经济建设和国防运输的需求。

### 2）新中国成立后蒸汽机车的发展

新中国成立后，铁路事业坚持自力更生、艰苦奋斗的方针，充分发挥铁路职工的积极性和创造性，取得了前所未有的巨大成就，新建铁路和旧线改造工程突飞猛进，对机车的需要日益增加，自行制造机车成为当务之急。由于当时的铁路牵引动力还是蒸汽机车，机车的制造即从蒸汽机车起步，沿着仿制旧型，改造旧型，进而自行设计新型机车的道路，循序渐进。

1952 年 7 月，四方机车车辆厂制造了新中国第一台蒸汽机车，定名为解放型，如图 1-1-27 所示，代号 JF。其构造速度为 80 km/h，全长（机车加煤水车）为 22 634 mm。这种机车随后成批生产，到 1960 年停止生产时，共制造了 455 台。

前进型蒸汽机车，如图 1-1-28 所示，是中国第一种自己设计的干线货运机车，于 1956 年 9 月由大连机车厂试制成功，各项技术指标均达到蒸汽机车的先进水平。该机车全长 26 063 mm，构造速度为 80 km/h，模数牵引力为 324 kN，轴式为 1—5—1。当时定名为和平型，"文化大革命"期间又改为反帝型，后再改为前进型，代号 QJ。前进型机车先后由大连、长春、牡丹江、沈阳、唐山、大同等工厂小批量生产。1964 年，大同工厂对其进行了一系列改造，使机车的最大轮周功率达到 2 190 kW，机车全长也增加到 29 180 mm。其于 1988 年停止生产，共制造了 4 708 台。

图 1-1-27　解放型蒸汽机车

图 1-1-28　前进型蒸汽机车

1956 年，四方机车车辆厂试制了第一台胜利型蒸汽机车，如图 1-1-29 所示，代号为 SL。其构造速度为 110 km/h，全长（机车加煤水车）为 22 618 mm。这种机车到 1959 年停止生产时，共制造了 151 台。

1957 年，大连机车车辆厂对胜利型机车进行了现代化改造，设计了人民型蒸汽机车，如图 1-1-30 所示，代号为 RM，并于 1958 年由四方机车车辆厂试制生产。该机车构造速度为 110 km/h，全长（机车加煤水车）为 23 252 mm。建设型机车到 1966 年停止生产时，共制造了 258 台。

图 1-1-29　胜利型蒸汽机车

图 1-1-30　人民型蒸汽机车

1960 年，唐山机车车辆厂设计并试制了第一台上游型工矿用蒸汽机车，代号 SY，如图 1-1-31 所示，由于性能良好，经济适用，结构可靠，受到普遍欢迎，共生产 1 600 多台。机车全长为 21 519（21 643）mm，构造速度为 80 km/h，轴式为 1—4—1。上游型机车还出口到美国作为旅游用车。

新中国成立后，各机车车辆厂共计生产制造了各种类型蒸汽机车 9 814 台，通过技术改进、优化设计，仿制生产了解放型、胜利型、人民型蒸汽机车。蒸汽机车的发展促进了交通运输和社会的发展。

蒸汽机车从 20 世纪中叶开始，逐渐被内燃机车所取代，我国是全球最后一个制造大型蒸汽机车的国家，当时蒸汽机车技术也已达到历史的新高。20 世纪 80 年代初，我国快速增长的经济建设与铁路运能严重不足的矛盾日益突出，而此时蒸汽机车从我国的实际能源使用情况、环境保护要求以及牵引功率和效率等方面看，均不能满足需求。采用其他清洁能源、高效、更大牵引功率的牵引装备替代蒸汽机车势在必行。根据国家铁路发展规划要求，1988 年 12 月 21 日，编号 QJ7207 的前进型蒸汽机车在大同机车厂竣工下线后正式停产，如图 1-1-32 所示，从此结束了中国蒸汽机车的生产历史，开启了内燃、电力机车牵引的新篇章。2005 年 12 月 9 日，最后一列由前进型蒸汽机车牵引的货运列车执行完任务后，在内蒙古大板附近的铁道边上退役，至此前进型蒸汽机车全数退役，完成了历史使命。

图 1-1-31　上游型蒸汽机车

图 1-1-32　前进型蒸汽机车在大同机车厂
竣工下线后正式停产

### 2. 我国内燃机车发展历程

我国于 1958 年开始跨入内燃机车时代，经过长期的发展和积累，已建成比较完善的技术体系。从研发、制造、检验到技术标准体系的建立，形成了一套具有中国特色的内燃机车产品发展模式。截至目前，我国内燃机车大体上经历了四代产品。

1）第一代内燃机车

从 1958 年开始，大连、戚墅堰、四方、二七等机车车辆厂根据国外已有机型先后仿制了巨龙、先行、卫星、建设等型内燃机车。1958 年 9 月 24 日，大连机车车辆厂制成国产第一台干线货运内燃机车——巨龙型双节直流电传动内燃机车。该机车基本上是按苏联 T3 型内燃机车仿制的，巨龙型内燃机车如图 1-1-33 所示。1958 年 12 月 30 日，戚墅堰机车厂制成国产第一台干线客货通用内燃机车——先行型直流电传动内燃机车，如图 1-1-34 所示。机车装用 2 台仿德国的 12V175 型柴油机。1959 年 4 月 10 日，四方机车车辆厂，制成国产第一台液力传动内燃机车——卫星型客运内燃机车，如图 1-1-35 所示。

图 1-1-33　巨龙型内燃机车

图 1-1-34　先行型直流电传动内燃机车

从 1963 年开始，DF（东风）、$DF_2$、$DF_3$、红星、$DFH_1$（东方红）等型内燃机车陆续投入批量生产和运用。东风型内燃机车是由大连机车车辆厂于 1958 年试制，经改进设计后于 1963 年投入批量生产的干线货运内燃机车，如图 1-1-36 所示，该机车以仿制苏联的 10L207E 型二冲程中速柴油机为动力装置，传动方式为直—直流电传动。这些机车尽管经济性、耐久性、可靠性、机车功率及其他指标都较低，但却奠定了我国内燃机车设计、制造、运用、改进的基础。

图 1-1-35　卫星型客运内燃机车

图 1-1-36　东风型内燃机车

$DF_2$ 型内燃机车，原称 $ND_2$ 型内燃机车，是中国铁路的内燃机车车型之一，也是中国第一代电传动内燃机车的代表车型之一，与 DF 型、$DF_3$ 型机车通称为"老东风"。$DF_2$ 型内燃机车是由戚墅堰机车车辆工厂于 1964 年研制成功的调车内燃机车，装用一台 6L207E 型二冲程中速柴油机，适用于大型枢纽车站、编组场的调车作业、区间的小运转作业任务，是中国铁路牵引动力内燃化初期的主型调车机车，戚墅堰机车车辆厂和成都机车车辆厂在 1964 年至 1986 年间共生产了 148 台该型机车。DF$_2$ 型内燃机车如图 1-1-37 所示。

　　DF$_3$ 型内燃机车与东风型构造基本相同，仅牵引齿轮传动比由 4.41 改为 3.38，机车标称功率也降为 1 050 kW，其是大连机车车辆厂从 1969 年开始成批生产的干线客货运机车，共生产 226 台，车长为 16 685 mm。

　　2）第二代内燃机车

　　我国在经历了第一代内燃机车的摸索仿制阶段后，积累了较丰富的设计、生产和运用经验。随着国民经济的发展和铁路运输的迫切需要，开始了第二代国产内燃机车的研制。研制工作首先从柴油机开始，例如，大连机车车辆厂从 1965 年开始研制 16V240ZJ 型柴油机，并于 1969 年试制了第一台 DF$_4$ 型内燃机车，如图 1-1-38 所示，经过反复试验，不断改进，于 1974 年定型转入批量生产。

图 1-1-37　DF$_2$ 型内燃机车

图 1-1-38　DF$_4$ 型内燃机车

　　20 世纪 60 年代末至 20 世纪 80 年代中期，我国先后设计试制了 DF$_4$、DF$_5$、DF$_7$、DF$_8$、DFH$_3$、DFH$_{21}$ 和 BJ（北京）等型干线和调车内燃机车，并批量生产和投入运用。

　　DF$_5$ 型与 DF$_7$ 型内燃机车，是主要用于调车和小运转作业的机车，适用于编组站和区段站进行调车作业，也可作为小运转及厂矿作业的牵引动力，DF$_5$ 型内燃机车如图 1-1-39 所示。

　　DF$_8$ 型干线客货两用内燃机车，如图 1-1-40 所示，由戚墅堰机车车辆厂于 1984 年 11 月 20 日试制成功。DF$_8$ 型内燃机车采用我国自行设计试制的 16V280ZJ 型中速柴油机，球墨铸铁整体铸造机体是国内首次采用。DF$_8$ 型机车采用交—直流电传动，柴油机直接驱动一台 TQFR-3000C 型三相交流同步发电机发电，经硅整流柜将交流电转换为直流电，供给 6 台并联四极串励的 ZQDR-410 型直流牵引电动机，通过牵引齿轮带动车轮。

图 1-1-39　DF$_5$ 型内燃机车

图 1-1-40　DF$_8$ 型干线客货两用内燃机车

　　DFH$_3$ 型内燃机车于 1971 年试制、1976 年投入批量生产，在 20 世纪 80—90 年代初曾经是中国东北地区铁路干线客运的主力内燃机车，是中国第二代液力传动内燃机车的代表车型之一，至 1988 年累计生产了 268 台，DFH$_3$ 型内燃机车如图 1-1-41 所示。

以上这些机车的设计、制造完全依靠我国自己的力量，而且无论从功率还是从技术水平来看，都达到了较高水平。第二代内燃机车成为当时我国铁路运输的主型内燃机车。

DF$_{4B}$ 型内燃机车如图 1-1-42 所示，其是中国铁路使用的一种干线客、货运用内燃机车，也是中国铁路第二代电传动内燃机车的代表车型。DF$_{4B}$ 型内燃机车于 1965 年开始设计。1974 年投入批量生产的 DF$_{4B}$ 型内燃机车采用 240/275 系列中速柴油机，在历经大量设计改进和试验研究之后发展出 16V240ZJB 型柴油机，使其可靠性和耐久性得到大幅提高。截至 1998 年，大连厂、资阳厂、大同厂、四方厂累计生产了 4 303 台 DF$_{4B}$ 型机车，这个数目相当于 1999 年全国铁路内燃机车保有量的 42.5%。

图 1-1-41　DFH$_3$ 型内燃机车

图 1-1-42　DF$_{4B}$ 型内燃机车

### 3）第三代内燃机车

20 世纪 80 年代，我国开始与国外合作开发新一代柴油机和内燃机车。1989 年，由大连机车车辆厂试制了两台 DF$_6$ 型内燃机车，所装用的 16V240ZJD 型大功率柴油机由大连机车车辆厂与英国里卡多技术咨询公司合作生产，该型柴油机具有 20 世纪 80 年代世界先进水平，机车的电传动装置和控制系统是大连机车车辆厂与通用电气（GE）公司合作开发的，实现了机车控制、检测和显示自动化。DF$_6$ 型内燃机车的经济性、技术指标等与从美国进口的 ND$_5$ 型内燃机车相当。1991 年，第一台国产化 DF$_6$ 型内燃机车下线，国产化率达 96.3%，标志着我国内燃机车设计制造跨入了一个崭新的时代，DF$_6$ 型内燃机车如图 1-1-43 所示。

图 1-1-43　DF$_6$ 型内燃机车

20 世纪 90 年代中期，装用 240 系列 D 型柴油机、280 系列 A 型柴油机和以车载微机为机车主控系统的第三代内燃机车诞生，标志着我国内燃机车技术性能已经接近当时国外同类产品的先进水平。

截至 20 世纪末，我国国产干线客、货运输第三代内燃机车和调车机车已形成较完善的产品和技术系列，较好地担负起铁路客、货运输及调车的牵引任务，在我国铁路六次大提速中发挥了主力军作用。

### 4）第四代内燃机车

2004 年，根据"引进先进技术、联合设计生产、打造中国品牌"的基本方针，我国引进了 HXN$_3$ 型、HXN$_5$ 型内燃机车，通过技术引进和消化吸收，基本掌握了大功率电喷柴油机的生产制造、交流传动和微机网络控制技术，具备交流传动机车整车系统集成创新能力。

HXN₃ 型内燃机车是交流传动货运内燃机车，由大连机车车辆有限公司研发及生产，最高运营速度为 120 km/h，为目前国内最大功率的货运内燃机车。该机车具有持续牵引力大、低油耗、低排放、安全性高、操作方便、检修周期长、全寿命周期成本低等特点，能够满足干线牵引 5 000 t，速度达到 120 km/h 的要求。HXN₃ 型内燃机车的研制成功标志着具有世界先进水平的交流传动内燃机车技术平台已经成功搭建，表明中国铁路内燃机车动力装备水平已经成功实现了技术引进消化吸收的目标，我国机车制造企业的自主研发能力和生产能力也达到了一个新的高度。HXN₃ 型内燃机车如图 1-1-44 所示。

HXN₅ 型内燃机车是干线货运用大功率交流电传动内燃机车，由戚墅堰机车有限公司及美国通用电气公司（GE）合作研制，通用电气公司通过技术转让的方式转让其技术，由戚墅堰机车有限公司制造。该机车车型代号为 HXN₅，机车采用外走廊、底架承载结构、单司机室操作，使用 GEVO-16 型柴油机，采用轴控式交流传动技术，装用 IGBT 变流器，该型机车采用模块化设计，设有 AESS 控制系统，可 4 台机车重联运用，HXN₅ 型内燃机车如图 1-1-45 所示。

图 1-1-44　HXN₃ 型内燃机车

图 1-1-45　HXN₅ 型内燃机车

第四代内燃机车的牵引性能、制动性能、耐久性和可靠性水平大幅提高，柴油机的燃油消耗和排放大幅降低，大大地缩小了与国际先进技术的差距，使我国内燃机车技术站在了新的起点上，具备设计和制造世界最先进内燃机车的能力，之后我国自主研发了 HXN₃ᴮ 型、HXN₅ᴮ 型等交流传动内燃机车。

FXN5C 型内燃机车为大功率交流传动货运内燃机车，是中车戚墅堰机车有限公司基于国家科技创新发展战略、绿色发展及环保要求，服务国家干线货运而全新研发的新一代节能环保内燃机车。中车戚墅堰机车有限公司从 2018 年开始研制新型交流传动货运内燃机车 FXN5C，该机车装用中车戚墅堰机车有限公司研制的拥有完全自主知识产权的 R12V280ZJ 型柴油机，机车功率为 3 530 kW，轴重为 25 t，设计速度为 120 km/h。全寿命周期内起动牵引力为 580 kN，持续牵引力为 540 kN，与既有直流机车相比分别提高了 20% 和 46% 以上。FXN5C 型内燃机车油耗为 198 g/kWh，与东风型货运内燃机车相比，同等工况下油耗降低 13% 以上，达到 EPA Tier3 排放标准，处于国内领先、国际先进地位，可全面替代现有的已进入报废期或产品寿命后期的直流传动货运内燃机车。该车型已逐渐成为国内货运内燃机车的主力机型。FXN5C 型内燃机车如图 1-1-46 所示。

### 3. 我国电力机车发展历程

我国首条干线电气化铁路于 1961 年通车，虽然起步较晚，但通过借鉴国外的成功经验，从一开始就采用供电制式为 AC 25 kV、50 Hz 的交一直流传动方式，所以我国干线电气化铁路是单一制供电方式，它为我国电力机车的发展提供了良好的基础。

　　我国最早使用的电力机车是 1914 年在抚顺煤矿上运行的直流 1 500 V 供电电力机车,如图 1-1-47 所示,该机车从日本引进。中国自行研发、制造电力机车的历史始于发展国民经济的第一个五年计划期间。1956 年,铁道部制定了《铁路十二年科技发展规划》,提出了牵引动力的技术改造由蒸汽机车向电力机车、内燃机车转型的步骤和计划,我国开始电气化铁路的修建和运营。

图 1-1-46　FXN5C 型内燃机车

图 1-1-47　1946 年在抚顺煤矿上运行的
直流 1 500 V 供电电力机车

　　1958 年 12 月 28 日,在参照苏联 H60 型电力机车的基础上,株洲电力机车厂和湘潭电机厂联合研制出中国第一台电力机车,定型为 6Y1 型,编号 0001,如图 1-1-48 所示。其中“6”指此机车轴(列)式为 $C_0$—$C_0$ 的 6 轴,“Y”指引燃管整流,机车持续功率为 3 410 kW,最高速度可达 100 km/h。1958 年至 1965 年间,经过对 6Y1 型电力机车进行持续的研究改进,株洲电力机车厂先后试制了 5 台电力机车。随着我国半导体工业技术的发展,株洲电力机车厂基本掌握了电力机车技术,将引燃管整流改为大功率半导体整流,并改进了牵引电传动和制动系统,试制出新型电力机车。

　　1968 年 4 月 27 日,从我国自行研制的 6Y1 型 0008 号电力机车开始,该系列电力机车以毛泽东同志诞生地韶山来命名,正式命名为“韶山 1 型”电力机车,代号 $SS_1$,如图 1-1-49 所示。$SS_1$ 型电力机车的制造开创了韶山系列电力机车的历史。

图 1-1-48　6Y1 型电力机车

图 1-1-49　$SS_1$ 型电力机车

　　1969 年,株洲电力机车研究所和株洲电力机车厂联合研制了 $SS_2$ 型电力机车,如图 1-1-50 所示。该机车采用高压侧调压开关 32 级调压,硅整流器整流,800 kW 6 级低压脉流牵引电机,并大量采用其他先进技术,机车持续功率达到 4 620 kW,最高速度达 110 km/h,$SS_2$ 型电力机车后经两次改造,于 1978 年投入试运行。$SS_2$ 型电力机车虽然由于个别技术不配套,未能批量生产,但它为 $SS_1$ 型电力机车的改进,以及其他型号机车、动力车的设计和生产积累了宝贵经验。

　　1978 年,株洲电力机车厂研制成功 $SS_3$ 型电力机车。$SS_3$ 型电力机车采用大功率硅整流管和晶闸管组成的不等分三段桥式全波整流电路,晶闸管相控平滑调压和带有补偿绕组的脉冲串励四极牵引电机。SS$_3$ 型电力机车是在吸收了 SS$_1$、SS$_2$ 型电力机车成熟经验的基础上，研发的我国第二代客货运电力机车，与第一代电力机车相比，其最大特点是采用低压侧调压开关进行 8 级电压粗调，在每一级间利用晶闸管进行相控电压微调，实现了类似 8 段桥相控调压的无级调速特征，机车持续功率为 4 320 kW，最高速度达 100 km/h。该车于 1983 年进行了样机改进，1985 年开始小批量生产，1992 年和 2003 年，株洲电力机车厂又进行了技术改进，分别生产出改进后的 SS$_3$ 型 4000 系列电力机车（见图 1-1-51）和 SS$_3$ 型固定重联电力机车。

图 1-1-50　SS$_2$ 型电力机车

图 1-1-51　SS$_3$ 型 4000 系列电力机车

1985 年，株洲电力机车厂设计并试制成功 SS$_4$ 型电力机车，这标志着我国电力机车产品进入第三代。采用晶闸管相控调压的四段经济半控桥整流的 SS$_4$ 型电力机车是中国首台重载货运和采用 B$_0$ 转向架的电力机车。该机车由各自独立又互相联系的两节四轴车组成，每节车均为一个完整的系统。SS$_4$ 型电力机车牵引及制动功率大、起动平稳、加速快，工作可靠，司机室工作条件良好，污染少，维修简便，机车持续功率为 6 400 kW，最高速度为 100 km/h。1993 年 SS$_4$ 型电力机车完成了重大改进，被称为 SS$_4$ 改型电力机车。1996 年，我国再次改进生产了 SS$_{4B}$ 型电力机车，该机车性能与可靠性进一步提高。1997 年，我国又研制了 SS$_4$ 改型电力机车。SS$_4$ 改型电力机车如图 1-1-52 所示。

我国第三代电力机车产品的主要特征是采用多段桥（3、4 段）相控无级调压的调速方式，第三代电力机车技术的出现和成熟，极大地推动了中国铁路运输的发展。我国第三代电力机车产品发展出了多种机型，包括 SS$_4$ 型、SS$_5$ 型、SS$_6$ 型、SS$_7$ 型、SS$_8$ 型、SS$_9$ 型，以及它们的派生机型 SS$_4$ 改型、SS$_{4B}$ 型、SS$_{4C}$ 型、SS$_{6B}$ 型、SS$_{7B}$ 型、SS$_{7C}$ 型、SS$_{9G}$ 型等，SS$_{9G}$ 型电力机车如图 1-1-53 所示。机车轴式有 B$_0$—B$_0$、C$_0$—C$_0$、B$_0$—B$_0$—B$_0$、2（B$_0$—B$_0$）等，机车功率有 3 600 kW、4 800 kW、6 400 kW 等，由客运 900 kW、货运 800 kW 脉流牵引电机单轴拖动，构成了 4 轴、6 轴、8 轴等，快速客运、客货两用，重载货运等一系列交—直流电传动电力机车产品。

图 1-1-52　SS$_4$ 改型电力机车

图 1-1-53　SS$_{9G}$ 型电力机车

铁道机车总体及整备作业

1996 年，株洲电力机车工厂和株洲电力机车研究所研制成功了 AC4000 型电力机车，如图 1-1-54 所示，这是我国第一台交流传动电力机车。该机车最高速度为 120 km/h，轴列式为 $B_0$—$B_0$，机车持续功率为 4 000 kW。AC4000 型电力机车属于实验性车型，仅试制了一台，未投入量产，但其研制及试验过程为中国探索交流传动电力机车设计特点及性能指标作出了重要贡献。AC4000 型电力机车采用不对称快速晶闸管组成的四象限变流器、PWM 型逆变器实现交—直—交的电传动方式，最终实现对三相异步牵引电机的驱动和控制。机车装有微机控制系统，具有工况监控和故障诊断检测功能，电制动采用再生制动。AC4000 型电力机车的诞生是我国机车电传动发展史上继直—直流电传动、交—直流电传动之后的一个新的里程碑，实现了我国交流传动铁路机车零的突破，标志着我国电力机车产品由第三代向第四代（交流传动电力机车）迈进。

20 世纪末，按照"标准化、系列化、简统化"原则，借鉴国外经验，立足国内既有交流传动技术和交—直流电传动机车成熟技术，由株洲电力机车工厂、株洲电力机车研究所，中国铁道科学研究院、西南交通大学、湖南大学、中南大学等单位共同对交流传动电力机车研制进行了探索。

1999 年，德国西门子公司与株洲电力机车厂合作，以西门子第二代"欧洲短跑手"系列电力机车作为技术平台，专为中国铁路设计制造了 $DJ_1$ 型电力机车，如图 1-1-55 所示。$DJ_1$ 型电力机车持续功率为 6 400 kW，最高速度为 120 km/h，持续速度为 50 km/h，持续牵引力为 461 kN，轴列式为 2（$B_0$—$B_0$）。$DJ_1$ 型电力机车以大功率水冷 GTO 元件实现交—直—交流电传动方式，是中国首款引进技术并批量生产的交流传动电力机车。

图 1-1-54　AC4000 型电力机车

图 1-1-55　$DJ_1$ 型电力机车

2004 年，株洲电力机车有限公司、大同电力机车有限公司、大连机车车辆有限公司通过"引进、消化吸收、再创新"，逐步建立了和谐系列大功率交流传动机车研制平台，并逐步具备了牵引变流器、微机控制系统、制动系统等核心系统和部件的自主知识产权。$HXD_1$ 型电力机车如图 1-1-56 所示，其是株洲电力机车有限公司与西门子公司联合研制，在"欧洲短跑手"机车平台上，结合 $DJ_1$ 型电力机车在我国大秦线上的运用经验而研制的。

$HXD_2$ 型电力机车如图 1-1-57 所示，其是大同电力机车有限公司与法国阿尔斯通公司在 PRIMA 系列电力机车的基础上联合研制的。

图 1-1-56　$HXD_1$ 型电力机车

图 1-1-57　$HXD_2$ 型电力机车

HXD₃型电力机车如图 1-1-58 所示，其是大连机车车辆有限公司与日本东芝公司联合研制，以 SSJ₃-0001 试验车及日本 EH500 型机车作为技术平台设计制造的。

在上述三种和谐系列车型技术引进的基础上，我国三大机车制造厂商逐步完成技术消化吸收、再创新，开发了具备自主知识产权的系列产品，主要有 HXD₁ 系列电力机车、HXD₂ 系列电力机车及 HXD₃ 系列电力机车。和谐系列大功率交流传动机车均采用最新大功率水冷 IGBT 元件实现交—直—交流电传动，并采用先进的微机控制系统实

图 1-1-58　HXD₃型电力机车

现机车的智能控制和自动检测功能。经过发展，HXD₁、HXD₁B、HXD₁C、HXD₁D、HXD₂、HXD₂B、HXD₂C、HXD₃、HXD₃B、HXD₃C、HXD₃D 型等和谐系列大功率交流传动电力机车，以及 FXD₁、FXD₃ 型动力车相继诞生并批量生产，投入运用，实现了我国轨道交通装备的跨越式发展。

复兴型电力机车 FXD₁、FXD₃ 是大功率八轴交流传动干线准高速电力机车。该型电力机车在既有和谐 1 系列和谐 3 系列基础之上，采用了轻量化设计和技术创新，使得机车的整车重量比同类机车轻 20% 以上，同时功率却提高了 20% 以上。机车采用了先进的交流传动技术，具有牵引力大、加速度快、能耗低等优点。此外，机车还采用了智能化控制系统，能够实现自动驾驶、自动诊断等功能。

## 1.1.3　铁道机车分类

铁路机车，俗称火车头、是铁路中专门提供动力的车辆，是牵引旅客列车、货物列车和调车作业的基本动力。铁路机车对铁路运输的安全正点、多拉快跑、优质低耗起着重要的作用，也是发展高速、重载铁路运输的关键设备。

铁路机车的类型很多，大致可按牵引动力、用途、走行部形式、车体形式等进行分类。

### 1. 按牵引动力分类

按牵引动力，铁道机车可分为蒸汽机车、内燃机车、电力机车三类，如图 1-1-59 所示。

（a）蒸汽机车　　　　　（b）内燃机车　　　　　（c）电力机车

图 1-1-59　铁道机车按牵引动力分类

#### 1）蒸汽机车

蒸汽机车是利用蒸汽机，把燃料（一般为煤）的化学能变成热能，再变成机械能，而使机车运行的一种机车。蒸汽机车的出现，对促进铁道运输的成熟和发展起到了极大的推动作用，从此开始，人类加快了进入工业时代的脚步，蒸汽机车成为近代社会进步的重要标志和关键工具。随着科学技术的发展，蒸汽机车的结构和功能日趋完善。现代蒸汽机车主要由锅炉部、机械部、车架及走行部、弹簧装置、煤水车、牵引装置和缓冲器、基础制动装置组成。

蒸汽机是靠蒸汽的膨胀作用来做功的，蒸汽机车的工作原理也不例外。当司炉把煤填入炉膛时，煤在燃烧过程中，它蕴藏的化学能就转换成热能，把机车锅炉中的水加热、汽化，

形成 400 ℃以上的过热蒸汽，再进入蒸汽机膨胀做功，推动活塞往复运动，活塞通过连杆、摇杆，将往复直线运动变为轮转圆周运动，带动机车动轮旋转，从而牵引列车前进。因此蒸汽机车必须具备锅炉、汽机和走行三个基本部分。

蒸汽机车热效率很低，锅炉内燃料燃烧的热量只有一部分转变为蒸汽的热能，锅炉的效率一般为 50%～80%。蒸汽在汽机内做功，汽机效率只有 10%～15%。此外，在汽机到轮周的力的传递中，机械效率为 80%～95%。因此蒸汽机车的最高热效率只有 8%～9%，而且在车站停车，在机务段整备、停留等仍需消耗燃料，所以实际热效率只有 5%～7%。

### 2）内燃机车

内燃机车是以内燃机作为原动力，通过传动装置驱动车轮转动的机车。在我国铁路上采用的内燃机车绝大多数配备柴油机，因此内燃机车这一概念在习惯上指的是柴油机车。燃油（柴油）在汽缸内燃烧，将热能转换为由柴油机曲轴输出的机械能，通过传动装置转换为适合机车牵引特性要求的机械能，再通过走行部驱动机车动轮在轨道上转动。

内燃机车传动装置有三种：机械传动装置、液力传动装置和电力传动装置。装有电力传动装置的内燃机车，称为电力传动内燃机车，以此类推。

与蒸汽机车相比，内燃机车之所以能异军突起、后来居上，主要是因为其具有使用方便灵活和基本投资较少等优点，运输效率高，尤其适用于一些运输不太繁忙，列车对数不太多的线路及调车小运转作业等情况。

### 3）电力机车

电力机车是指从供电网（接触网）或供电轨中获取电能，再通过牵引电动机驱动行驶的机车。电力机车运行所需的电能由电气化铁路的供电系统提供，而自身携带发电能源和装置的电传动内燃机车和燃气机车等则不属于电力机车范畴。

电力机车起动加速快，爬坡能力强，工作不受严寒的影响，运行时不排废气，所以在运输繁忙的铁路干线和隧道多、坡度陡的山区线路上更能发挥优越性。由于电气化铁路基本建设投资大，设备技术要求高，抗自然灾害能力差，故电力机车不可能完全取代内燃机车。

### 2. 按用途分类

按用途，铁道机车可分为客运机车、货运机车、客货通用机车、调车机车、工矿机车等，如图 1-1-60 所示。

（a）客运机车

（b）货运机车

（c）客货通用机车

图 1-1-60　铁道机车按用途分类

（d）调车机车

（e）工矿机车

图 1-1-60　铁道机车按用途分类（续）

1）客运机车

客运机车是牵引客车车列的机车，应有较高的运行速度和起动加速度，并能进行长距离运行，但牵引力不一定要很大。

2）货运机车

货运机车是牵引货车车列的机车，应有相当大的牵引力，能进行长距离运行，但运行速度不必很高。

3）客货通用机车（或通用机车）

客货通用机车牵引重的（辆数多的）客车车列或较轻的快速货车（装鲜活货、冷藏货等）车列，其性能介于客运机车和货运机车之间。

4）调车机车

调车机车是在车站内或编组站（场）用于车列的解体和编组，如牵出、转线和车辆的取送等作业的机车。这种机车起动和停车频繁，正向和反向行驶频繁，应有足够的黏着重量、牵引力、起动加速度，必要的功率和良好的换向性能，运行速度可更低些。调车机车有站内调车机车和编组站调车机车两种。前者适用于在车站进行客车车列或部分货车车列的摘挂和牵出作业，也适用于工矿企业厂内运输，所需功率较小；后者适用于编组站（场）进行车列解体、编组和牵出作业，也可兼作短途运输。

5）工矿机车

工矿机车是担任采掘、冶金、石油、化工、森林等企业内部运输和工厂内部运输的机车，一般来说其功率比铁路干线用的机车小，速度要求也不高，但须有足够的牵引力。某些特殊工厂运输用的机车还须有防火、防爆等设施。

**3. 按走行部形式分类**

按走行部形式，铁道机车可分为车架式机车和转向架式机车。

1）车架式机车

机车的动轴以固定位置装于刚性车架。蒸汽机车的动力通过摇杆、连杆驱动各动轮；不少小型柴油机车的动力是通过变速齿轮箱输出齿轮轴两端所装的曲拐销以连杆驱动动轮。这种走行部有结构简单、造价低廉等优点，但固定轴距（装在刚性车架上的最前轴和最后轴按轴心计算的水平距离）长，通过曲线线路较困难，不适于高速行驶。一些蒸汽机车的动轮前部装有导轮转向架，后部装有从轮转向架，但这种机车仍属车架式机车。

2）转向架式机车

转向架式机车车架两端各由一台可平旋的转向架支撑。两台转向架与车架相连接，并将动轮产生的轮周牵引力传递给车架和车钩。电力机车、柴油机车和燃气轮机车都采用这种形式。每台转向架可装 2～4 根轴，一般装 2～3 根轴。转向架各轴通常均为动轴，电力传动机车的动轴几乎都是单独驱动的，只有单牵引电动机车转向架和液力传动机车转向架的动轴是联动的（成组联合驱动的）。机车各转向架都可沿曲线线路平转，固定轴距短，易于通过曲线线路，加上完善的弹簧悬挂系统，因而运行平稳，利于高速行驶。

#### 4. 按车体形式分类

按车体形式，铁道机车可分为罩式车体机车和棚式车体机车，如图 1-1-61 所示。

（a）罩式车体机车　　　　　　　　　　（b）棚式车体机车

图 1-1-61　铁道机车按车体形式分类

#### 1）罩式车体机车

罩式车体一般多用于调车机车、工矿机车等，也有一些干线货运机车采用这种车体。我国生产的 $DF_2$、$DF_5$、$DF_7$、$HXN_{3B}$、$HXN_5$、FXN3B 等均属于罩式车体机车。它在车架中间有一座"小房子"，除了司机室外，还把机器罩起来，需要时才打开罩。

#### 2）棚式车体机车

棚式车体一般多用于干线机车，将机器和过道同时罩起，司机可以看到机器，听到机器的响声。

## 1.1.4　机车型号的表示方法

根据《机车车辆车种、车型和车号编码规则 第 1 部分：机车》（TB/T 3443.1—2016），对于国产和进口机车采用基本型号加辅助型号两部分结构。

#### 1. 基本型号

（1）对于国产机车来说，基本型号采用基本名称和基本代号表示。基本名称用汉字表示，如：东风、韶山；基本代号用基本名称汉字的汉语拼音的第一个大写字母表示，如：DF、SS 等，具体见表 1-1-1，目前随着铁路装备技术的现代化，大功率交流传动电力机车的基本型号采用 HX（和谐）、FX（复兴）表示。

表 1-1-1　机车基本名称与基本代号对应表

| 基本型号 | |
|---|---|
| 基本名称 | 基本代号 |
| 东　风 | DF |
| 东方红 | DFH |
| 北　京 | BJ |
| 韶　山 | SS |
| 和　谐 | HX |
| 复　兴 | FX |

（2）对于进口机车基本型号只能用基本代号来表示。电力机车基本代号：由车轴数量和

电源的整流方式的汉字汉语拼音字母组成，如：

6G 表示 6 轴硅半导体整流的电力机车；

6Y 表示 6 轴引燃管整流的电力机车；

8K 表示 8 轴可控硅（晶闸管）整流的电力机车。

早期交—直—交传动的机车用 J 表示。

（3）辅助型号。辅助型号包括车型顺号和车型变形号。顺号用阿拉伯数字"1、2、3、4……"表示，如 $SS_4$ 中的 4 代表车型设计顺号；变型号用字母"A、B、C……"表示，位于顺号之后，如 $SS_{3B}$ 中的 B。辅助型号写在基本型号的右下角，如 $SS_{3B}$。

**2. 机车的车号**

国产机车车号用 5 位阿拉伯数字表示，其中第一位表示机车制造厂的代号，后四位表示制造的顺号，另外按一台机车编定车号的双节机车应分别在两节机车车号后，缀以节号，节号分别用大写拉丁字母 A 或 B 表示。

**3. 机车车型、车号排列顺序及示例**

机车车型、车号按车型名称（车型代号）、车号的顺序排列。株洲电力机车厂制造的第 0037 台韶山 $_{4B}$ 型 A 节电力机车车型、车号排列顺序如图 1-1-62 所示。

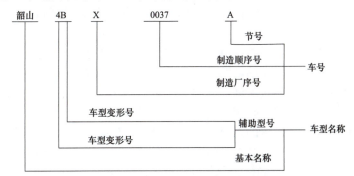

图 1-1-62  株洲电力机车厂制造的第 0037 台韶山 $_{4B}$ 型 A 节电力机车车型、车号排列顺序

**4. 机车车型、车号的补充**

目前我国生产的机车称为和谐（HX）或复兴（FX），机车类型用拉丁字母 D 或 N 表示（D——电力机车；N——内燃机车），数字是生产厂商代号：1 代表株洲电力机车厂；2 代表大同电力机车厂；3 代表大连机车厂。大连机车厂制造的第 0001 台 $HXD_{3B}$ 型电力机车车型、车号排列顺序如图 1-1-63 所示。

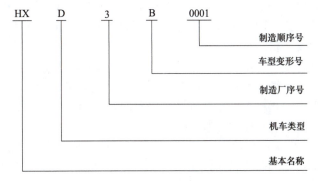

图 1-1-63  大连机车厂制造的第 0001 台 $HXD_{3B}$ 型电力机车车型、车号排列顺序

### 1.1.5　机车轴列式

轴列式（轴式）是表示机车走行部分结构特点的一种方法。它可以用数字表示，也可以用字母表示。用数字表示称为数字表示法，用字母表示称为字母表示法。

**1. 数字表示法**

用数字表示每台转向架的动轴数时，注脚"0"表示每一动轴为单独驱动。无注脚表示每台转向架的动轴为成组驱动。数字之间的"—"表示转向架之间无直接的机械连接。

例如：$SS_4$ 改型电力机车的轴列式为 $2（2_0—2_0）$，表示两节机车，每节为两台、两轴转向架，动轴为单独驱动。

**2. 字母表示法**

用英文字母表示每台转向架的动轴数。英文字母 A、B、C……分别对应数字 1、2、3……，其他含义与数字法相同。例如：$SS_4$ 改型电力机车的轴列式 $2（2_0—2_0）$ 也可以表示为 $2（B_0—B_0）$。

### 1.1.6　机车主要技术参数

识读机车主要技术参数可以方便机车检修、运用等技术人员了解机车机械、电气等部分的主要结构、性能及特点。

（1）轴重。机车在静止状态下，每个轮对加于钢轨上的重量称为轴重。

（2）单轴功率。每根轴发挥的功率称为单轴功率。单轴功率有持续制和小时制之分。转向架在结构上所允许的机车最大允许速度称为机车的结构速度。这三项参数是反映机车走行部技术水平的重要参数，它们之间相互制约、相互联系。

轴重越大，每根轴所能发挥的黏着牵引力也越大，但轴重越大，机车对线路和机车本身的冲击破坏作用也越大，运行速度必然要受到限制。一般结构速度为 160 km/h 的机车，轴重限制为 22～23 t；结构速度为 160～200 km/h 的机车，轴重限制为 19～21 t；结构速度为 200～250 km/h 的机车，轴重限制为 16～17 t。

在相同的轴重下，单轴功率越大，机车所能达到的运行速度就越高，单轴功率反映了机车和转向架的制造水平，单轴功率过大，速度不高时，常会出现功率有余而牵引力不足的现象，主要是牵引力受黏着限制的缘故。

（3）机车最大运用速度。机车最大运用速度 $V_{max}$ 是设计机车时给定的最大速度，根据这个速度确定传动装置、走行部等的结构和参数，校验曲线通过以及选用制动方式，等等。机车最大运用速度的确定，是个比较复杂的问题，是由按照任务（客运、货运、调车）的不同，对机车的最大运用速度的不同要求和线路允许的最大速度等多种因素决定的。

（4）机车持续速度。机车持续速度是指机车在全功率工况下，其冷却装置的能力所能容许的持续运行的最低速度。对电传动机车来说，是指机车在全功率工况下，以持续电流工作时的机车速度。机车以持续电流持续运行时，发电机、电动机的励磁绕组和电枢绕组的温升须限制在允许温升以内。当机车低于持续速度运行时，电流大，牵引力大，发热严重，会使电机绝缘的温升过高，影响其使用，甚至烧坏。

（5）持续牵引力。机车在全功率工况下运行时，对应持续速度的牵引力称为持续牵引力。

（6）机车整备重量。为防止机车经常空转，机车不能太轻，但机车太重也会无谓消耗机车的牵引功，也浪费了材料。机车的重量有两种概念，一种概念是机车在整备状态下的所有结构设备和油、水、砂（燃油和砂的重量按容量的 2/3 计算）重量的总和，称为机车总重或整备重量；另一种概念是指机车动轴荷重之和，称为机车黏着重量。

学习工作单与考核表

| 任　　务 | 铁路牵引动力发展概况 | | | |
|---|---|---|---|---|
| 学习小组 | | 姓名 | | |
| 学习工作任务 | | 学习工作完成评价 | | |
| 学习工作 1：了解世界机车发展概况 | | 自我评价 | 小组评价 | 教师评价 |
| | | | | |
| 学习工作 2：了解我国铁路牵引动力发展概况 | | 自我评价 | 小组评价 | 教师评价 |
| | | | | |
| 学习工作 3：认识铁道机车分类、型号、轴列式、技术参数的含义 | | 自我评价 | 小组评价 | 教师评价 |
| 轴列式：_____<br><br>轴列式：_____<br><br>轴列式：_____<br><br>轴列式：_____ | | | | |

# 自 测 题

## 一、填空题

1. 铁路机车按运用可分为客运机车、货运机车、客货通用机车、_____机车、工矿机车等。

2. 铁路机车，俗称_____，是铁路中专门提供动力的车辆，是牵引旅客列车、货物列车和调车作业的基本动力。

3. 铁路机车按牵引动力，可分为蒸汽机车、内燃机车、_____机车三类。

4. 对于国产机车来说，基本型号采用_____和_____表示。

5. 辅助型号包括_____和_____。

6. 轴列式是表示_____的一种方法。

7. 机车在静止状态下，每个轮对加于钢轨上的重量称为_____。

8. 每根轴发挥的功率称为_____。

9. _____是指机车在全功率工况下，其冷却装置的能力所能容许的持续运行的最低速度。

10. 机车在整备状态下的所有结构设备和油、水、砂（燃油和砂的重量按容量的 2/3 计算）重量的总和，称为_____。

## 二、选择题

1. $SS_4$ 改型电力机车的轴列式用字母法表示为（      ）。

    A. $B_0$—$B_0$              B. 2（$B_0$—$B_0$）           C. B（$B_0$—$B_0$）

2. $SS_8$ 型电力机车的轴列式用数字法表示为（      ）。

    A. $2_0$—$2_0$              B. 2（$2_0$—$2_0$）           C. $3_0$—$3_0$

3. 一般结构速度为 160 km/h 的机车，轴重限制为（      ）t。

    A. 22～23                B. 19～21             C. 16～17

4. $HXD_3$ 型电力机车生产厂商为（      ）。

    A. 株洲机车厂          B. 大连机车厂           C. 大同机车厂

## 三、判断题

1. 机车轴列式只能用字母法表示。                                           （    ）

2. 8K 表示 8 轴可控硅（晶闸管）整流的电力机车。                  （    ）

3. $SS_{9G}$ 型电力机车为交—直—交传动方式的电力机车。           （    ）

4. $SS_4$ 改型电力机车是用于客运牵引的主型干线牵引电力机车。      （    ）

5. 在相同的轴重下，单轴功率越大，机车所能达到的运行速度就越高。 （    ）

## 四、简答题

1. 轴列式的含义是什么？如何用轴列式来表示机车走行部的结构特点？

2. 简述 $SS_{3B}1563A$ 的含义。

3. 简述交—直流传动电力机车的工作原理。

# 任务 1.2 　内燃机车的基本构造及主要技术参数

### 布置任务

1. 认识内燃机车基本构造；

2. 分析内燃机车基本工作原理；

3. 认识内燃机车总体布置及主要技术参数。

## 1.2.1 内燃机车基本组成

内燃机车一般由动力装置、传动装置、车体和车架、走行部、控制系统、辅助装置及制动系统七部分组成，如图 1-2-1 所示。

### 1. 动力装置

内燃机车的动力装置为柴油机或动力电池等其他储能设备，动力电池作为一种新兴的动力装置，主要应用在混合动力机车上。

内燃机车是以内燃机作为原动力，通过传动装置驱动车轮转动的机车。根据机车上内燃机的燃料种类划分，在我国铁路上采用的内燃机车绝大多数配备柴油机。

图 1-2-1 内燃机车基本组成

#### 1）柴油机

图 1-2-2 内燃机车柴油机

柴油机通过燃油（柴油）在气缸内燃烧，将热能转换为由柴油曲轴输出的机械能，但并不用来直接驱动动轮，而是通过传动装置转换为适合机车牵引特性要求的机械能，再通过走行部驱动机车动轮在轨道上转动，内燃机车柴油机如图 1-2-2 所示。

柴油机一般可按下列三种情况分类。

（1）柴油机按每工作循环冲程数分为四冲程柴油机和二冲程柴油机两种。目前，四冲程柴油机占绝大多数，按进入柴油机气缸内的空气压力不同，分为有增压和无增压两种，由于增压系统的设置会显著增加柴油机的功率，现代内燃机车一般均为增压柴油机。

（2）柴油机按气缸排列形式分为 V 形柴油机和直立型柴油机等。由于气缸排列形式为 V 形的柴油机空间利用较好，因此功率较大的柴油机气缸均为 V 形布置，而气缸排列形式为直立型的柴油机受纵向尺寸限制，其功率相对较小。

（3）柴油机按标定转速分为高速（1 500 r/min 以上）柴油机和中速（1 000 r/min 左右）柴油机。高速柴油机是单位功率重量轻，外形尺寸小，适应限界小、轴重轻的机车；中速柴油机经济性较优、寿命较长，适应限界和轴重要求较宽裕的机车。

柴油机还可根据燃烧室形式、缸数、缸径和用途等进行区分。

#### 2）锂离子电池

随着锂离子电池技术的发展日趋成熟，其在能量密度、使用寿命、充放电倍率等多项性能指标上均有重大突破和提升，成为动力电池的主流产品并被大量应用。在轨道交通领域中，主流锂离子电池包括钛酸锂电池和磷酸铁锂电池两种。钛酸锂电池及磷酸铁锂电池各有特点，钛酸锂电池有较高的功率密度，更高的循环寿命、更好的低温性能、更高的安全性磷酸铁锂电池在能量密度方面高于钛酸锂电池，同样的空间下可以装更多的电池，单体价格也相对便宜。大功率动力电池配备完善的电池管理系统（BMS），电池管理系统是电池装置可以稳定、安全、高效使用的重要保障。电池系统出现异常状态时，管理系统会完成切除动力电池的输入输出来进行安全保护。在管理系统主机失效的情况下，系统配置安全硬件冗余措施，也能及时进行安全保护，保证电池安全。

### 2. 传动装置

传动装置从柴油机曲轴到机车车轴之间，需要有一套扭矩，转速及方向可变的中间环节，即传动装置，将柴油机的机械功传给走行部分，力求柴油机的功率得到充分的发挥，并使机车具有良好的牵引性能。柴油机不能直接驱动车轴，主要原因如下。

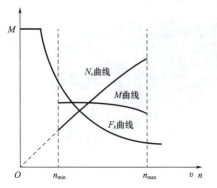

图 1-2-3　机车理想牵引曲线与功率扭矩关系

（1）柴油机要有一个最低稳定转速，如图 1-2-3 所示，低于这个转速，柴油机就不能正常工作，且需无载启动，而机车是需要从速度 $v=0$ 开始工作，且要求带载启动。

（2）柴油机每循环给油量一定时，柴油机的扭矩几乎不随转速的改变而改变（见图 1-2-3 中 $M$ 曲线），和机车的理想牵引特性（见图 1-2-3 中 $F_k$ 曲线）相差太大，即机车低速时，牵引力大，高速时，牵引力小。

（3）由于柴油机的功率 $N_e$ 与 $M \cdot n$ 成正比，而柴油机扭矩曲线 $M$ 比较平直，因此功率几乎随转速成正比增加（见图 1-2-3 中 $N_e$ 曲线），只有为标定转速 $n_{max}$ 时柴油机才能发挥最大功率。而机车则希望在除起动和低速区段外的全部速度区段内均保持恒功率。

（4）机车需要前进、后退，而柴油机只能一个方向旋转。

基于上述四点，内燃机车必须设置传动装置。内燃机车传动装置有电传动、液力传动和机械传动三种形式。其中电传动是最理想、最成熟，也是目前应用最广泛的形式。

### 3. 车体与车架

车体与车架是各机组和设备的安装基础，承受垂直载荷并传递机车牵引力。司机室是乘务人员工作和短期生活的场所。车体和车架如图 1-2-4 所示。

车体按钢结构承载方式可分为承载式车体和非承载式车体，承载式车体是依靠底架、侧墙、司机室钢结构等整体承载，其车体的刚度一般好于非承载式车体；非承载车体主要靠车架来承受载荷，因此车架结构的强度和刚度较大。车体按外形结构形式又可分为内廊式和外廊式车体。

图 1-2-4　车体和车架

车体与车架的结构强度和刚度，直接影响着机车的安全性、动力学性能和使用寿命。对于运行速度较快的机车或动车组动力车还要考虑其空气动力学性能，尽可能减少高速运行时的空气阻力。

### 4. 走行部

走行部的主要作用是承受车体及其上部所有设备的重量，传递机车牵引力和制动力，并保证机车安全、舒适运行。走行部可分为车架式和转向架式两种，现代大功率内燃机车走行部一般采用转向架式结构。转向架是机车运行的直接执行部件，既要承受机车上部重量，又要带动整列车运行，转向架结构的优劣直接影响着机车的运行品质和安全性。

28

转向架一般包括：构架、轮对、轴箱、电机悬挂装置、基础制动装置、支承、牵引装置、附件等，走行部如图1-2-5所示。

图1-2-5 走行部

### 5. 控制系统

控制系统的主要功能是根据机车运行工况和各个设备的运行状态，对机车的工作模式，设备性能等进行控制。机车控制系统实现了机车控制的高度自动化，可保障列车运行安全，采集记录与列车安全运行有关的各种机车运行状态信息，促进机车运行管理的自动化，有利于机车状态检测及故障排除。

控制系统主要由机车中央控制单元、远程输入输出模块及微机显示单元组成。

### 6. 辅助装置

机车辅助装置一般包括：燃油系统、机油系统、冷却和预热系统、通风及空气滤清系统、辅助电气系统、行车记录及监控系统。

（1）燃油系统。机车设置燃油系统的作用是将燃油箱内的燃油经滤清后送至柴油机去工作。系统中一般还设有燃油预热器，以便外界气温较低时预热燃油。

（2）机油系统。为保证对柴油机各部件进行润滑和冷却，机车设有机油系统。机油系统主要包括主机油泵、辅助机油泵、机油滤清器、机油热交换器、温控阀、系统管路等。

（3）冷却和预热系统。柴油机工作时，气缸内燃气温度很高，使燃烧室部分和排气系统的零部件强烈受热，为保证各零部件正常工作并延长使用寿命，必须对这些零部件进行冷却。增压后的空气温度升高，密度减小，为增加充入气缸的空气量，改善燃烧状况，需要对增压后的空气进行冷却。此外，柴油机机油不仅用以对各运动件摩擦副进行润滑，而且还具有冷却的作用。因而，机油也需要进行冷却，使其保持在一定温度范围内，以保证其润滑及冷却功能。

内燃机车的冷却方式，通常是由冷却风扇驱动空气流经散热器来冷却水；以油水热交换器来冷却机油与液力传动装置的工作油；以流经中冷器的冷却水来冷却增压空气。冷却风扇的驱动方式一般有机械驱动、静液压马达驱动、液力耦合器驱动及电力驱动等多种形式。

机车还设有预热系统，其作用是在柴油机启动前，预热冷却水、机油和燃油，使其温度达到柴油机启动所要求的最低温度。

（4）通风及空气滤清系统。内燃机车一些装置的工作需要清洁空气参与运作。如柴油机气缸的燃烧，柴油机冷却水的冷却，主发电机、牵引电机冷却，空压机进气等。其中最重要的是柴油机气缸进气，由于对进气清洁度的要求较高，因此要设置滤清度较高的空气滤清系统。而其他需要进气的部分可根据机车运用的环境情况设置适当的空气滤清系统。

（5）辅助电气系统。辅助电气系统包括除主传动装置以外的控制装置、照明装置、风机电机、风扇、空调与电器元件及线路。

（6）行车记录及监控系统。行车记录及监控系统对机车运行中的状态进行记录、控制，同时对乘务员的工作行为进行监控，是保证机车安全可靠运行的必要措施。

（7）制动系统是用以控制运行中的机车和整个列车减速和停车的重要系统。制动系统一般由风源系统、制动机、辅助系统、控制系统（电空制动机特有）等组成。

制动机一般为空气制动机，也有采用真空制动机的，但真空制动机的使用范围远不如空气制动机广泛。随着电子技术的发展，计算机和空气制动技术实现了完美的结合，诞生了电空制动机。电子信息技术的应用克服了传统空气制动信号传输较慢的弱点，使制动技术更加准确、及时、安全、可靠。特别是高速列车、长大货运列车，电空制动机是必选设备。

### 1.2.2 内燃机车基本原理

#### 1. 能量和力的传递

电传动内燃机车能量的转变主要是将燃料的化学能转化成燃气的热能，燃气的热能转化成机械能，机械能再转化为电能，最后电能再转化为机械能。内燃机车能量转换如图 1-2-6 所示，燃料在气缸内燃烧，化学能转化为热能，所产生的高温高压气体在气缸内膨胀，推动活塞往复运动，连杆带动曲轴旋转对外做功，燃料的热能转化为机械能。柴油机发出的动力传输给电传动装置，机械能转化为电能。通过对柴油机、传动装置的控制和调节，将适应机车运行工况的输出转速和转矩送至每个车轴齿轮箱驱动动轮，将电能转化为机械能，从而实现机车牵引。

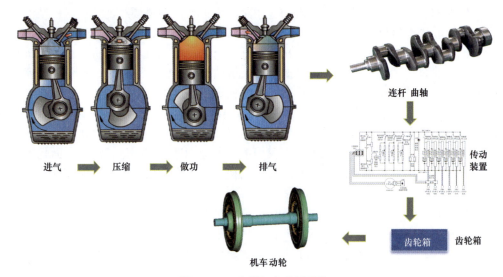

图 1-2-6 内燃机车能量转换

能量在转化和传递过程中，损耗不可避免，但都遵守能量守恒定律。内燃机车柴油机在将燃料的化学能转化为热能的过程中，燃料燃烧释放热能，一部分热能由于散热而损失。在气缸内的高温高压气体膨胀做功的过程中，由于摩擦、阻力、冷却、散热、机械效率等因素的影响，能量进一步损失，在整个过程中燃料的利用率一般为 25%~40%。

柴油机一方面带动牵引发电机旋转（在液力传动内燃机车上，柴油机驱动液力变速箱），另一方面还要直接或间接驱动许多辅助装置，如辅助发电机、空气压缩机、冷却风扇等。用于驱动辅助装置所消耗的功率称为辅助功率，大约为柴油机功率的 6%~10%。剩余用来驱动牵引发电机或液力传动装置的功率只有 90%~94%，称为牵引功率。牵引功率在牵引发电机把机械能变成电能和牵引电机把电能变成机械能，使动轮转动的过程中，由于传动装置转化效率要损失 12%~18%，一般情况下电传动的效率为 82%~88%（液力传动的效率稍低，为 80%~85%）。因此，柴油机的功率传到轮周时会进一步减小。轮周功率是机车可用于牵引的实际功率，对于内燃机车而言，轮周功率与柴油机输出功率的比值约为 0.78~0.80。

## 2. 内燃机车传动基本原理

### 1）内燃机车传动方式

内燃机车的传动方式主要有三种：机械传动、液力传动和电传动。

（1）机械传动。机械传动是内燃机车的一种传统传动方式，主要应用于小功率的地方铁路和工矿机车上。它的结构相对简单，但存在一些弊端，因此在 20 世纪 70 年代后逐渐被淘汰。

（2）液力传动。液力传动是另一种常见的内燃机车传动方式。它通过液力变矩器将发动机的扭矩传递给车轮，适用于大功率的机车。液力传动可以分为一般液力传动和液力换向的液力传动，以及液力—机械传动。

（3）电传动。电传动是现代内燃机车中常见的一种高效传动方式，包括直流电传动、交—直流电传动和交—直—交电传动。直流电传动在早期的内燃机车上应用广泛，而现代的交流电传动内燃机车则更加高效。例如，$DF_4$ 型及之后的电传动内燃机车采用了交—直流电传动，而和谐型和复兴型内燃机车则采用了交—直—交电传动。

### 2）内燃机车传动基本工作原理

以电传动内燃机车传动为例，其基本原理是，柴油机带动牵引发电机转动发出直流电或交流电，机械能转变为电能，再经过变流装置变流后输出可调可控的直流电或交流电，再给牵引电机供电，驱动牵引电机旋转，再通过齿轮传动装置带动轮对转动，电传动内燃机车的原理如图 1-2-7 所示。

| 柴油机 | 牵引发电机 | 变流装置 | 牵引电动机 | 轮对 |
| （直流/交流） | （直流/交流） | | | |

图 1-2-7　电传动内燃机车的原理

按照牵引发电机和牵引电机所用的电流制进行分类，内燃机车电传动装置可分为直—直流电传动、交—直流电传动、交流电传动（交—直—交流电传动）。

（1）直—直流电传动。直—直流电传动因为直流牵引发电机的功率受到换向条件和机车限界尺寸以及机车轴重的限制，使单机组直—直流电传动内燃机车的功率几乎限制在 2 200 kW 以下，因此目前内燃机车一般采用的是交—直流电传动和交流电传动。

（2）交—直流电传动。内燃机车交—直流电传动是指由柴油机驱动三相交流牵引发电机，经整流装置变换为直流后，向直流牵引电机供电，驱动动轮，实现机车牵引。交流牵引发电机一般采用同步牵引发电机，整流装置采用三相不可控桥式整流电路。机车调速通过改变柴油机转速、牵引发电机励磁电流以及磁场削弱来实现，电气制动采用电阻制动方式，交—直流电传动原理如图 1-2-8 所示。

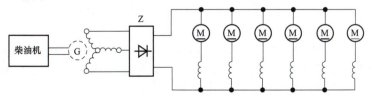

图 1-2-8　交—直流电传动原理

（3）交流电传动。内燃机车交流电传动是指由柴油机驱动三相交流发电机，经三相不可控桥式整流器及直流中间环节变换成直流，再经逆变器变换成电压和频率可调的三相交流后，向交流电动机供电驱动动轮，实现机车牵引。交流电动机一般为异步牵引电机。机车调速通过改变逆变器输出交流电的频率和电压来实现，这种调速方式又称"变频调速"。启动时采用恒转矩控制，运行采用恒功率控制，电气制动时采用电阻制动。交流传动机车具有牵引力大、黏着性能好、牵引电机结构简单等优点，是目前内燃机车的主流传动方式。内燃机车交流电传动原理如图1-2-9所示。

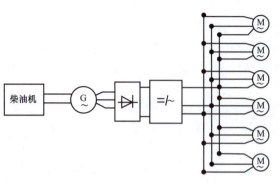

图1-2-9　内燃机车交流电传动原理

### 3）液力传动内燃机车传动原理

液力传动内燃机车的传动原理如图1-2-10所示，其原动力也是柴油机，在柴油机与机车动轮之间，安装有一套液力传动装置。柴油机发出的动力传递到液力变速器的液压油中，液压油通过液力涡轮，液力变矩器和液力耦合器等元件将能量通过车轴齿轮箱传递到车轮，变成驱动车轮的动力。

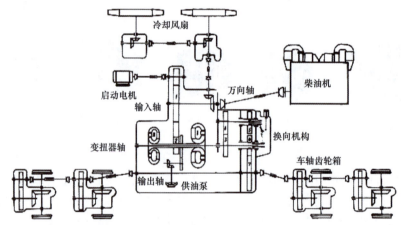

图1-2-10　液力传动内燃机车的传动原理

## 1.2.3　内燃机车总体布置及主要技术参数

### 1. DF₄B型内燃机车总体布置

#### 1）总体布置

（1）车体。$DF_{4B}$型内燃机车采用框架式整体承载车体，全焊钢结构、内廊式。车体由侧墙、顶棚、底架、隔墙和两端司机室组成。隔墙将车体分为第Ⅰ司机室、电气室、动力室、冷却室和第Ⅱ司机室五个部分。各室间隔墙均设有内门。$DF_{4B}$型内燃机车设备布置如图1-2-11所示。

（2）司机室。两端司机室具有同等操纵功能。司机室内设有操纵台，操纵台上安装有司机控制器、制动装置的自动制动阀和单独制动阀、各种操纵按钮、仪表和信号显示装置等。司机室内还设有正副司机座椅、暖风机、电风扇、手制动装置手柄、电炉、行李架、照明灯等设备。

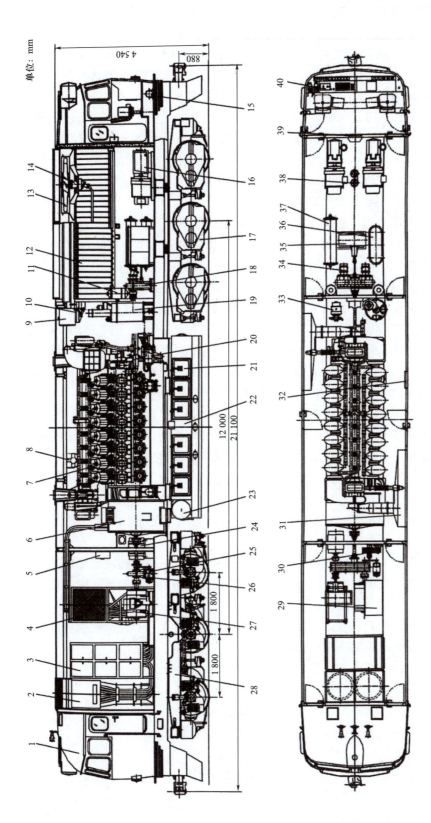

图 1-2-11　DF₄ᵦ 型内燃机车设备布置

1—司机室；2—制动电阻；3—电器柜；4—励磁机；5—励磁机；6—主发电机；7—柴油机；8—车体通风机；9—膨胀水箱；10—预热锅炉油箱；11—静液压系统油箱；12—散热器；13—冷却风扇；14—静液压马达；15—低压风缸；16—车体通风机；17—车体通风机；18—静液压变速设备；19—预热锅炉；20—分配阀；21—蓄电池箱；22—燃油箱；23—总风缸；24—励磁机；25—测速发电机；26—启动（辅助）发电机；27—启动发电机；28—转向架；29—三项设备；30—空气滤清器；31—空气滤清器；32—测量仪表；33—起动机油泵；34—静液压泵；35—牵引电机通风机；36—机油滤清器；37—机油滤清器；38—静液压油热交换器；39—手制动手轮；40—正副操纵台

（3）机械间。电气室内安装有制动电阻柜、电气柜、硅整流柜、三项设备控制柜、启动变速箱、启动发电机、励磁机、测速发电机、前转向架牵引电机的通风机及工具箱。

动力室内主要设置有柴油发电机组、空气滤清器、燃油滤清器、燃油输送泵、起动机油泵、冷却水系统管路和阀类、膨胀水箱等。动力室的后部安装着预热锅炉及其控制柜、预热系统循环水泵、辅助机油泵等。动力室的侧壁上装有车体通风机。

冷却室内装有散热器组、冷却风扇、静液压马达等。散热器组下部安装有静液压变速箱、后转向架牵引电机通风机、机油滤清器、机油热交换器、空气压缩机及各系统管路等。

（4）走行部。走行部为两台可以互换的 3 轴转向架，机车整个上部结构通过 8 个弹性摩擦旁承坐落在两个转向架上。机车的两端装有车钩缓冲装置，用于机车和车辆的自动连接和分解，同时传递机车牵引力和承受来自车辆的冲击力。

车架下部中央吊装着燃油箱，燃油箱两侧装有蓄电池组，前后端装有总风缸。

（5）柴油机。动力装置采用 16V240ZJB 型柴油机。16V240ZJB 型柴油机为 V 形、四冲程、直接喷射开式燃烧室、废气涡轮定压增压并经中间冷却的中速柴油机。

柴油发电机组的输出端经弹性法兰通过万向轴与启动变速箱连接。启动变速箱带动启动发电机、励磁机、前转向架牵引电机通风机及测速发电机。在柴油机的自由端，经传动轴带动静液压变速箱驱动两个静液压泵，泵打出的高压油输送给静液压马达，用于驱动冷却风扇。

柴油机采用电启动方式，96 V 蓄电池组供电给启动发电机，使其成为串励电动机带动柴油机启动。启动完毕后，启动发电机在他励发电机工况，由柴油机带动启动发电机旋转，并通过电压调整器使其输出电压恒定在 110 V，用来向辅助、控制电路供电。

柴油机转速的控制是通过一套无级调速的电子装置，根据司机控制器发出的指令，控制联合调节器配速机构上的步进电机，实现对柴油机的无级调速控制。为了满足柴油机的正常工作需要，机车设有燃油、机油、冷却水、预热、空气滤清等辅助系统。

（6）传动装置。机车采用交—直流电传动装置。由柴油机驱动的三相交流同步牵引发电机产生的三相交流电经硅整流柜三相桥式全波整流后，输送给六台并联的牵引电机，再由牵引电机通过传动齿轮驱动车轮旋转。主发电机的励磁机是感应子励磁机，由柴油机通过启动变速箱带动。

每台机车设有 2 个制动电阻柜。在电阻制动工况，牵引电动机被改接成他励直流发电机工作，将列车的动能变化为电能，再通过制动电阻装置把电能转换为热能消耗掉，使机车速度下降。

（7）制动系统。机车采用 JZ-7 型空气制动机，由两台 NPT5 型空气压缩机供风。除向空气制动系统供风外，还给电气控制系统和撒砂系统供风。

2）主要技术参数

（1）机车主要技术参数。

| | |
|---|---|
| 用途 | 客、货运 |
| 传动方式 | 交—直流电传动 |
| 轴列式 | $C_0$—$C_0$ |
| 轴重/t | $23\times(1\pm3\%)$ |
| 轨距/mm | 1 435 |

| 最高运营速度（客运/货运）/（km/h） | 120/100 |
|---|---|
| 持续速度（客运/货运）/（km/h） | 21.6/28.9 |
| 轮周功率/kW | 1 990 |
| 柴油机最大运用功率/kW | 2 430 |
| 车轮直径/mm | 1 050 |
| 燃油箱容积/L | 9 000 |

（2）牵引特性曲线。

牵引特性曲线如图 1-2-12 所示。图中绘出了 4、8、12、14、15、16 司机主手柄位的机车牵引特性曲线。从该曲线上可以得到对应司机主手柄位，对应速度下的牵引力数据。将列车阻力添加到图 1-2-12 上，绘出列车阻力、坡道（$i$）、牵引重量（$G$）、机车牵引力（$F$）和速度（$v$）的关系曲线，如图 1-2-13 所示。

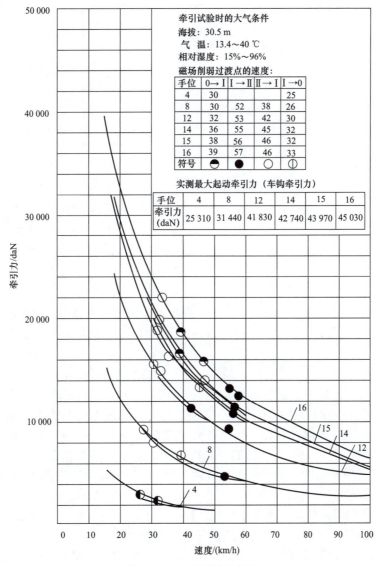

图 1-2-12　牵引特性曲线

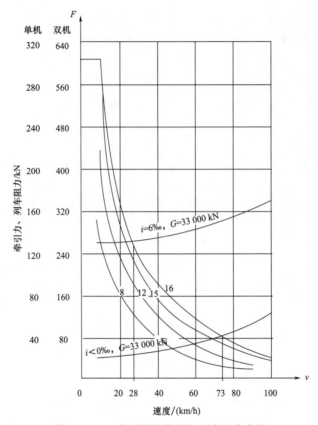

图 1-2-13　牵引特性曲线与列车阻力曲线

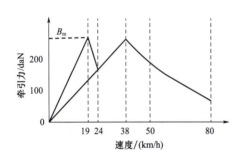

图 1-2-14　DF$_{4B}$ 型货运内燃机车电阻制动特性曲线

（3）电阻制动特性曲线。

DF$_{4B}$ 型货运内燃机车电阻制动特性曲线如图 1-2-14 所示。图中绘出的是柴油机转速在 848 r/min（电阻制动最高转速）保持不变，在不同机车速度时的制动特性变化情况，有较宽泛的电阻制动力范围，以满足运用需要。

**2. HXN$_5$ 型内燃机车总体布置**

**1）总体布置**

HXN$_5$ 型内燃机车是大功率交—直—交电传动内燃机车，HXN$_5$ 型内燃机车以通用电气（GE）公司的 AC6000 型交流传动内燃机车为原型，通过引进国外的内燃机车技术，实现了交流传动内燃机车的国产化制造和技术创新。机车采用系统化、模块化设计，单司机室（后 50 台为双司机室）外走廊、车架承载式结构。采用了"轴控"式交流传动控制、微机控制、电空制动等先进技术，是国内单轴功率最大、黏着利用率最高的大功率重载货运内燃机车。HXN$_5$ 型内燃机车外形如图 1-2-15 所示。

HXN$_5$ 型内燃机车为外走廊车架承载式结构，分上、下两部分：上部为车体及安装在其上的设备，下部两端为转向架，车架中部设有承载式燃油箱。

单司机室 HXN$_5$ 型内燃机车车体上部分为司机室、辅助室、发电机室、柴油机室和冷却室 5 个相对独立的室，单司机室 HXN$_5$ 型内燃机车各室布置如图 1-2-16 所示。

（a）单司机室 HXN₅ 型内燃机车　　（b）双司机室 HXN₅ 型内燃机车

图 1-2-15　HXN₅ 型内燃机车外形

图 1-2-16　单司机室 HXN₅ 型内燃机车各室布置

HXN₅ 型内燃机车车体车架前后两端都装有 102 型牵引车钩和橡胶缓冲器，车钩左、右两侧有制动管（列车管）、空气重联管及重联电缆等。102 型车钩，目前主要运用于和谐系列大功率货运机车和调车机车上，如 HXN₃、HXN₃B、HXN₅、HXN₅B 等型内燃机车，102 号车钩外观最主要的改变是增加了下防脱架。

车架中部为承载式燃油箱，燃油箱右侧设有两个总风缸，两个总风缸间装有高压安全阀。总风缸前端依次设有空气干燥器、辅助用风精滤器，后端设有制动用风精滤器，燃油箱左侧设有蓄电池箱。单司机室 HXN₅ 型内燃机车总体布置如图 1-2-17 所示。

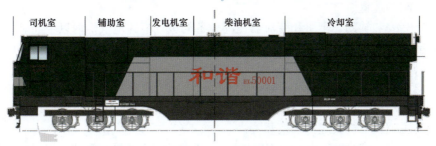
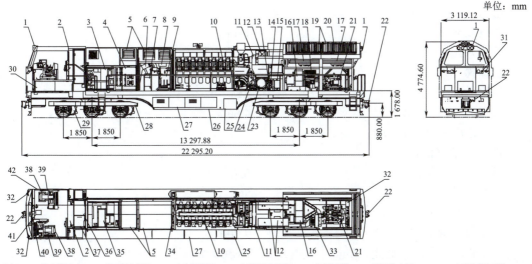

1—头灯；2—控制设备柜；3—牵引逆变器；4—功率装置柜；5—电阻制动装置；6—主通风道；7—辅助发电机；8—CTS 起机转换开关；9—牵引电机；3-10—柴油机；11—空气滤清器箱；12—膨胀水箱；13—低压燃油泵；14—起动机油泵；15—机油热交换器；16—牵引电动机通风机；17—冷却风扇；18—通风机滤清器箱装配；19—散热器百叶窗；20—散热器；21—空气压缩机组；22—车钩；23—润滑油滤清器；24—燃油滤清器；25—污油箱；26—燃油箱；27—蓄电池箱；28—转向架；29—牵引电动机；30—空调；31—标志灯；32—砂箱；33—排尘风机；34—总风缸；35—逆变/发电机组通风机；36—卫生间；37—行车安全设备柜；38—座椅；39—取暖器；40—操纵台；41—冰箱；42—制动柜

图 1-2-17　单司机室 HXN₅ 型内燃机车总体布置

（1）司机室。司机室前端装有前窗，下部左右两侧设有前转向架砂箱。司机室地板将司机室分隔为上、下两部分。上部分别设置有正副操纵台、司机座椅，前端设有监控系统主机、信号系统主机、冰箱、加热盘、电烤箱、灭火器和工具箱，后端设有控制设备柜（电气控制区 CAI）、卫生间和行车安全设备柜。下部为空气制动设备柜、空调、压力开关和变压器等其他设备。

（2）辅助室。辅助室分为上辅助室和下辅助室。

上辅助室前端为逆变/发电机组通风机进风区间，前端两侧设有 V 形滤网和惯性式空气滤清器，内部设置变流器/发电机组通风机和排尘风机，后端两侧装有制动电阻百叶窗，内部安装有一组电阻制动装置。

下辅助室为安装辅助、牵引和变流器控制设备的电气柜。电气柜内以中间隔板分为前、后两室。前室为低压电气柜，左侧为电气控制区 CA4、右侧为电气控制区 CA2。后室为高压电气柜，左侧为电气控制区 CA5、右侧为电气控制区 CA3。

（3）发电机室。发电机室分为上、下两部分，上部为机车后面两组电阻制动装置工作区间，两侧装有制动电阻进风口滤网和排风百叶窗，内部安装有两组电阻制动装置。下部安装有同轴连接的主辅发电机及起机转换开关。

（4）柴油机室。柴油机室内安装 GEVO16 型柴油机，柴油机室钢结构顶盖可以打开，方便柴油机部件吊装。柴油机与发电机组通过螺栓刚性连接。其中，发电机组两侧分别通过三个弹性支承安装于车架上。柴油机两侧分别通过两个弹性支承安装于车架上。

（5）冷却室。冷却室分为前、后两部分。前半部分上方装有膨胀水箱、水系统四通阀及相关管路、空气滤清器箱，下方为设备安装架。后半部分上面为散热器、百叶窗和冷却风扇，下部前端为牵引电机通风机、通风机滤清器箱装配及排尘风机，后端为空气压缩机组。冷却室后端墙上控制箱为电气控制区 CA9，主要安装接触器等相关电气元件。

2）主要技术参数

（1）技术参数。

| 用途 | 干线客货运 |
|---|---|
| 轨距/mm | 1 435 |
| 传动方式 | 交流电传动 |
| 轴列式 | $C_0—C_0$ |
| 轴重/t | 25 t |
| 柴油机装车功率/kW | 4 660 |
| 最大运用速度/(km/h) | 120 |
| 持续速度/(km/h) | 25 |
| 最大起动牵引力/kN | 620 |
| 持续牵引力/kN | 565 |
| 通过最小曲线半径/m | 145 |
| 燃油箱容量/L | 9 000 |
| 机车长度（车钩中心距）/mm | 23 500 |

（2）机车功率分配。

柴油机额定功率又称持续功率、标定功率。GEVO16 型柴油机在转速为 1 050 r/min 时，额定功率为 4 660 kW。其标定条件是：按 AAR 标准，海拔 2 500 m，环境温度 23 ℃。$HXN_5$ 型内燃机车按海拔 2 500 m 确定的装车功率为 4 660 kW，柴油机的功率不作修正，$HXN_5$ 型内燃机车功率分配如图 1-2-18 所示。

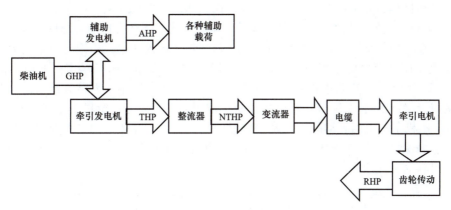

图 1-2-18 HXN₅ 型内燃机车功率分配

在 AAR 标准条件下，装车功率为 4 660 kW，辅助功率为 260 kW，轮周功率为 4 003 kW。辅助功率占柴油机装车功率的 5.58%。在这种条件下，以装车功率为 4 660 kW 和轮周功率为 4 003 kW 计算，HXN₅ 型内燃机车效率约为 85.9%。

（3）机车牵引特性。

机车主控手柄有 8 个挡位。HXN₅ 型机车在两个不同环境温度/海拔条件下（23 ℃/2 500 m、40 ℃/700 m），正常工况下，最高手把位，6 根动轴发挥牵引力时的设计牵引特性曲线如图 1-2-19 所示。

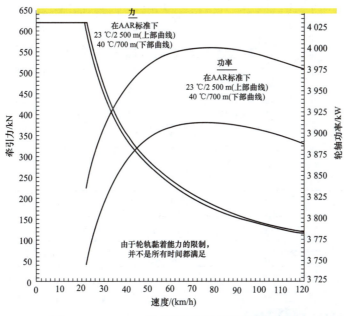

图 1-2-19 HXN₅ 型内燃机车设计牵引特性曲线

（4）机车制动特性。

由于 HXN₅ 型内燃机车采用交流电传动装置，其电阻制动原理和特性均与通常的交—直流电传动内燃机车不同，交—直流电传动内燃机车电阻制动特性及其工作范围，受到 6 个方面的限制：牵引电机最大励磁电流、最小励磁电流、最大制动电流、牵引电机换向火花、机车最高速度和机车黏着重量。其制动力曲线，在高速区可以接近恒功率曲线；在低速区则只能有1~4个点达到最大制动力，而且机车速度降低到零，制动力也随之降低到零。交流电传动内燃机车在电阻制动工况，交流牵引电机在超同步区域内（第二象限）作为交流发电机工作，向直流中间环节供电，提供制动能量。制动电能一部分用于制动电阻通风机电机供电（60 kW），一部分通过制动电阻转化为热量散逸。此时，变流器作为整流器工作，并使电阻制动力实现无级调节。部分交流电传动内燃机车电阻制动力只能保持机车速度到5~10 km/h，HXN$_5$型内燃机车的电阻制动既不受励磁电流的限制，也不存在电动机换向的问题，而且低速时的制动力保持352 kN的恒定值，并可一直制动机车直至停车，图1-2-20是AAR标准状态下电阻制动特性曲线。

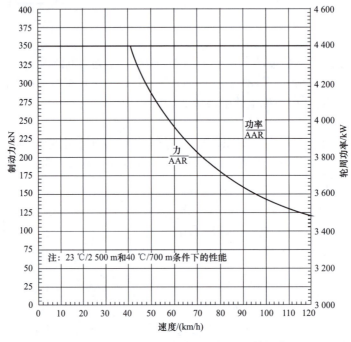

图1-2-20　AAR标准状态下电阻制动特性曲线

学习工作单与考核表

| 任　　务 | 内燃机车的基本构造及主要技术参数 | | | |
|---|---|---|---|---|
| 学习小组 | | 姓名 | | |
| 学习工作任务 | | 学习工作完成评价 | | |
| 学习工作1：认识内燃机车基本构造 | | 自我评价 | 小组评价 | 教师评价 |
| | | | | |

续表

| 学习工作2:　分析内燃机车基本工作原理 | 自我评价 | 小组评价 | 教师评价 |
|---|---|---|---|
| | | | |
| 学习工作3:认识内燃机车总体布置及主要技术参数 | 自我评价 | 小组评价 | 教师评价 |
| | | | |

# 自 测 题

## 一、填空题

1. 内燃机车一般是由动力装置、传动装置、车体和车架、_____、控制系统、辅助装置及制动系统七部分组成的。

2. 根据机车上内燃机的燃料种类,我国铁路上采用的内燃机车绝大多数配备_____。

3. _____是从柴油机曲轴到机车车轴之间,需要有一套扭矩、转速及方向可变的中间环节。

4. _____与车架是各机组和设备的安装基础,承受垂直载荷并传递机车牵引力。

5. 内燃机车的传动方式主要有三种:机械传动、液力传动和_____。

6. 内燃机车交—直流电传动是指由柴油机驱动三相交流牵引发电机,经整流装置变换为_____后,向直流牵引电机供电,驱动动轮,实现机车牵引。

7. $HXN_5$ 型内燃机车车体上部分为司机室、_____、发电机室、柴油机室和冷却室5个相对独立的室。

8. $DF_{4B}$ 型内燃机车动力装置采用_____型柴油机。

## 二、选择题

1. $HXN_5$ 型内燃机车采用的电传动方式为(　　　　)。

　　A. 直—直　　　　　　　B. 交—直　　　　　　　C. 交—直—交

2. $DF_{4B}$ 型电力机车的轴重为(　　　　)t。

　　A. 27　　　　　　　　　B. 16　　　　　　　　　C. 23

3. $HXN_5$ 型内燃机车车体车架前后两端都装有(　　　　)型牵引车钩。

　　A. 13　　　　　　　　　B. 102　　　　　　　　　C. 15X

## 三、判断题

1. $DF_{4B}$ 型内燃机车柴油发电机组的输出端经弹性法兰通过万向轴与启动变速箱连接。

(　　　)

2. $DF_{4B}$ 型内燃机车采用 DK-1 型电空制动机。 (　　　)

3. $HXN_5$ 型内燃机车采用了"架控"式交流传动控制、微机控制、电空制动等先进技术。

(　　　)

4. HXN$_5$型内燃机车柴油机室内安装了 GEVO16 型柴油机。　　　(　　)

**四、简答题**

1. 简述内燃机车基本组成。

2. 简述交—直—交传动内燃机车的基本工作原理。

# 任务 1.3　电力机车的基本构造及主要技术参数

### 布置任务

1. 认识电力机车基本构造;

2. 分析电力机车基本工作原理;

3. 认识电力机车总体布置及主要技术参数。

### 相关资料

## 1.3.1　电力机车在现代轨道交通运输中的重要地位

电力机车是一种通过外部接触网或轨道供给电能,由牵引电动机驱动的现代化牵引动力。其优点如下。

(1)清洁无污染。电力机车的动力来自电能,无任何有害排放物,是理想的环保型轨道交通运输工具。

(2)功率大,速度快。蒸汽机车和内燃机车受结构的限制,功率受到影响,而电力机车的功率则相对较大,加之电网容量超过机车功率很多倍,使得现代电力机车向重载、高速方向发展成为现实。

(3)热效率高,成本低。电力机车的平均热效率为 26%,远高于蒸汽机车,也高于内燃机车,同时无非生产性消耗,运输成本低,经济效益高。

(4)综合利用资源,降低能源消耗。我国有丰富的水利资源可供发电。另外火力发电厂也可利用一些劣质燃料发电,做到资源综合利用,可节约大量的优质燃料。

(5)维修便利,成本低。电力机车上主要装配了一些电气设备,因此具有保养容易,维修量小,检修周期短等特点。

(6)工作条件舒适。电力机车乘务员的工作条件较蒸汽机车乘务员在劳动强度、工作环境、噪声、采光、振动等方面都有很大改善,也优于内燃机车乘务员的工作条件。

(7)适应能力强。电力机车不同于蒸汽机车和内燃机车,运行中没有水消耗,在无水区和缺水区运行不受影响。

## 1.3.2　电力机车总体的组成和各部分的作用

电力机车由电气部分、机械部分和空气管路系统三大部分组成,电力机车组成如图 1-3-1 所示。

电气部分指高压系统、电传动系统、控制系统,包括牵引电动机、牵引变压器、整流硅机组等各类电气设备。通过它们把取自接触网的电能转变为机械能,同时实现对机车的控制。

机械部分包括车体、转向架、车体与转向架的连接装置和牵引缓冲装置。

空气管路系统包括风源系统、制动系统和辅助系统。

### 1. 高压系统

高压系统是指机车网侧系统或网侧电路，也就是机车从交流 25 kV 供电接触网获取电流并将电流导入牵引变压器原边绕组，再通过接地装置将电流送至钢轨及铁路变电站的电路或系统。

### 2. 电传动系统

电传动系统是电力机车的核心子系统，是实现牵引变压器次边电能

图 1-3-1　电力机车组成

到牵引电机转动机械能转换的最主要系统，电传动系统的发展推动了整个电力机车的向前发展。传动系统可以分为直流电传动系统和交流电传动系统，最为主流的交—直—交流电传动系统就属于交流电传动系统。

### 3. 控制系统

机车控制系统可以分为继电器接触器控制系统和微机网络控制系统。

继电器接触器控制系统由司机控制器、低压电器、主电路及辅助电路中的各电器电磁线圈以及各电器部件的联锁组成。通过司机操纵台上的各按键开关和司机控制器手柄，司机可以控制主电路和辅助电路中各电器的动作，使机车按照司机的指令运行。

微机网络控制系统是用于连接车载设备，实现信息共享、控制功能、监测诊断的数据通信系统，它以计算机网络为核心，把计算机技术、控制技术、设备诊断技术与网络通信技术紧密结合起来。网络控制系统一般采用列车级控制和车辆级控制，列车控制级采用绞线式列车总线 WTB，车辆控制级采用多功能车辆总线 MVB。网络控制系统采用分布式控制技术，即分布采集及执行，中央集中控制与管理的模式。

### 4. 车体及钩缓装置

车体及钩缓装置是电力机车机械部分的关键组成，是指机车上传递转向架的牵引、制动力，承受车钩间相互作用力，同时承载机车设备的大型结构件。车体一般由底架、司机室钢结构、设备安装骨架、侧墙、顶盖等主结构组成，还有排障器、门、窗、脚踏扶手等附属装置。车体技术包括钩缓技术、车体承载技术、车体仿真计算技术、车体密封技术等。车体是实现人、物的承载及牵引/制动力传递的直接载体，是事关整车安全的重要部件。

### 5. 转向架

转向架是电力机车的走行部分，它对提高机车运行速度，确保行车安全，改善机车走行品质，提高乘务人员工作舒适性等均有极为重要的作用。转向架承担机车车体及其所安装设备的所有重量，该重量通过车体支持、构架、一系轴箱悬挂均匀分配到各轴箱上，最后经轮对作用于钢轨。转向架必须保证轮轨之间的黏着，在轮轨接触点产生轮周牵引力/制动力并传递给车体、车钩，从而实现列车牵引/制动。此外，转向架应能实现在钢轨的引导下，在直线和曲线上安全运行，缓和线路不平顺对机车的冲击，实现机车的平稳运行。通常的转向架一般由构架、轮对、轴箱、弹性悬挂、电机悬挂、传动装置和基础制动装置等组成。

### 6. 制动系统

制动系统作为电力机车的重要组成部分，是保证列车安全平稳调速及停车的关键系统，

其性能的好坏直接影响列车运输安全。一般来说制动主要分为动力制动与空气制动，动力制动一般采用再生制动，通过牵引电机发电并将发出的电能回馈到接触网以供其他列车使用，这一过程消耗了列车的前进动能，达到了制动降速的效果。

空气制动的原理是利用压缩空气推动安装在转向架上的基础制动装置与车轮踏面或者车轮上安装的制动盘等部件进行机械摩擦，从而达到制动的作用。空气制动通常有踏面制动、轮盘制动两种形式，采用何种制动形式需根据机车特定情况来选择。空气制动系统通常由压缩机、风缸、制动机、基础制动装置等部分组成。

#### 7. 辅助系统

辅助系统是配合电力机车主电路系统正常工作的相关配套系统，主要包括辅助电源、辅助负载和通风系统等子系统。

## 1.3.3　电力机车工作原理

电力机车本身不带原动机，靠接受接触网送来的电流作为能源，由牵引电动机驱动机车的车轮。电力机车具有功率大、热效率高、速度快、过载能力强和运行可靠等主要优点，而且不污染环境，特别适用于运输繁忙的铁路干线和隧道多，坡度大的山区铁路。

电力机车是从接触网上获取电能的，接触网供给电力机车的电流有直流和交流两种。由于电流制不同，所用的电力机车也不一样，按供电电流制，电力机车分为四类，即直流供电：直流牵引电动机的直—直型电力机车；交流供电：直（脉）流牵引电动机的交—直型电力机车；交流供电：变流器环节的三相交流异步电动机的交—直—交型电力机车；交流供电：变频环节的三相交流同步电动机的交—交型电力机车。

直—直流电力机车采用直流制供电，牵引变电所内设有整流装置，它将三相交流电变成直流电后，再送到接触网上。因此，电力机车可直接从接触网上取得直流电供给直流串励牵引电动机使用，简化了机车上的设备。直流制的缺点是接触网的电压低，一般为 1 500 V 或 3 000 V，接触导线要求很粗，要消耗大量的有色金属，增加了建设投资成本。

交—直流电力机车采用交流制供电，目前世界上大多数国家都采用工频（50 Hz）交流制，或 25 Hz 低频交流制。在这种供电制下，牵引变电所将三相交流电改变成 25 kV 工业频率单相交流电后送到接触网上，但是在电力机车上采用的仍然是直流串励电动机（这种电动机的最大优点是调速简单，只要改变电动机的端电压，就能很方便地在较大范围内实现对机车的调速，但是这种电机由于带有整流子，使制造和维修都很复杂，体积也较大），把交流电变为直流电的任务在机车上完成。由于接触网电压比直流制时提高了很多，接触导线的直径可以相对减小，减少了有色金属的消耗和建设投资。因此，工频交流制得到了广泛应用。交—直流电力机车的工作原理如图 1-3-2 所示，单相交流电由接触网通过受电弓引入牵引变压器的高压绕组，再经钢轨接地。牵引变压器将电压降低后，经整流装置变换为直流电供给牵引电动机，通过牵引电动机将电能转化成动能驱动轮对旋转。

交—直—交型电力机车的网侧电路由受电弓、避雷器、主断路器、高压电压互感器、原边电流互感器、回流电流互感器和接地装置等设备组成。电力机车和动车组动力车通过受电弓从接触网获取电能，电流经过真空断路器接入牵引变压器高压绕组，然后流入回流线、轮对、钢轨，返回变电所。牵引变压器次边主电路可以分为四象限变流器输入侧、中间直流环节和逆变器输出侧三个部分。其中中间直流环节由直流支撑电容、二次谐振电路、接地检测电路和斩波放电电路组成。

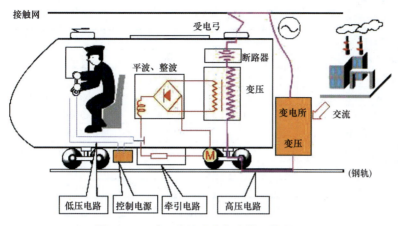

图 1-3-2 交—直流电力机车的工作原理

牵引时，牵引变压器的原边通过受电弓、主断路器得电，牵引变压器次边牵引绕组分别向牵引变流器四象限变流器供电，由四象限变流器转换成直流电后再向逆变器供电，逆变器将直流电压转换为电压和频率可以调整的三相交流电提供给牵引电机。

再生制动时，牵引电机工作在发电模式下，逆变器将电机发出的三相交流电整流成直流电供给中间直流电路，四象限变流器工作在逆变模式下，将中间直流电转换成单相交流电回馈给接触网。交—直—交型电力机车采用交流无整流子牵引电动机（即三相异步电动机），这种电动机在制造、性能、功能、体积、重量、成本、维护及可靠性等方面远比整流子电机优越得多。我国的大功率交流传动电力机车就是这种机车，交—直—交型电力机车的工作原理如图 1-3-3 所示。

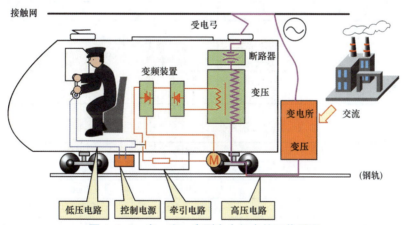

图 1-3-3 交—直—交型电力机车的工作原理

## 1.3.4 电力机车主要技术参数

部分韶山系列电力机车机械部分主要技术参数如表 1-3-1 所示，部分和谐系列大功率电力机车主要技术参数如表 1-3-2 所示。

表 1-3-1 部分韶山系列电力机车机械部分主要技术参数

| 车型 | $SS_4$改 | $SS_8$ | $SS_9$ | $SS_{7E}$ |
|---|---|---|---|---|
| 制造年份 | 1993 | 1997 | 2001 | 2002 |
| 轴列式 | $2（B_0—B_0）$ | $B_0—B_0$ | $C_0—C_0$ | $C_0—C_0$ |

续表

| 车型 | | SS₄改 | SS₈ | SS₉ | SS₇ₑ |
|---|---|---|---|---|---|
| 机车总重量/kN | | 1 840 | 880 | 1 260 | 1 260 |
| 轴重/kN | | 230 | 220 | 210 | 210 |
| 转向架重量/kN | | 212 | 130 | 315 | 304 |
| 机车宽度/mm | | 3 100 | 3 100 | 3 105 | 3 105 |
| 机车落弓高度/mm | | 4 775 | 4 628 | 4 754 | 4 700 |
| 车钩中心线距/mm | | 2×16 416 | 17 516 | 22 216 | 22 016 |
| 车钩中心线高度/mm | | 880±10 | 880±10 | 880±10 | 880±10 |
| 转向架轴距/mm | | 2 900 | 2 900 | 2 150+2 150 | 2 150+2 150 |
| 转向架中心距/mm | | 8 200 | 9 000 | 11 570 | 11 570 |
| 牵引点高度/mm | | 12 | 220 | 460 | 460 |
| 车轮直径/mm | | 1 250 | 1 250 | 1 250/1 200 | 1 250/1 200 |
| 机车功率（持续制）/kW | | 6 400 | 3 600 | 4 800 | 4 800 |
| 机车牵引力/kN | 持续制 | 436.5 | 120 | 169 | 171 |
| | 起动牵引力 | 628 | 210 | 286 | 245 |
| 机车速度/（km/h） | 持续制 | 51.5 | 100 | 99 | 96 |
| | 最大 | 100 | 170 | 160 | 170 |
| 传动方式 | | 双侧刚性斜齿轮传动 | 单边直齿六连杆空心轴弹性传动 | 单边直齿六连杆空心轴弹性传动 | 单边直齿六连杆空心轴弹性传动 |
| 牵引电机悬挂方式 | | 抱轴式半悬挂 | 全悬挂 | 全悬挂 | 全悬挂 |
| 齿轮传动比 | | 88/21 | 77/31 | 77/31 | 75/32 |
| 一系弹簧悬挂静挠度/mm | | 139 | 54 | 49.5 | 52 |
| 二系弹簧悬挂静挠度/mm | | 6 | 110 | 96 | 96 |
| 牵引方式 | | 中央斜单杆推挽式 | 中间推挽式牵引杆 | 双侧低位平拉杆 | 双侧低位平拉杆 |
| 基础制动装置 | | 独立作用式闸瓦间隙自调 | 独立作用式闸瓦间隙自调 | 独立作用式闸瓦间隙自调 | 独立作用式闸瓦间隙自调 |

表 1-3-2 部分和谐系列大功率电力机车主要技术参数

| 车型 | HXD₁ | HXD₂ | HXD₃ |
|---|---|---|---|
| 用途 | 干线货运 | 干线货运 | 干线货运 |
| 制造年份 | 2006 | 2006 | 2006 |
| 制造厂商 | 株洲机车厂 | 大同机车厂 | 大连机车厂 |
| 轨距/mm | 1 435 | 1 435 | 1 435 |
| 整备重量/t | 2×100 | 2×100 | 150 |
| 轴重/t | 25 | 25 | 25 |
| 轴式 | 2（B₀—B₀） | 2（B₀—B₀） | C₀—C₀ |
| 机车牵引功率/kW | 9 600 | 10 000 | ≥7 200 |
| 机车最大起动牵引力/kN | 760 | 777 | ≥570 |
| 机车持续牵引力/kN | 532 | ≥554 | ≥400 |
| 机车持续速度/（km/h） | 65 | 65 | 65 |
| 机车最大运行速度/（km/h） | 120 | 120 | 120 |
| 机车额定电压/kV | 25 | 25 | 25 |
| 机车最低电压/kV | 19 | 17.5 | 17.5 |

续表

| 车型 | HXD₁ | HXD₂ | HXD₃ |
|---|---|---|---|
| 机车最高电压/kV | 29 | 31 | 31 |
| 机车电传动方式 | 交—直—交 | 交—直—交 | 交—直—交 |
| 机车前后车钩中心距/mm | 2×17 611 | 2×19 075 | 20 846 |
| 车体长/mm | 17 138 | 18 975 | 19 630 |
| 车体宽/mm | 3 100 | 2 856 | 3 100 |
| 车体高/mm | 29 363 | 2 759 | 3 030 |
| 车钩中心线距轨面高度/mm | 880±10 | 880±10 | 880±10 |
| 机车排障器距轨面高度/mm | 110±10 | 110±10 | 110±10 |
| 新动轮直径/mm | 1 250 | 1 250 | 1 250 |
| 半磨耗动轮直径/mm | 1 200 | 1 150 | 1 200 |
| 齿轮传动比 | 6.235 | 120/23 | 101/21 |
| 基础制动方式 | 轮盘制动 | 踏面制动 | 轮盘制动 |
| 制动缸直径/mm | 254 | 176 | 250 |
| 制动倍率 | 2.41 | 3.5 | 3.23（1，6 轴）<br>2（2，3，4，5 轴） |
| 传动效率/% | 95 | 70 | 78.5 |
| 制动缸最大空气压力/kPa | 460 | 370 | 450 |
| 停放制动方式 | 弹簧停放制动 | 弹簧停放制动 | 蓄能停放制动 |
| 制动器数量/个 | 2 个/转向架 | 1 | 4 |
| 停放制动器质量/kg | 110.5 | 75 | 80～112 |
| 受电弓型号 | TSG15 | DSA200 | DSA200 |
| 受电弓额定工作电压/kV | 25 | 25 | 25 |
| 受电弓额定工作电流/A | 1 000 | 2 000 | 1 000 |
| 受电弓运行最高速度/（km/h） | 250 | 200 | 200 |
| 传动风缸工作空气压力/kPa | 550 | 400～1 000 | 400～1 000 |
| 主断路器型号 | BVAC.N99 | 22CBDP | BVAC.N99 |
| 主断路器额定电压/kV | 25 | 25 | 30 |
| 主断路器额定电流/A | 1 000 | 1 000 | 1 000 |
| 主断路器额定分断电流/kA | 20 | 16 | 20 |
| 主断路器额定分断容量/vA | 600 | 400 | 600 |
| 主断路器固有分断时间/ms | 20～60 | ≤40 | 20～60 |
| 主断路器额定工作气压/kPa | 450～1 000 | 395～2 000 | 450～1 000 |
| 主变压器网侧高压绕组额定容量/kVA | 5 280 | 6 456 | 9 006 |
| 主变压器牵引绕组额定电压/V | 970 | 950 | 1 450 |
| 主变压器辅助绕组额定电压/V | 399 | 399 | 399 |
| 主变压器网侧高压绕组额定电流/A | 211 | 258 | 360 |
| 主变压器牵引绕组额定电流/A | 1 361 | 1 699 | 6×965 |
| 主变压器辅助绕组额定电流/A | — | — | 2×759 |
| 主变压器冷却方式 | 强迫油冷 | 强迫油冷 | 强迫油冷 |
| 主变压器冷却介质 | 45 号矿物油 | 45 号变压器油 | 45 号变压器油 |
| 变流装置额定输入电压/V | 970 | 950 | 1 450 |
| 变流装置额定输入电流/A | 1 510 | 1 699 | 965 |
| 变流装置中间直流电压/V | DC 1 800 | DC 1 800 | DC 2 800 |
| 变流装置额定输出电压/V | 1 285 | 1 391 | 2 150 |

续表

| 车型 | HXD$_1$ | HXD$_2$ | HXD$_3$ |
|---|---|---|---|
| 变流装置额定输出电流/A | 1 260 | 最大 1 900 | 1 390 |
| 变流装置冷却方式 | 强迫水循环冷却 | 强迫水循环冷却 | 强迫水循环冷却 |
| 变流装置冷却介质牌号 | 纯水和乙二醇溶液 | 纯水和乙二醇溶液 | 纯水和乙二醇溶液 |
| 牵引电机持续制额定功率/kW | 1 224 | 1 275 | 1 250 |
| 牵引电机持续制额定电压/kV | 1 375 | 1 391 | 2 150 |
| 牵引电机持续制额定电流/A | 584 | 620 | 390 |
| 牵引电机持续制额定转速/（r/min） | 814 | 757.6 | 520 |
| 牵引电机最大启动电流/A | 1 726 | 1 499 | 1 365 |
| 牵引电机最高转速/（r/min） | 3 460 | 2 768 | 2 662 |
| 牵引电机额定机械效率/% | 95.15 | 95.6 | 95 |
| 牵引电机绝缘等级 | 200 级 | 200 级 | 200 级 |
| 牵引电机极对数 | 2 | 6 | 4 |
| 牵引电机冷却方式 | 强迫通风 | 强迫通风 | 强迫通风 |
| 牵引电机通风机组台数/台 | 8 | 4 | 6 |
| 牵引电机通风机组最大转速/（r/min） | 3 520 | 2 930 | 2 950 |
| 牵引电机通风量/（m³/s） | 1.4 | 2.9 | 2.35 |
| 牵引电机通风风压/kPa | 3.2 | 3.8 | 2.8 |
| 牵引电机通风机组额定功率/kW | 13 | 16.6 | 18.5 |
| 牵引电机通风机组调压阀调压范围/kPa | 480～650 | 300±20 | 380～650 |

**学习工作单与考核表**

| 任　　务 | 电力机车的基本构造及主要技术参数 | | |
|---|---|---|---|
| 学习小组 | | 姓名 | |

| 学习工作任务 | 学习工作完成评价 | | |
|---|---|---|---|
| 学习工作 1：认识电力机车基本构造 | 自我评价 | 小组评价 | 教师评价 |
| 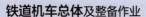 | | | |
| 学习工作 2：　分析电力机车基本工作原理 | 自我评价 | 小组评价 | 教师评价 |
| | | | |

续表

| 学习工作 3：认识电力机车总体布置及主要技术参数 | 自我评价 | 小组评价 | 教师评价 |
|---|---|---|---|
|  |  |  |  |

## 自 测 题

### 一、填空题

1. 电力机车是一种通过外部_____或轨道供给电能，由牵引电动机驱动的现代化牵引动力。

2. 电力机车由_____、机械部分和空气管路系统三大部分组成。

3. 电气部分是指高压系统、_____系统、控制系统。

4. 机车控制系统可以分为继电器接触器控制系统和_____控制系统。

5. 电力机车机械部分包括车体、转向架、车体与转向架的连接装置和_____。

6. 电力机车再生制动时，牵引电机工作在发电模式下，_____将电机发出的三相交流电整流成直流电供给中间直流电路，四象限变流器工作在逆变模式下，将中间直流电转换成单相交流电回馈给接触网。

### 二、选择题

1.（　　）及钩缓装置是电力机车机械部分的关键组成，是指机车上传递转向架的牵引力、制动力，承受车钩间相互作用力，同时承载机车设备的大型结构件。

　　A. 车体　　　　　　　　B. 转向架　　　　　　　　C. 车钩

2. 空气制动的原理是利用压缩空气推动安装在转向架上的（　　）与车轮踏面或者车轮上安装的制动盘等部件进行机械摩擦，从而达到制动的作用。

　　A. 基础制动装置　　　B. 牵引的电动机　　　　　C. 构架

3. HXD₃型电力机车整备重量为（　　）t。

　　A. 23　　　　　　　　B. 105　　　　　　　　C. 150

### 三、判断题

1. 电力机车传动系统可以分为直流电传动系统和交流电传动系统，最为主流的交—交流电传动系统就属于交流电传动系统。（　　）

2. 制动系统作为电力机车的重要组成部分，是保证列车安全平稳调速及停车的关键系统，其性能的好坏直接影响列车运输安全。（　　）

3. 电力机车和动车组动力车通过受电弓从接触网获取电能，电流经过真空断路器接入牵引变压器高压绕组，然后流入回流线、轮对、钢轨，返回发电厂。（　　）

### 四、简答题

1. 简述电力机车的基本组成。

2. 简述交—直—交流传动电力机车的基本工作原理。

# 模块 2 机车车体与设备布置

机车车体是由底架、侧墙、车顶和车顶盖及司机室构成的壳形结构，在车体的内部，安放着各种机械、电气设备，因此车体不仅需要足够的刚度和强度，以便承受各个方向的传动静载荷和冲击载荷，而且在结构上要力求整齐、通畅，从而为机务乘务人员和检修工作人员提供安全、方便的工作场所。

## 任务 2.1　车　体　概　述

### 🔍 布置任务

1. 了解机车车体的功能与要求；
2. 了解机车车体的分类；
3. 了解高速列车对车体的要求。

### 🔍 相关资料

### 2.1.1　机车车体的功能

车体是机车上部的车厢部分。它的用途主要表现在以下几个方面。

（1）用来安装各种电气设备和机械设备，并保护车体内各种设备不受雨、雪、风沙的侵袭。

（2）乘务人员操纵、维修、保养机车的场所。

（3）传递垂向力：承受车体内各种设备的重量，并经支承装置传给转向架及钢轨。

（4）传递纵向力：接受转向架传来的牵引力、制动力，并传给设在车体两端的牵引缓冲装置，以便牵引列车运行或实行制动。

（5）传递横向力：机车在运行时，还要承受各种原因形成的横向力的作用，如离心力、风力等。

### 2.1.2　机车对车体的要求

由于车体的作用和工作时受力的复杂性，为了使电力机车安全平稳地运行，车体必须满足以下几点。

（1）车体尺寸应在国家规定的机车车辆限界尺寸内。

（2）有足够的强度和刚度：即在机车允许的设计结构速度内，保证车体骨架结构不发生破坏和较大变形，以确保行车安全和正常使用。

（3）适当减轻自重。重量分布均匀，重心尽量低，以适应高速行车的需要。

（4）结构要合理。车体结构必须保证设备安装、检查、保养以及检修更换的便利。

（5）应尽量改善乘务员的工作条件，完善通风、采光、取暖、瞭望、降噪、乘凉等措施。

（6）高速机车要有流线型车体外形，以减少运行时的空气阻力。

（7）在满足上述要求的基础上，力求车体设计美观、大方、富有时代气息。

## 2.1.3　机车车体的分类

电力机车的车体可谓形式多样，下面分类说明。

### 1. 按用途分类

根据用途，机车车体可分为工业电力机车车体和干线运输大功率电力机车车体。

#### 1）工业电力机车车体

工业电力机车是在工矿运输或调车场作业中使用的电力机车。由于速度较低，且经常调换运行方向，其司机室往往设在中央。工业电力机车车体的特点是车体结构简单，但不便于设备安装、检查、保养，也不便于作业时的瞭望，如图2-1-1所示。

#### 2）干线运输大功率电力机车车体

干线运输大功率电力机车是一种在铁路主干线承担运输任务的电力机车，其车体特点是两端设有司机室，中间为机器间，设备安装、检修方便，司机瞭望视线开阔，其形状类似客车车厢，如图2-1-2所示。

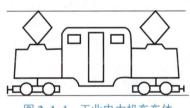

图 2-1-1　工业电力机车车体

图 2-1-2　干线运输大功率电力机车车体

### 2. 按车体承载结构分类

根据车体不同的承载需要，机车车体可分底架承载式车体、底架和侧墙共同承载式车体、整体承载车体。

#### 1）底架承载式车体

底架承载式车体的底架承担所有载荷，而侧墙，车顶均不参与承载，因此侧墙结构较为轻便。由于底架承受全部上部载荷，因此其必须有足够的强度和刚度。此种车体多用于工业用电力机车车体或客车车厢。

底架和侧墙共同承载式车体（又称侧壁承载车体）：这种车体，由于侧墙参与承载，侧墙骨架较为坚固，外蒙钢板也较厚，与车体底架焊成一个牢固的整体。侧墙骨架采用型钢材或压型钢板制成桁架式或框架式两种结构形式，如图2-1-3所示。

桁架式侧墙骨架有斜拉杆，强度、刚度都高于框架式侧墙骨架，但桁架式门窗开设不便，故一般多用于货车车体。机车车体或客车车厢骨架多采用框架式侧墙结构。由于侧墙与底架结合成一个较坚强的整体，使底架重量大大减轻，从根本上降低了车体的自重，使机车的设计速度得以提高。

2）整体承载车体

整体承载车体是将底架、侧墙、车顶组成一个坚固轻巧的承载结构，使整个车体的强度、刚度更大，而自重较小。整体式承载车体过去在电力机车上应用较少，但随着电力机车向大功率重载和高速方向发展，现已广泛应用于电力机车车体中。

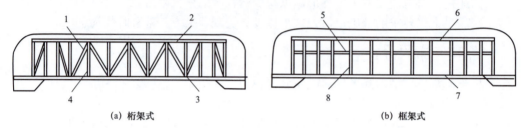

(a) 桁架式　(b) 框架式
1—斜拉杆；2—上弦杆；3—下弦杆；4—立柱；5—中间杆；6—上弦杆；7—下弦杆；8—立柱

图 2-1-3　侧壁承载车体的侧壁结构示意图

## 2.1.4　高速列车车体简介

机车在运行中所受空气阻力在中低速时往往并不明显，但当速度达到一定值时，空气阻力就成为阻碍机车速度提高的重要制约因素。

图 2-1-4　流线型机车外形

为了使机车在高速运行中的气流和压力分布达到最佳，以减少运行阻力，各国在机车车体外形设计上均采用了流线型车体，例如采用抛物线型车体外形，子弹头型车体外形等。流线型机车外形如图 2-1-4 所示。另外，减轻车体自重，保持较轻的轴重也是高速机车必须具备的，目前国内外高速机车车体在减轻自重时除采用整体式承载结构，减轻其结构重量外，选用轻型材料，如铝合金车体、纤维增强复合材料车体等来减轻自重，以满足高速机车低重心、轻量化的要求。

学习工作单与考核表

| 任务 | 车体概述 | | |
|---|---|---|---|
| 学习小组 | | 姓名 | |
| 学习工作任务 | 学习工作完成评价 | | |
| 学习工作1：了解机车车体的功能与要求 | 自我评价 | 小组评价 | 教师评价 |
| | | | |
| 学习工作2：了解机车车体的分类 | 自我评价 | 小组评价 | 教师评价 |
| | | | |
| 学习工作3：了解高速列车对车体的要求 | 自我评价 | 小组评价 | 教师评价 |
| | | | |

## 自 测 题

### 一、填空题

1. 机车车体是由（　　　　）和车顶盖及司机室构成的壳形结构。
2. 机车车体接收转向架传来的（　　　　），并传给设在车体两端的牵引缓冲装置，以便牵引列车运行或实行制动。
3. 机车车体尺寸应在国家规定的（　　　　）尺寸内。
4. 高速列车要有（　　　　）车体外形，以减少运行时的空气阻力。

### 二、简答题

1. 机车车体有哪些功能？
2. 简述对机车车体的要求。
3. 简述机车车体的分类。
4. 高速列车对车体有哪些要求？

# 任务 2.2　$SS_4$ 改型电力机车车体结构与设备布置

### 布置任务

1. 了解 $SS_4$ 改型电力机车车体结构特点；
2. 了解 $SS_4$ 改型电力机车车体各部主要结构；
3. 掌握 $SS_4$ 改型电力机车设备布置特点。

### 相关资料

## 2.2.1　$SS_4$ 改型电力机车介绍

$SS_4$ 改型电力机车属于交—直传动电力机车，是重联机车，由各自独立、又互相联系的两节车组成，每一节车均为一套完整的系统。其电路采用三段不等分半控调压整流电路，采用转向架独立供电方式，且每台转向架有独立的相控式主整流器，可提高黏着利用。电制动采用加馈电阻制动，机车设有防空转、防滑装置。

$SS_4$ 改型电力机车每节车有两个 $B_0$ 转向架，采用推挽式牵引方式，固定轴距较短，电机悬挂为抱轴式半悬挂，一系采用螺旋圆弹簧，二系为橡胶叠层簧。牵引力由牵引梁下部的斜杆直接传递到车体。空气制动机采用 DK-1 型制动机。

主要技术参数如下。

额定功率：6 400 kW　　　　　　　　最大速度：100 km/h
悬挂方式：半悬挂式　　　　　　　　制动方式：电阻制动，空气制动
电制动功率：5 300 kW　　　　　　　机车总质量：184 t
轴重：23 t　　　　　　　　　　　　车钩中心距：$2 \times 16\ 416$ mm
用途：干线货运　　　　　　　　　　轴列式：2（$B_0$—$B_0$）

网压：25 kV，50 Hz　　　　　　传动方式：交—直传动

## 2.2.2　SS₄改型电力机车车体结构特点

SS₄改型电力机车是我国自行设计制造的大功率重载货运机车，由两节完全相同的 B₀—B₀机车组成。其车体结构具有下列特点。

（1）SS₄改型机车车体首次采用 16Mn 低合金高强度钢板压型梁与钢板焊成整体承载式车体结构，既满足了强度和刚度的要求，又达到了轻量化的目的。

（2）为便于制造和检修，SS₄改型机车车体较多地进行了标准化、系列化和通用化设计，使其车体一些主要参数和零件结构尽量与 SS₄型、SS₅型和 SS₆型车体通用。

（3）采用单端司机室和两侧多通式走廊，尾端有一横走廊相通，后端墙上设有中间后端门及连挂风挡，用于两节机车相连接。

## 2.2.3　SS₄改型电力机车车体各部主要结构

SS₄改型电力机车车体主要由底架、侧墙、车顶盖、司机室、台架、排障器等组成。图 2-2-1 所示为 SS₄改型电力机车车体总图。

### 1. 底架

底架主要由两根牵引梁、两根侧梁、两根枕梁、两根变压器横梁、两根变压器纵梁、一根台架横梁，一根隔墙梁和一些辅助梁组焊而成。底架结构如图 2-2-2 所示。

（1）侧梁。侧梁位于底架两侧，是主要承载和传力的部件，它由 380 mm×1 440 mm×10 mm 压型槽钢和 400 mm×10 mm 钢板组焊成箱形结构，两端与牵引梁连接处设计成鱼腹形，具有较大的抗弯扭强度和刚度。侧梁上焊有吊销装置，可用专用吊具吊起车体。其断面形式如图 2-2-2 所示。

（2）枕梁。枕梁是传递垂直载荷的主要部件。枕梁断面为钢板焊接成的箱形结构。枕梁两端坐于转向架 4 个橡胶弹簧上，由于橡胶弹簧顶面高于两根枕梁下盖板 140 mm，且并列的两个橡胶弹簧支承面较宽，故将枕梁设计成底部挖空的藏入式结构，在宽度方向做成两端宽中间窄的变截面梁，其两端宽为 630 mm，中间宽为 430 mm，高为 260 mm，钢板厚度为 10 mm，枕梁结构如图 2-2-3 所示。

（3）牵引梁。牵引梁位于底架的两端，起传递牵引力、制动力和承受列车冲击力的作用。牵引梁呈 T 形，上部由钢板焊成空腹箱形梁，下部车钩箱悬于空腹梁下。牵引梁结构如图 2-2-4 所示。

（4）纵横变压器梁。纵横变压器梁是用于支撑变压器的梁体，均采用 10 mm 厚的钢板压型槽钢，梁的尺寸为 240 mm×140 mm×10 mm，纵变压器梁上焊有变压器安装座板及加强筋板。

（5）隔墙梁和纵横辅助梁。隔墙梁为 8 mm 厚钢板的压型槽钢，尺寸为 200 mm×140 mm×8 mm。纵横辅助梁除加强底架的稳定性外，还分别用作台架、走廊及各室骨架、铁地板等处的连接构件。纵横辅助梁均采用钢板压型槽钢。

### 2. 侧墙

侧墙在车体两侧，作为整体承载式车体，侧墙是 SS₄改型电力机车车体的主要承载结构之一。SS₄改型电力机车侧墙采用传统的框架式结构，如图 2-2-5 所示。为减轻自重，侧墙立柱、横梁及外墙板均采用 3 mm 厚的 16 Mn 钢板及压型体焊接而成。在侧墙中间部分设有侧墙进风口，用于安装侧墙百叶窗及侧墙过滤器，侧墙上部开设 6 个采光用椭圆窗孔。

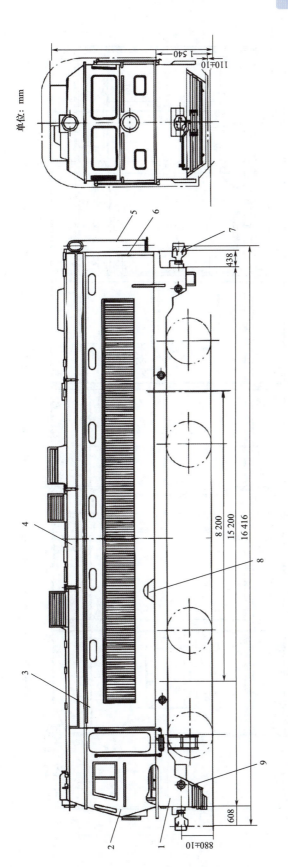

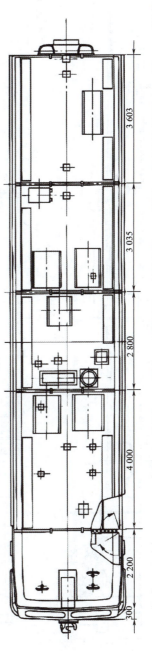

图 2-2-1 SS₄改型电力机车车体总图

1—底架；2—司机室；3—侧墙；4—车顶盖；5—连挂装置；6—后端墙；7—牵引缓冲装置；8—台架；9—排障器

单位：mm

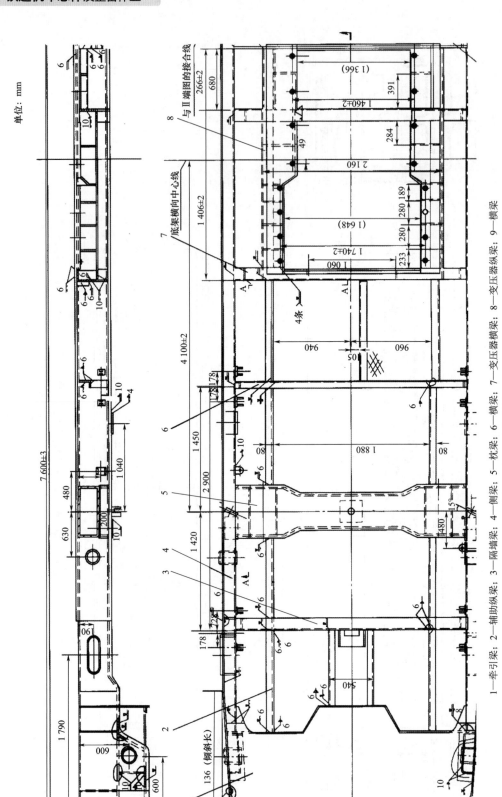

图 2-2-2 底架结构

1—牵引梁；2—辅助纵梁；3—隔墙梁；4—侧梁；5—枕梁；6—横梁；7—变压器横梁；8—变压器纵梁；9—横梁

单位：mm

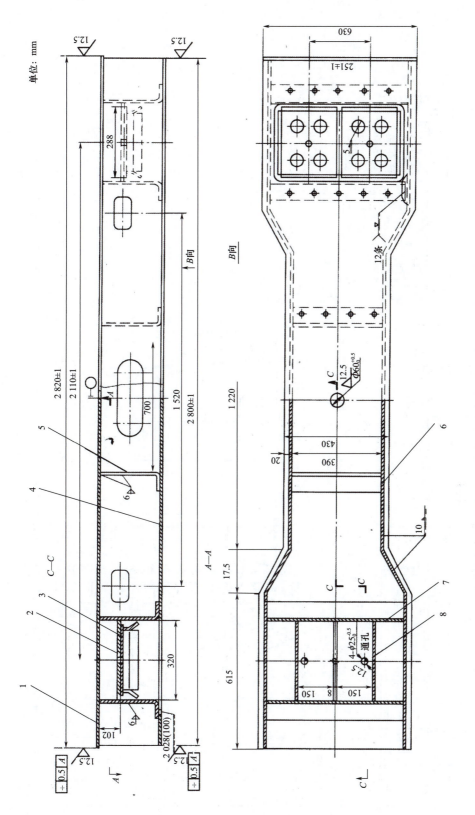

图 2-2-3　枕梁结构

1—上盖板；2—旁承座板；3—旁承座；4—下盖板；5—弯板；6—立板；7—弯板；8—隔板

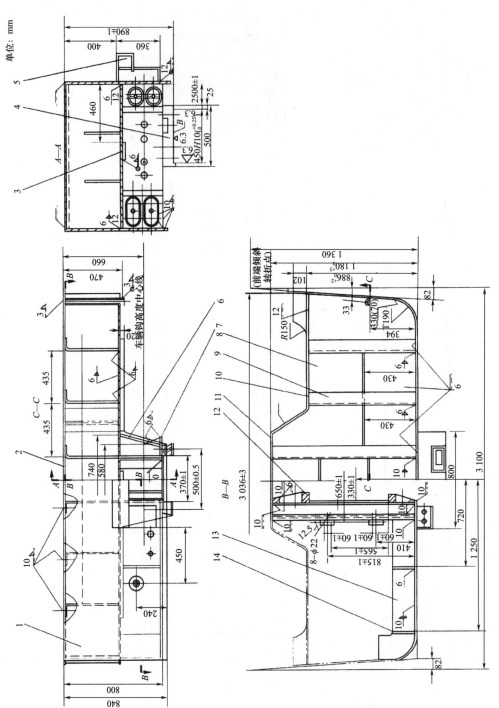

图 2-2-4　牵引梁结构

1—前端板；2—上盖板；3—限位板；4—拉杆座；5—冲击板；6—加强撑板；7—加强撑板；8—下盖板；9—立板；10—后端板；11—后端板（左）；12—车钩箱组成；13—前下板；14—下前撑板

单位：mm

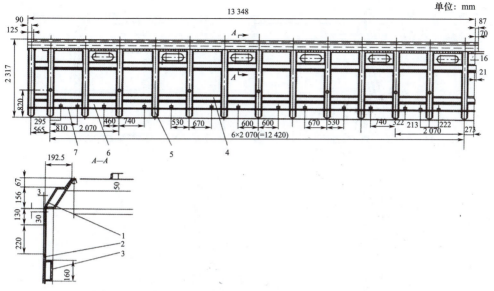

1—右侧梁组成；2—窗上板；3—上横梁；4—下横梁；5—纵立板；6—窗下板；7—板梁

图 2-2-5　侧墙

### 3. 顶盖

顶盖由 4 个顶盖和 3 根活动横梁组成。4 个顶盖由前至后依次为第一高压室顶盖，变压器室顶盖，第二高压室顶盖，机械室顶盖。车顶盖上装有车顶电气设备，为了便于车内设备的拆装和预布线需要，各车顶盖和活动横梁做成活动可拆式，并且各车顶盖都做成宽度较大的大顶盖，为了使结构通用化，各车顶盖形状、尺寸和结构形式都基本相同，如图 2-2-6 所示。

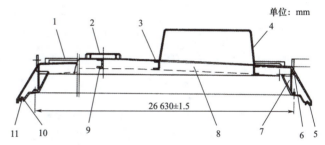

1—走道板；2—瓷瓶室；3—盖板；4—罩盖组成；5—密封槽；6—吊环；7—筋板；8—横梁；9—纵向梁；10—边梁组成；11—抽芯铆钉

图 2-2-6　顶盖

### 4. 司机室

由于司机室对外形、强度和安全性有特殊要求，SS₄ 改型电力机车司机室的骨架在充分考虑了通用化、标准化和系列化等因素后设计而成。

司机室外形制成多平面组成的棱形多面体，既美观又使风阻更小。为减轻自重，司机室外墙板和骨架的主要梁柱全部采用 16Mn 钢板压制体。司机室外墙用 3 mm 厚钢板，顶板用 2.5 mm 厚钢板。司机室骨架如图 2-2-7 所示。

### 5. 台架

台架是为安装车内除变压器以外的其他电气和机械设备而设置的。

SS₄ 改型电力机车车体设有Ⅰ、Ⅱ端台架。台架面板和骨架全部采用 16Mn 钢板。为便于安装和连接各种电气和机械设备，在骨架内焊有活动螺母，台架上设置通风机安装座和通风管道，骨架内设有安装电缆的线槽。台架结构如图 2-2-8 所示。

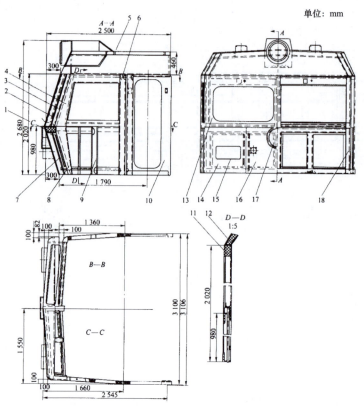

1—腰梁；2—上中立柱；3—上角立柱；4—前上立柱；5—司机室顶盖骨架组成；6—侧立柱；7—下中立柱；
8—前下立柱；9—立柱；10—门口板；11—侧窗口板；12—防寒材料；13—前窗口板；
14—前围板；15—标志灯体；16—中央围板；17—路徽安装座；18—下角立柱

图 2-2-7　司机室骨架

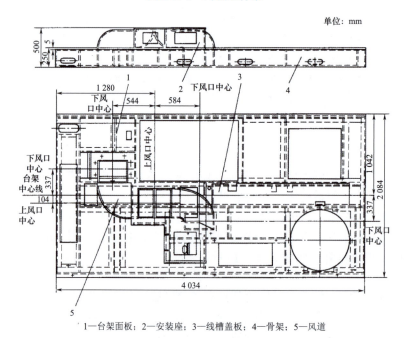

1—台架面板；2—安装座；3—线槽盖板；4—骨架；5—风道

图 2-2-8　台架结构

#### 6. 排障器

排障器的作用主要是排除线路上的障碍物，确保列车运行安全。SS$_4$改型电力机车仅在司机室端底架下设有管式排障器，主体采用 63.5 mm×5 mm 无缝钢管弯制组焊而成。为保证排障器最低面距轨面高度为（110±10）mm，在排障器主体下部装有可调节高度的小排障器。在排障器上设有脚踏板，可用于调车作业人员使用。

## 2.2.4　SS$_{4G}$型电力机车设备布置特点

### 1. 设备布置的特点

SS$_4$改型电力机车的设备布置具有下列特点。

（1）除牵引电机外，所有的电气设备都布置在车体上，其中绝大部分布置在车体内，安全可靠，运行中便于检查。

（2）机车为单节单端司机室，两节完全相同，单节机车共分 5 个室。依次为：司机室、Ⅰ端电器室、变压器室、Ⅱ端电器室、辅助室。

（3）继承了韶山系列电力机车的传统优点，采用双边走廊，分室斜对称布置。设备成套化，结构紧凑，便于车下组装，车上吊装，维护检修。

（4）除轴流式通风机组外，其他设备为平面单层布置，设备拆装，互不影响。

（5）根据单端司机室的特点，将噪声较大的劈相机，主压缩机等辅助机组安装在远离司机室的Ⅱ端辅助室内，使司机室的噪声大大低于 SS$_1$ 和 SS$_3$ 型电力机车。

（6）在布线和布管结构设计上，首次采用控制电路的预布线和机车管路的预布管结构新工艺。

（7）平波电抗器采用油冷方式，且与主变压器共用油箱和油散热器风冷系统。提高了平波电抗器在冷却系统故障时的可靠性，是国产电力机车在总体布置时的一大进步。SS$_4$ 改型电力机车设备布置总图如图 2-2-9 所示。

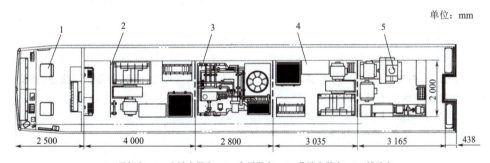

1—司机室；2—Ⅰ端电器室；3—变压器室；4—Ⅱ端电器室；5—辅助室

图 2-2-9　SS$_4$改型电力机车设备布置总图

### 2. 各室及设备布置

司机室：前直侧为正司机工作区域，设有正司机操纵台和调车控制器等；司机室右侧为副司机工作区域，设置有副司机操纵台和紧急放风阀。

Ⅰ端电器室：Ⅰ端电器室与司机室相邻。安装的主要设备包括：一号端子柜，复轨器，一号硅机组，PFC 电容柜，一号高压柜，制动电阻柜，一号低压电器柜和牵引通风机组。其中一号硅机组与 PFC 电容柜重叠放置，节省了机车空间。

变压器室设备布置：变压器室主要设备包括：机车主变压器和 PFC 开关柜，机车保护、测量和控制用的 3 种交流电流互感器等。

Ⅱ端电器室设备布置：Ⅱ端电器室布置的主要设备包括：上车顶梯，二号硅机组，PFC电容柜，二号高压电器柜，制动电阻柜，二号低压电器柜和牵引通风机组。

辅助室设备布置：辅助室布置的主要设备包括：电子电源柜，空气制动柜，劈相机，压缩机组，空气干燥器等。

### 3. 车顶设备布置

布置在车顶的主要设备包括：受电弓、主断路器、避雷器，高压电流互感器，高压电压互感器、高压连接器及通风系统车顶出风百叶窗等，如图2-2-10所示。

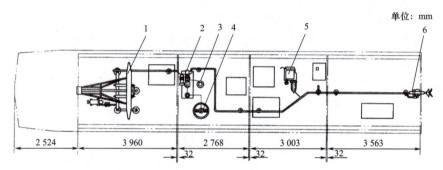

1—受电弓；2—主断路器；3—避雷器；4—高压电流互感器；5—高压电压互感器；6—高压连接器

图2-2-10　SS₄改型电力机车车顶设备布置图

机车每节车顶装有一台单臂受电弓，受电弓和车顶母线用25 kV高压绝缘瓷瓶支撑。在机车中央顶盖上装有一台空气断路器，它是机车电源的总开关，承担机车正常工作时电路的分、合闸，机车主、辅电路故障时的保护性分闸，在主断路器弧触头和隔离开关之间，装有过电压保护用避雷器。在主断路器相邻处装有一台电流互感器，起到把接触网的电源引入车内的作用，并与过电流继电器构成机车原边过电流保护装置。当一次电流达到400 A时，继电器动作使主断路器分闸。在顶盖上还装有油浸式高压电压互感器。

Ⅱ端电器室顶盖设有人孔天窗，天窗设有电气联锁装置，当打开天窗时，顶盖将与车顶的高压母线的接地装置相连接，使车顶上的高压设备全部接地，以利保护机车乘务员的人身安全，同时受电弓控制电路被切断，不能升弓。只有当高压室、变压器室门都锁好，车顶门盖好后，保护电空阀才能得电，使门联锁阀气路动作，锁紧各室门，受电弓方能升起。

另外，车顶顶盖上设有电阻制动的百叶窗出风口。司机室顶盖上设有3个风喇叭，2个为高音风喇叭，1个为低音风喇叭。

#### 学习工作单与考核表

| 任　　务 | SS₄改型电力机车车体结构与设备布置 | | |
|---|---|---|---|
| 学习小组 | | 姓名 | |
| 学习工作任务 | 学习工作完成评价 | | |
| 学习工作1：了解SS₄改型电力机车车体结构特点 | 自我评价 | 小组评价 | 教师评价 |
| 学习工作2：了解SS₄改型电力机车车体各部主要结构 | 自我评价 | 小组评价 | 教师评价 |
| 学习工作3：SS₄改型电力机车设备布置特点 | 自我评价 | 小组评价 | 教师评价 |

## 自测题

### 一、填空题

1. SS$_4$ 改型电力机车属于（　　）传动电力机车，是重联机车，由各自独立、又互相联系的两节车组成，每一节车均为一套完整的系统。

2. SS$_4$ 改型电力机车车体主要由（　　）、侧墙、车顶盖、司机室、台架、排障器等组成。

3. 机车排障器距轨面高度为（　　）mm，主要作用是排除线路上的障碍物。

### 二、简答题

1. SS$_4$ 改型电力机车车体结构有哪些特点？

2. 简述 SS$_4$ 改型电力机车车体各主要部件。

# 任务 2.3　HXD$_{3C}$ 型电力机车车体结构与设备布置

## 布置任务

1. 了解 HXD$_{3C}$ 型电力机车的主要特点；
2. 了解 HXD$_{3C}$ 型电力机车车体结构；
3. 掌握 HXD$_{3C}$ 型电力机车设备布置。

## 相关资料

### 2.3.1　HXD$_{3C}$ 型电力机车概述

　　HXD$_{3C}$ 型电力机车是在 HXD$_3$ 型和 HXD$_{3B}$ 型电力机车的基础上研制的交流传动六轴 7 200 kW 干线货运电力机车，该机车通过更换供电绕组的主变压器，增加列车供电柜、供电插座、客货转换开关、双管供风装置等，使机车具有牵引旅客列车的功能，并可以向旅客列车提供风源及稳定的 DC 600 V 电源，HXD$_{3C}$ 型电力机车如图 2-3-1 所示。

　　机车采用 PWM 矢量控制技术等最新技术的同时，尽量考虑对环境的保护，减少维修工作量。另外，以能够在中国全境范围内运行为前提，在满足环境温度在 $-40\ ℃\sim+40\ ℃$，海拔在 2 500 m 以下的条件的同时，全力考虑 3 组机车重联控制运行的需求。

　　HXD$_{3C}$ 型电力机车主要特点如下。

　　（1）轴式为 C$_0$—C$_0$，电传动系统为交直交传动，采用 IGBT 水冷变流机组，1 250 kW 大转矩异步牵引电动机，具有起动（持续）牵引力大、恒功率速度范围宽、黏着性能好、功率因数高等特点。

　　（2）辅助电气系统采用 2 组辅助变流器，能分别提供 VVVF 和 CVCF 三相辅助电源，对辅助机组进行分类供电。该系统冗余性强，一组辅助变流器故障后可以由另一组辅助变流器

图 2-3-1　HXD$_{3C}$ 型电力机车

对全部辅助机组供电。

（3）采用微机网络控制系统，实现了逻辑控制、自诊断功能，而且实现了机车的网络重联功能。

（4）总体设计采用高度集成化、模块化的设计思路，电气屏柜和各种辅助机组分功能斜对称布置在中间走廊的两侧；采用了规范化司机室，有利于机车的安全运行。

（5）采用带有中梁的、整体承载的框架式车体结构，有利于提高车体的强度和刚度。

（6）转向架采用滚动抱轴承半悬挂结构，二系采用高圆螺旋弹簧；采用整体轴箱、推挽式低位牵引杆等技术。

（7）采用下悬式安装方式的一体化多绕组（全去耦）变压器，具有高阻抗、重量轻等特点，并采用强迫导向油循环风冷技术。

（8）采用顶盖夹层进风，各系统独立通风冷却技术。另外还考虑了司机室的换气和机械间的微正压。

（9）采用了集成化气路的空气制动系统，具有空电制动功能。机械制动采用轮盘制动。

（10）采用了新型的模式空气干燥器，有利于压缩空气的干燥，减少制动系统阀件的故障率。

## 2.3.2　HXD₃C 型电力机车车体结构

车体主要用于承载车上设备，传递机车牵引力，并为乘务人员提供工作场所。因此车体结构的设计，一方面要满足机车总体布置的要求，并为乘务人员提供良好的工作环境；更重要的是要求车体钢结构具有足够的强度和刚度，确保机车安全可靠。

HXD₃C 型交流传动电力机车车体采用框架式整体承载结构，该车采用厚板结构，由 Q345E 低合金高强度结构钢、09CuPCrNi 耐候钢板和钢板压型件组焊构成，非关键承载部位采用 Q235A 材料。HXD₃C 型电力机车车体外形简图如图 2-3-2 所示。

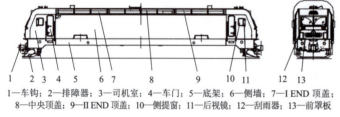

1—车钩；2—排障器；3—司机室；4—车门；5—底架；6—侧墙；7—I END 顶盖；8—中央顶盖；9—II END 顶盖；10—侧提窗；11—后视镜；12—刮雨器；13—前罩板

图 2-3-2　HXD₃C 型电力机车车体外形简图

### 1. 底架

底架是机车车体的主要承载部件，它不仅承受垂向载荷，而且还传递机车的纵向牵引力及承受各种复杂的运动力，因此 HXD₃C 型交流传动电力机车对底架强度及刚度的要求较高。底架为前后端牵引梁、旁承梁、变压器梁及边梁等组成的一个整体框架式承载结构，底架由 10 mm、12 mm、16 mm、20 mm 的厚板组成，该车底架组焊后应达到如下要求。

（1）车体组焊后，以前、后旁承座中心线为基准，整体挠度为 5～8 mm。

（2）侧梁旁弯应小于 6 mm。

（3）前后旁承座中心孔对角线的长度差最大为 4 mm。

（4）车钩和旁承梁的纵向中心线对底架纵向中心线偏差最大为 4 mm。

底架结构如图 2-3-3 所示。

### 2. 司机室钢结构

HXD₃C 型交流传动电力机车 I、II 端司机室钢结构完全相同，司机室侧墙与

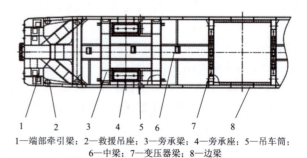

1—端部牵引梁；2—救援吊座；3—旁承梁；4—旁承座；5—吊车筒；6—中梁；7—变压器梁；8—边梁

图 2-3-3　底架结构

顶棚和前脸交汇处采用大倒角形式。司机室顶棚前部有头灯安装箱;司机室前脸为内凹式,前窗下方外板为 20 mm 厚板,空调安装在内凹腔的空调墙上,凹腔外侧安装有前罩板。司机室侧墙蒙皮采用 10 mm 厚的 Q345E 钢板,顶棚和前窗框蒙皮均为 4 mm。在外板和蒙皮内侧,采用压型槽钢或方管等组成司机室钢结构框架。

### 3. 侧墙

侧墙左右相同,结构设计上采用网格结构。侧墙骨架由纵横交错的方管组成,方管尺寸为 120 mm×75 mm×6 mm。侧墙两端与Ⅰ、Ⅱ端司机室骨架连接,下方与底架边梁对接。侧墙蒙皮采用 3 mm 厚的 09CuPCrNi 钢板。

### 4. 顶盖

在车体上部设置了两根活动横梁,横跨在两侧墙之上,将车顶分成三部分,分别形成顶盖一、顶盖二和顶盖三。在顶盖一和顶盖三上有受电弓安装座、避雷器安装座等。在顶盖二上设有活动天窗,通过车内人孔梯上车顶对顶盖设备进行检修维护。顶盖结构为夹层形式,中间夹层同左右侧面进风口形成通风道,进风口处配有百叶窗。顶盖上表面涂有防滑层。

### 5. 排障器

排障器安装在机车车体前端下部,它主要用于排除机车运行前方的障碍物,对机车的安全运行起保护作用。排障器为可拆卸结构,采用 12 个 M30 的螺栓悬挂在底架端部下方。排障器与轨面距离可随轮缘磨耗进行调整。

## 2.3.3 HXD₃C 型电力机车设备布置

### 1. 设备配置

HXD₃C 型(客货通用)电力机车为交流传动六轴干线客、货两用电力机车,采用大功率异步牵引电机、大容量牵引变压器、单轴控制、IGBT 元件组成的水冷变流器、微机网络控制系统、轮盘制动、独立通风冷却等技术,机车牵引功率为 7 200 kW、列车供电功率为 800 kW,适应中国铁路的使用环境。机车正常使用寿命为 30 年。

HXD₃C 型(客货通用)电力机车以 HXD₃ 型货运电力机车技术平台为基础,借鉴 HXD₃B 型电力机车的先进成熟技术和 SS₉ 型电力机车的列车供电技术。

在机车的两端各设有一个司机室,两个司机室的中间是机械室。在机械室内设有 600 mm 宽的中央通道,在通道左右两侧设有主变流装置、通风机、空气压缩机等设备。在车体下设有 2 台 3 轴的转向架及主变压器,在顶盖上设有受电弓及避雷器。车内设备布置以平面斜对称布置为主,设备成套安装,有利于机车的重量分配和机车的制造、检修和部件的互换。HXD₃C 型电力机车外形如 2-3-4 所示。

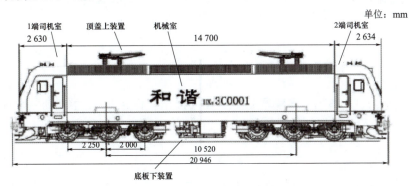

图 2-3-4 HXD₃C 型电力机车外形

### 2. 司机室设备布置

HXD₃C 型电力机车司机室如图 2-3-5 所示。在司机室内设有操纵台、八灯显示器、司机座椅、紧急放风阀、灭火器等设备。司机室操纵台前部设有空调装置，司机室顶部设有风扇、

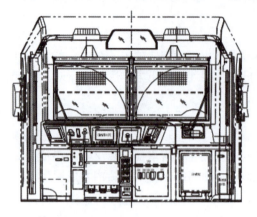

头灯、司机室照明等设备。司机室前窗采用电加热玻璃，窗外设有电动刮雨器，窗内设有电动遮阳帘；侧窗外设有机车后视镜。在操纵台上设有 TCMS 显示器、ATP 显示器、压力组合模块、司机控制器、制动控制器、扳键开关组、制动装置显示器、冰箱、暖风机、脚炉和膝炉。

### 3. 机械室设备布置

HXD₃C 型电力机车机械室设备配置如图 2-3-6 所示。

1 端设备室紧邻 1 端司机室，内部布置有牵引通风机、蓄电池充电装置、蓄电池柜、滤波装置、微机柜（TCMS 柜）、控制电器柜、空压机、干燥

图 2-3-5　HXD₃C 型电力机车司机室

器、高压电器柜、列车供电柜（客运机车）。

2 端设备室紧邻 2 端司机室，内部布置有牵引通风机、卫生间、空压机、主风缸、辅助风缸、干燥器、制动屏柜、列车供电柜（客运机车）。

在 Ⅰ 端设备室和 Ⅱ 端设备室之间设有中央机械室，室内布置有主变流装置、复合冷却器及复合冷却器通风机组。

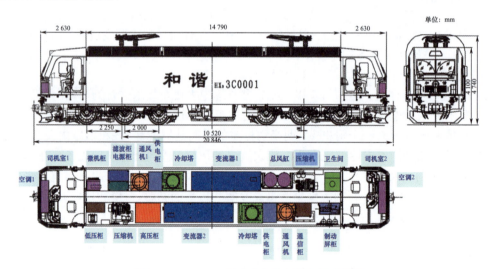

图 2-3-6　HXD₃C 型电力机车机械室设备配置

### 4. 车顶设备

HXD₃C 型电力机车车顶设备配置如图 2-3-7 所示。1 端顶盖、2 端顶盖配置有受电弓，中央顶盖上配置有检修升降口，由此上车顶进行检修和维修作业。（为确保安全，天窗设置钥匙联锁装置）

### 5. 车下设备

HXD₃C 型电力机车车下设备配置如图 2-3-8 所示。主变压器悬挂在机车的中部，以变压器

为中心对称布置了 2 台转向架。在转向架上配置了主电机等设备。另外还配置了动车插座、辅助/控制电路外接电源插座、行灯插座、机车电子标签、速度传感器和轴温传感器等设备。

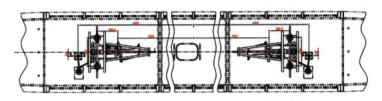

图 2-3-7 HXD$_{3C}$ 型电力机车车顶设备配置

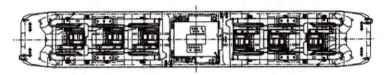

图 2-3-8 HXD$_{3C}$ 型电力机车车下设备配置

学习工作单与考核表

| 任 务 | HXD$_{3C}$ 型电力机车车体结构与设备布置 | | |
|---|---|---|---|
| 学习小组 | | 姓名 | |
| 学习工作任务 | 学习工作完成评价 | | |
| 学习工作 1：了解 HXD$_{3C}$ 型电力机车主要特点 | 自我评价 | 小组评价 | 教师评价 |
| 学习工作 2：了解 HXD$_{3C}$ 型电力机车车体结构 | 自我评价 | 小组评价 | 教师评价 |
| 学习工作 3：掌握 HXD$_{3C}$ 型电力机车设备布置 | 自我评价 | 小组评价 | 教师评价 |

## 自测题

### 一、填空题

1. HXD$_{3C}$ 型电力机车采用（　　　）进风，各系统独立通风冷却技术。另外还考虑了司机室的换气和机械间的微正压。

2. HXD$_{3C}$ 型电力机车车体采用（　　　）式整体承载结构。

3. HXD$_{3C}$ 型电力机车的两端各设有一个司机室，两个司机室的中间是（　　　）室。

4. HXD$_{3C}$ 型电力机车车下设备以（　　　）为中心对称布置了 2 台转向架。

### 二、简答题

1. HXD$_{3C}$ 型电力机车有哪些主要特点？

2. 简述 HXD$_{3C}$ 型电力机车司机室主要设备布置。

# 任务 2.4 FXD3-J 型动力车车体结构与设备布置

1. 了解 FXD3-J 型动力车的基本知识；
2. 了解 FXD3-J 型动力车车体结构；
3. 了解 FXD3-J 型动力车设备布置。

## 2.4.1 动力车概述

FXD3-J 型动力车是为满足中国铁路快速运输要求，借鉴既有客运交流电力机车运用经验，按照系列化、标准化、信息化、模块化的思路进行设计与制造的。动力车装载高容量变压器及一体化变流系统，单轴牵引功率为 1 400 kW，最大加载轴功率可达 1 600 kW。动力车

外形为流线型设计，采用新技术、新材料设计的轻量化车体、高速双轴转向架，使动力车具有良好的动力学性能，最高运营速度为 160 km/h。FXD3-J 型动力车如图 2-4-1 所示。

图 2-4-1 FXD3-J 型动力车

FXD3-J 型动力车的主要特点如下。

（1）轴列式为 $B_0$—$B_0$，电传动系统为交一直一交传动，采用 IGBT 水冷变流机组 1 400 kW 大转矩异步牵引电动机，具有起动（持续）牵引力大、恒功率速度范围宽、黏着性能好、功率因数高等特点。

（2）采用牵引、辅助、列供变流器一体化设计，每节动力车的辅助电气系统采用两组辅助变流器，能分别提供变频变压（以下简称 VVVF）和定频定压（以下简称 CVCF）三相辅助电源，对辅助机组进行分类供电。辅助电气系统冗余性强，一组辅助变流器故障后可以由另一组辅助变流器对全部辅助机组供电。

（3）采用微机网络控制系统，具有逻辑控制、自诊断网络重联功能。

（4）除受电弓、避雷器、高压连接器外，其他高压设备均放置在车内高压柜内，降低了恶劣天气车顶高压放电的可能性，提高了动力车运行可靠性，并减少了检修工作量。

（5）总体设计采用高度集成化、模块化的设计思路，电气屏柜和各种辅助机组分功能斜对称布置在中间走廊的两侧；采用规范化司机室，有利于动力车的安全运行。

（6）车体采用准流线型设计和轻量化架式整体承载结构，车端采用小间隙车钩，两节之间采用密接式车钩装置，无连挂间隙，有利于减小列车冲动，并方便安装、检修、维护。

（7）转向架采用承载式整体铸造铝合金齿轮箱体，将进风道设置在齿轮箱体上，可有效降低牵引电机重量，大大降低了簧间重量，提高了动力车的运行品质。

（8）采用下悬式安装方式的一体化多绕组（全去耦）变压器，具有高阻抗、重量轻等特点，并采用强迫导向油循环风冷技术。

（9）采用独立通风单层铝合金绝缘顶盖，降低重量的同时提高避雷器和高压设备在雾霾天气下运行的可靠性和安全性。

（10）采用集成化气路的空气制动系统，具有空电制动功能。机械制动采用轮盘制动。

（11）采用新型空气干燥器，有利于压缩空气的干燥，减少了制动系统阀件的故障率。

## 2.4.2 动力车车体结构

FXD3-J 型动力车车体为中间内走廊式单司机室整体承载焊接结构。FXD3-J 型动力车车体总体如图 2-4-2 所示，车体主要由车体钢结构、顶盖、牵引缓冲装置等组成。其中车体钢结构由司机室、左右侧墙、底架、后端墙及前围板和排障器等大部件组成整体结构。

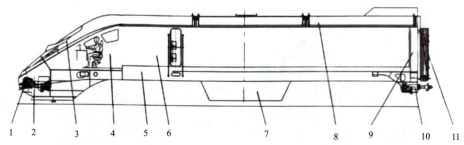

1—前端车钩缓冲装置；2—开闭机构；3—玻璃钢复合材料——头罩；4—司机室钢结构；5—底架；6—侧墙；7—裙板；8—铝合金顶盖；9—后端墙；10—后端车钩缓冲装置；11—折棚风挡

图 2-4-2　FXD3-J 型动力车车体总体

车体主要技术参数如下。

车体长度（车钩中心线）　　19 979 mm
车体宽度　　　　　　　　　3 105 mm
车体高度（受电弓安装面）　4 030 mm
车体高度（导流罩）　　　　4 433 mm
司机室长度　　　　　　　　5 095 mm

### 1. 车体底架

车体底架主要由前后端牵引梁、前后旁承梁、变压器梁、中梁及左右边梁等组成。中间变压器横梁采用鱼腹结构，并安装有牵引拉杆座。

前端部牵引梁是由端梁、牵引梁、边梁、砂箱等组成的框架结构，主要承受车钩缓冲器处传递的压缩力和拉伸力。前端牵引梁的结构为牵引缓冲装置提供安装接口。后端部牵引梁是由端梁和牵引梁等组成的框架结构，主要承受车钩缓冲器传递的压缩力和拉伸力。

旁承梁是由旁承座、横梁、纵梁组成的框架结构。旁承座为铸造件，焊接在梁上。变压器梁是由变压器横梁、纵梁、中间梁等组成的框架结构。变压器横梁除承受变压器吊挂在其下产生的垂直载荷，还要承受通过牵引销从转向架传递过来的纵向牵引力。

中间走廊两侧设置前后贯通的"乃"字形中梁。

侧（边）梁是由盖板和压型槽钢组成的箱形梁结构，布置有两个供整车起吊用的吊车筒、救援吊座及加砂口结构。端部砂箱半埋藏在底架中，与边梁和前后端部相连。

### 2. 牵引缓冲装置

牵引缓冲装置由车钩、缓冲器及其连接机构组成，其作用是传递牵引力和制动力，并吸收动力车与动车组连挂时及动车组在运行中产生的纵向冲击力。动力车前端可与普通机车连

挂，必要时可换装密接式车钩，而后端要求与客车 25T 型密接车钩相互连挂。因此本车采用两种车钩及缓冲装置，分别安装在车体底架两端牵引梁的车钩箱内。前端牵引缓冲装置（司机室端）采用 105A 型钩缓装置，后端则采用 25T 型密接式车钩，均由连挂系统、缓冲系统及安装吊挂系统组成，牵引缓冲装置如图 2-4-3 所示。

图 2-4-3　牵引缓冲装置

1）前端牵引缓冲装置

前端牵引缓冲装置（司机室端）采用 105A 型钩缓装置，由连挂系统、缓冲系统及安装吊挂系统组成，整套钩缓装置的最小破坏载荷为 1 800 kN，前端设备布置如图 2-4-4 所示。

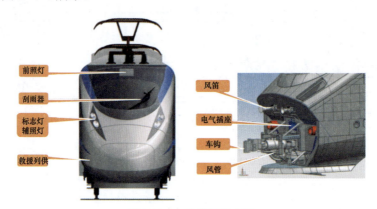

图 2-4-4　前端设备布置

（1）连挂系统。连挂系统由 105A 型车钩和连接卡环组成，车钩装有下作用式单侧解钩提杆，并配有单独的解钩套杆，应注意合理存放，防止丢失。车钩的"三态"作用应在车钩钩身轴线呈水平的状态下，通过解钩提杆，检查车钩"三态"作用是否良好。

① 开锁状态：用手缓慢扳动解钩提杆，使闭锁位的钩锁抬高到钩舌尾部以上。在此过程中钩舌不应转动，钩舌仍处在闭锁位置。当回转检查提杆使钩锁落下时，钩锁应坐落在钩舌推铁的锁座前顶面上。此时用手扳动钩舌内腕，钩舌应能自由地转动至全开位置。

② 全开状态：用力扳动解钩提杆，钩舌完全伸开，即为全开状态良好。

③ 锁闭状态：在全开状态时，将钩舌缓缓地向钩头内推动，锁铁以自身重量完全落下，使钩舌不能转出，即为锁闭状态良好。

105A 型车钩性能参数如下。

| | |
|---|---|
| 材料牌号 | C 级钢 |
| 材料最小拉伸强度 | 620 MPa |
| 材料屈服强度 | 415 MPa |
| 车钩最小拉伸破坏载荷 | 2 000 kN |

（2）缓冲系统。缓冲系统是用来缓和、消减动力车与车辆连挂、牵引及制动过程中，动力车与车辆相互碰撞而引起的冲击和振动，从而提高列车运行的平稳性。

（3）安装吊挂系统采用橡胶支撑，通过调节橡胶支撑两侧的支撑螺栓高度可以调节车钩的高度。

整个牵引缓冲装置采用 4 个 M36 的内六角圆柱头螺钉和 I 型全金属六角锁紧螺母与车体

连接，依次装入平垫圈及锁紧螺母后，以交叉拧紧方式将 4 个螺钉及螺母按规定的扭紧力矩扭紧。M36 螺钉及螺母的扭紧力矩推荐值为 1 400～1 500 N·m。M36 的螺钉及螺母安装完成后，应使用红色标记笔标上，表示拧紧力矩的线条。

### 2）后端牵引缓冲装置

动力车后端牵引缓冲装置是与拖车之间的连挂，采用 MJGH-25T 型密接式钩缓装置。

#### 3. 钩高要求

密接式钩缓装置安装到车体后，正常状态下，钩体凸锥顶点距轨面的垂直距离为 880～850 mm。较低的钩高对减轻支架等零件的受力更为有利，只要钩高在 820～880 mm 范围内车钩都可安全连挂（密接车钩一旦连挂完成后钩高会自动保持与车体一致），因此运用中钩高最低限度按 820 mm 控制。

车钩高度调节步骤如下。

（1）松开支撑弹簧盒固定螺母（下穿螺栓结构）或螺栓头（上穿螺钉式结构）的防松垫片。

（2）拆下螺栓或螺母。

（3）在支撑弹簧盒底面和支架接触面间装入标准平垫圈或整体式垫片。需要注意的是，垫圈或垫片总厚度不能超 10 mm，否则应检查支架是否存在弯曲现象。

（4）最后拧紧螺母或螺栓，拧紧力矩为 200 N·m。

#### 4. 连挂

（1）连挂前必须确认手柄定位销位于解钩手柄的销孔中。连挂时如该销装错位置，不仅会连挂不上，还会损坏解钩手柄。

（2）连挂速度不能大于 5 km/h。

注：虽然车钩具备 5 km/h 的连挂能力，但连挂速度应尽可能低，并要符合相关规定，通常情况下应控制在 1～3 km/h。

（3）连挂后，如将手柄定位销插到钩体的销孔内可防止人为故意拨动解钩手柄从而意外打开车钩。

#### 5. 解钩

密接钩缓装置的解钩由人工完成（注：车钩带有解钩风缸，与车上风源连接后具备自动解钩的功能，但目前动力车尚未启用该功能）。具体步骤如下。

（1）确认手柄定位销位于解钩手柄的销孔中，同时确认钩体销孔中无任何销子存在。

（2）动力车压钩，使待分解车钩处于受压状态。

（3）扳动解钩手柄至解钩位，在钩体销孔内插上手柄定位销。之后操作人员离开操作位置。

（4）动力车向前拉，将待分解车钩拉开。

（5）操作人员进入操作位置，拔出手柄定位销，使车钩处于待挂状态，并将定位销插回解钩手柄的销孔中。

## 2.4.3 动力车设备布置

FXD3-J 型动力车是一台 4 轴动力车。在动力车的前端设有一个司机室，中间为机械室。在机械室内设有 700 mm 宽的中央通道，在通道左右两侧设有主变流装置通风机、复合冷却器、空气压缩机等电气设备。在车体下设有 2 台 2 轴的转向架及牵引变压器，在顶盖上设有受电弓及避雷器。FXD3-J 型动力车车体外形如图 2-4-5 所示。FXD3-J 型动力车设备布置如图 2-4-6 所示。车内设备布置以平面斜对称布置为主，设备成套安装，有利于动力车的重量分配和动力车的制造、检修和部件的互换。

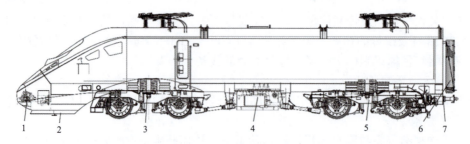

1—前端钩缓装置；2—排障器；3—走行部；4—牵引变压器；5—走行部；6—折棚风挡；7—后端钩缓装置

图 2-4-5　FXD3-J 型动力车车体外形

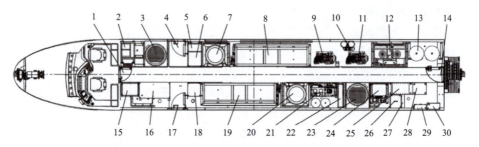

1—司机室门；2—空调；3—牵引风机 1；4—副司机侧侧入门；5—辅助设备柜；6—列供配电柜；7—复合冷却器组 2；8—变流柜 2；
9—空压机 2；10—干燥器；11—空压机 1；12—网侧柜；13—总风缸；14—机械间门；15—微机柜；16—三方设备柜；17—主司机侧侧
入门；18—6A 柜；19—变流柜 1；20—复合冷却器组 1；21—制动柜；22—储油柜；23—牵引风机 2；24—蓄电池充电柜；25—低压柜；
26—辅助变压器；27—列供电抗柜；28—多功能生活柜；29—端子柜；30—气路控制箱

图 2-4-6　FXD3-J 型动力车设备布置

## 1. 车顶

车顶顶盖由 3 个可拆卸的独立顶盖组成，方便车内设备吊装，其密封结构可多次重复使用并保持密封性能。车顶顶盖采用铝合金型材 6063-T6 与板材 5083-H111 组焊而成，铝合金顶盖总重约 1 200 kg（不含其他附件）。顶盖侧面为通风进风口，第Ⅱ顶盖上集成了牵引通风机风道。在第Ⅱ顶盖上安装有受电弓及支撑绝缘子、避雷器高压穿墙套管。避雷器底部和高压电缆穿墙套管上部和下部采用绝缘防护，第Ⅰ顶盖上还设有天线安装预留座；在第Ⅰ顶盖上设有受电弓摄像头、LKJ 三合一天线、北斗天线、3G 天线和活动天窗，活动天窗用于登上车顶进行检修作业。为确保安全，天窗设置钥匙联锁装置。车顶设备布置如图 2-4-7 所示。

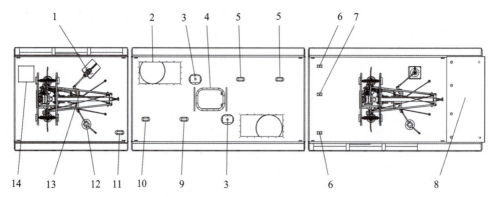

1—高压套管；2—复合冷风机通风口；3—受电弓摄像头；4—活动天窗；5—LKJ 车载三合一天线；6—多频天线；7—电台 GPS
天线；8—导流罩；9—北斗天线；10—3G 天线；11—天线安装预留座；12—避雷器；13—受电弓；14—空调风道

图 2-4-7　车顶设备布置

#### 2. 司机室

司机室由钢结构和司机室头罩两部分组成,司机室头罩的设计贯彻了材料轻量化的理念,采用夹芯玻璃钢复合材料,粘接在钢结构上,司机室头罩采用流线型外形设计。司机室钢结构蒙皮厚度为 2 mm,骨架由 4 mm、5 mm、6 mm 厚度钢板组成。在司机室侧窗下方设置"腰梁",与司机室前方横梁、司机室后墙横梁组成一个环形,即构成一个闭环防护带。司机室后墙由蒙皮和槽钢框架组成,网格内填充吸声隔热材料,主要作用是隔绝司机室与机械间的噪声和温度传导。司机室后墙安装有司机室隔墙门、防夹手扶手杆、衣帽钩等。所有穿过后墙的管线都预安装穿墙体进行密封。整个司机室设备布置分为操作台设备布置、后墙设备布置、顶盖设备布置、侧墙设备布置、前墙设备布置五部分,司机室设备布置如图 2-4-8 所示。

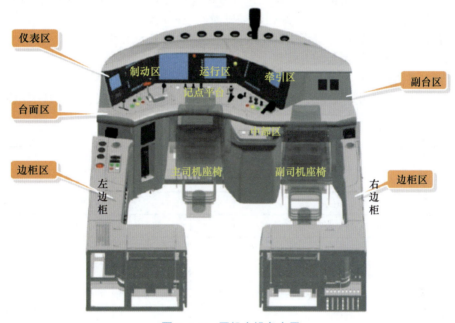

图 2-4-8　司机室设备布置

#### 3. 机械间设备

机械间设备配置的主要特点如下。

(1)牵引变流器、复合冷却器、牵引通风机采用斜对称布置,便于平衡机车轴重。

(2)机车的电器柜采取适当集中、合理化布置的方式。

(3)机车牵引变压器位于机车中部,下悬于底架下,以降低机车重心。

(4)机车采用先进的油水冷却设备来冷却变压器油和变流器水,散热器采用共体分层模式,充分利用空间并提高冷却效率。

(5)机车机械间内管路和布线采用先进的预布式中央管排、线槽方式,安装在中央走廊地板下,美观且便于安装和维护。

(6)机车通风系统为独立式通风系统,各通风系统相互独立,互不影响。机车运行时机械间保持微正压工况。

#### 4. 车下设备

牵引变压器悬挂在机车中部,以变压器为中心对称布置两台转向架。在转向架上配置有牵引电机等设备。另外还配置了动车插座、辅助控制电路外接电源插座、行灯插座、机车电子标签、速度传感器和轴温传感器等设备。

转向架是动力车的关键部件之一，对动力车运行的安全性、稳定性、舒适性和可靠性都极为重要。转向架应具有足够的安全可靠性及运动稳定性储备，优良的运行平稳性以及较小的轮轨动作用力，并兼顾曲线通过性能。

转向架主要技术特点如下。

（1）牵引电机采用对置方式。

（2）驱动单元（包括牵引电机、齿轮箱总成和六连杆空心轴等）的悬挂采用弹性架悬。

（3）驱动系统采用轮对空心轴驱动方式，齿轮箱为承载式铸铝齿轮箱，轴承采用油润滑。

（4）轴箱轴承采用免维护的双列圆柱滚子轴承单元（CRU160X270）。

（5）一系悬挂系统采用单拉杆轴箱定位加螺旋弹簧方式，各轴均安装垂向减振器；二系悬挂系统采用高圆螺旋弹簧+橡胶垫结构，辅以横向减振器。

（6）牵引装置采用低位推挽牵引杆牵引，以提高动力车的黏着利用率。

（7）基础制动采用轮盘制动方式。

转向架主要由构架、一系悬挂装置、驱动装置、轮对装配、二系悬挂装置、基础制动装置、电机悬挂装置、牵引杆装配、轮缘润滑执行装置、配管装配及其他附属装置组成。

学习工作单与考核表

| 任　　务 | FXD3-J 型动力车车体结构与设备布置 | | | |
|---|---|---|---|---|
| 学习小组 | | 姓名 | | |
| 学习工作任务 | | 学习工作完成评价 | | |
| 学习工作 1：了解 FXD3-J 型动力车的基本知识 | | 自我评价 | 小组评价 | 教师评价 |
| | | | | |
| 学习工作 2：了解 FXD3-J 型动力车车体结构 | | 自我评价 | 小组评价 | 教师评价 |
| | | | | |
| 学习工作 3：了解 FXD3-J 型动力车设备布置 | | 自我评价 | 小组评价 | 教师评价 |
| | | | | |

## 自 测 题

### 一、填空题

1. FXD3-J 型动力车车体为（　　　）式单司机室整体承载焊接结构。

2. FXD3-J 型动力车是一台（　　　）轴动力车。在动力车的前端设有一个司机室，中间为机械室。

3. FXD3-J 型动力车采用先进的（　　　）冷却设备来冷却变压器油和变流器水，散热器采用共体分层模式，充分利用空间并提高冷却效率。

**二、简答题**

1. 简述 FXD3-J 型动力车车体的主要技术参数。
2. 简述 FXD3-J 型动力车车钩"三态"作用是否良好的检查标准。
3. FXD3-J 型动力车转向架的主要技术特点有哪些？

# 任务 2.5　DF₄B 型内燃机车车体结构与设备布置

## 布置任务

1. 了解 DF₄B 型内燃机车总体特点；
2. 了解 DF₄B 型内燃机车车体结构；
3. 了解 DF₄B 型内燃机车设备布置。

## 相关资料

### 2.5.1　机车总体特点

DF₄B 型内燃机车是由中车大连机车车辆有限公司研制的 120 km/h 速度等级的直流电传动货运大功率内燃机车。机车装有 16V240ZJB 型中速柴油机，采用交—直流电传动系统、框架式侧墙承载结构车体、JZ-7 型空气制动机、无导框式三轴转向架技术。自投入运营以来，凭借其高可靠性和耐久性优势，取代了蒸汽机车，成为中国铁路史上产量大、运用广、技术成熟的内燃机车车型之一。

### 2.5.2　机车车体结构

机车采用框架式整体承载车体，全焊钢结构。车体由侧墙、顶棚、底架、隔墙和两端司机室组成。隔墙将车体分为第Ⅰ司机室、电气室、动力室、冷却室和第Ⅱ司机室 5 个部分。各室间隔墙均设有内门。

### 2.5.3　设备布置

两端司机室具有同等操纵功能。司机室内设有操纵台，操纵台上安装有司机控制器、制动装置的自动制动阀和单独制动阀、各种操纵按钮、仪表和信号显示装置等。司机室内还设有正副司机座椅、暖风机、电风扇、手制动装置手柄、电炉、行李架、照明灯等设备。

电气室内安装有制动电阻柜、电气柜、硅整流柜、三项设备控制柜、起动变速箱、起动发电机、励磁机、测速发电机、前转向架牵引电机的通风机及工具箱。

动力室内主要设置有柴油发电机组、空气滤清器、燃油滤清器、燃油输送泵、起动机油泵、冷却水系统管路和阀类、膨胀水箱等。动力室的后部安装着预热锅炉及其控制柜、预热系统循环水泵、辅助机油泵等。动力室的侧壁上装有车体通风机。

冷却室内装有散热器组、冷却风扇、静液压马达等。散热器组下部安装有静液压变速箱、后转向架牵引电机通风机、机油滤清器、机油热交换器、空气压缩机及各系统管路等。

机车走行部为两台可以互换的 3 轴转向架，机车整个上部结构通过 8 个弹性摩擦旁承坐落在两个转向架上。机车的两端装有车钩缓冲装置，用于机车和车辆的自动连接和分解，同时传递机车牵引力和承受来自车辆的冲击力。

车架下部中央吊装着燃油箱，燃油箱两侧装有蓄电池组，前后端装有总风缸。

动力装置采用 16V240ZJB 型柴油机。16V240ZJB 型柴油机为 V 形、四冲程、直接喷射开式燃烧室、废气涡轮定压增压并经中间冷却的中速柴油机。

柴油发电机组的输出端经弹性法兰通过万向轴与起动变速箱连接。起动变速箱带动启动发电机、励磁机、前转向架牵引电机通风机及测速发电机。在柴油机的自由端，经传动轴带动静液压变速箱驱动两个静液压泵，泵打出的高压油输送给静液压马达，用于驱动冷却风扇。静压变速箱中间轴的下方输出轴经尼龙绳联结轴带动后，转向架牵引电机通风机。

机车采用交—直流电传动装置，由柴油机驱动三相交流同步牵引发电机。发电机产生的三相交流电经硅整流柜三相桥式全波整流后，输送给六台并联的牵引电机，再由牵引电机通过传动齿轮驱动车轮旋转。主发电机的励磁机是感应子励磁机，由柴油机通过启动变速箱带动。

每台机车设有 2 个制动电阻柜。在电阻制动工况，牵引电动机被改接成他励直流发电机工作，将列车的动能转变为电能，再通过制动电阻装置把电能转换为热能消耗掉，使机车速度下降。

柴油机采用电启动方式，96 V 蓄电池组供电给起动发电机，使其成为串励电动机带动柴油机启动。起动完毕后，起动发电机接成他励发电机工况，由柴油机带动启动发电机旋转，并通过电压调整器使其输出电压恒定在 110 V，用来向辅助、控制电路供电。

柴油机转速的控制是通过一套无级调速的电子装置，根据司机控制器发出的指令，控制联合调节器配速机构上的步进电机，实现对柴油机的无级调速控制。为了满足柴油机的正常工作需要，机车设有燃油、机油、冷却水、预热、空气滤清等辅助系统。

机车采用 JZ-7 型空气制动机，由两台 NPT5 型空气压缩机供风，除向空气制动系统提供风源外，还给电气控制系统和撒砂系统供风。

DF$_{4B}$ 型内燃机车设备布置如图 2-5-1 所示。

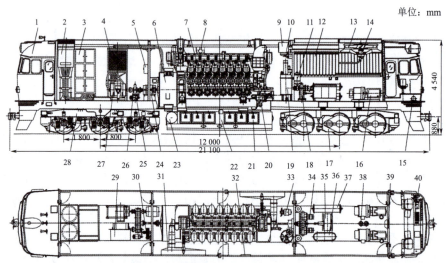

1—司机室；2—制动电阻；3—电器柜；4—励磁机；5—励磁整流柜；6—主发电机；7—柴油机；8—车体通风机；9—膨胀水箱；10—预热锅炉油箱；11—静液压系统油箱；12—散热器；13—冷却风扇；14—静液压马达；15—低压风缸；16—空气压缩机；17—车体通风机；18—静液压变速箱；19—预热锅炉；20—燃油预热器；21—蓄电池箱；22—燃油箱；23—总风缸；24—励磁机；25—测速发电机；26—起动发电机；27—起动（辅助）发电机；28—转向架；29—三项设备及工具箱；30—分配阀；31—空气滤清器；32—测量仪表；33—起动机油泵；34—静液压泵；35—牵引电机通风机；36—机油滤清器；37—机油热交换器；38—静液压油热交换器；39—手制动手轮；40—正副操纵台

图 2-5-1　DF$_{4B}$ 型内燃机车设备布置

学习工作单与考核表

| 任　务 | DF$_{4B}$型内燃机车车体结构与设备布置 | | | |
|---|---|---|---|---|
| 学习小组 | | 姓名 | | |
| 学习工作任务 | 学习工作完成评价 | | | |
| 学习工作 1：了解 DF$_{4B}$型内燃机车总体特点 | 自我评价 | 小组评价 | 教师评价 | |
| 学习工作 2：了解 DF$_{4B}$型内燃机车车体结构 | 自我评价 | 小组评价 | 教师评价 | |
| 学习工作 3：了解 DF$_{4B}$型内燃机车设备布置 | 自我评价 | 小组评价 | 教师评价 | |

## 自测题

### 一、填空题

1. DF$_{4B}$型内燃机车采用（　　　　）式整体承载车体，全焊钢结构。

2. DF$_{4B}$型内燃机车司机室内设有操纵台，操纵台上安装有（　　　　）、制动装置的自动制动阀和单独制动阀、各种操纵按钮、仪表和信号显示装置等。

3. DF$_{4B}$型内燃机车冷却室内装有散热器组、冷却风扇、（　　　　）等。

4. DF$_{4B}$型内燃机车走行部为两台可以互换的 3 轴转向架，机车整个上部结构通过（　　　　）个弹性摩擦旁承坐落在两个转向架上。

### 二、简答题

1. DF$_{4B}$型内燃机车车上分为几部分？每个部分都有哪些部件？

2. 简述 DF$_{4B}$型内燃机车车体结构特点。

# 任务 2.6　HXN$_5$型内燃机车车体结构与设备布置

## 布置任务

1. 了解 HXN$_5$型内燃机车车体基础知识；
2. 了解 HXN$_5$型内燃机车车体结构；
3. 了解 HXN$_5$型内燃机车设备布置。

## 相关资料

### 2.6.1　HXN$_5$型内燃机车车体概述

HXN$_5$型内燃机车车体是机车转向架之上的车厢部分（也称上部结构），它既是各种设备，如柴油机、传动装置、电气设备和各种辅助机组的安装基础和司乘人员的工作场所，又要传递各个方向的力。

（1）将所承受的垂直载荷即各种设备的重力通过旁承传给转向架。

（2）机车运行时通过车钩、缓冲装置传递机车和车辆之间的纵向力，例如牵引力、制动力和冲击力。

（3）承受转向架传来的横向力。同时起到保护机械、电气设备和司乘人员，隔音隔热的作用。

车体是整个机车的主体，受力十分复杂，应具有足够的强度和刚度。同时又要求减轻自身重量，能够满足机车在各种恶劣工况下安全运行，并为司乘人员提供良好的工作条件，满足机车对瞭望、通风、采光等方面的需要。

车体按外形可分为罩式（外走道式）车体和棚式（内走道式）车体两种；按承受载荷的方式可分为车架承载式车体和整体承载式车体两种。车架承载式车体，所有载荷均由车架承担，这种车体不必进行特殊设计，只要能保证其自身工作所必需的强度和刚度即可，而车架则要求设计得有较高的强度和刚度。整体承载式车体即将车罩和车架作为一个整体，成为一个完整的具有足够强度和刚度的能很好地承受各种方向的力的承载车体。这种车体一般为棚式结构，其内部除安装机械、电气设备外，还有供司乘人员通行的通道，以便在机车运行过程中随时进行设备的检查和维修。车体内部根据安装设备的不同，分为若干个室，如动力室、电气室、冷却室、辅助室等。司机室布置在一端或两端，瞭望视线开阔，外形根据需要可设计成流线型。罩式车体一般为车架承载，结构简单紧凑、造价低、车体易于拆装，便于机车设备的安装和维修；这种机车一般走道设在车罩外。司机室通常布置在机车的一端或中部，高于并宽于车体其他部分以便司机瞭望。司乘人员检查和维修机器设备时必须打开车罩侧面的门。

HXN$_5$型内燃机车采用单司机室外走廊罩式结构，车架承载方式，整体承载式燃油箱设计。车体承载能力满足：纵向压缩载荷为 3 788 kN，纵向拉伸载荷为 3 100 kN。机车运用模块化设计，车体分为司机室、柴油机室、主发室、冷却室、辅助室、车架等几部分，各部分分开设计制造，方便机器设备的安装和维修，同时也方便了车体的制造。

### 2.6.2　HXN$_5$型内燃机车车体结构

HXN$_5$型内燃机车车体由车架、司机室（电气柜、厕所设置在内）、辅助室、主发室、柴油机室、冷却室等组成，两端各设扶手梯和侧梯，供司乘人员上下机车。HXN$_5$型内燃机车车体结构如图 2-6-1 所示。

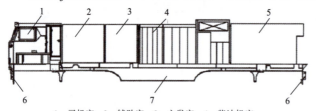

1—司机室；2—辅助室；3—主发室；4—柴油机室；
5—冷却室；6—排障器；7—车架

图 2-6-1　HXN$_5$型内燃机车车体结构

#### 1. 车架

HXN$_5$型内燃机车车架如图 2-6-2 所示，其是机车承载的主要部分，几乎所有的力都通过车架传递，因此机车对车架的强度和刚度要求极高。HXN$_5$型内燃机车车架采用双箱形梁结构，由排障器、端部一、端部二、燃油箱、侧脚蹬及扶手、栏杆等组成。

1）排障器

机车两端设置排障器，排障器下端面距轨面高度在车轮踏面磨耗允许范围内可调整为

（110+10）mm。排障器中央底部能承受相当于 140 kN 静压力的冲击力。排障器除了能够排除轨道障碍物外，还具有一定的除雪功能。

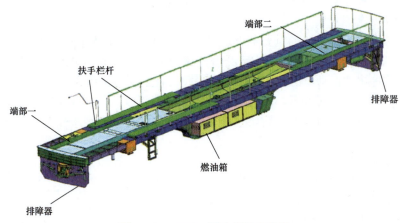

图 2-6-2　HXN₅ 型内燃机车车架

### 2）端部

端部一（一号端）和端部二（二号端）前后对称，由左右箱形梁、左右起重梁、间壁梁、牵引销装配和端部装配等组装而成，如图 2-6-3 所示。

箱形梁由 20 mm 厚的上下盖板和 8 mm 厚的左右侧板焊接成箱形；起重梁也用 20 mm 的钢板焊接而成。为方便线缆管路布置，箱形梁和起重梁设计有管路线缆穿线孔。

间壁梁上下盖板采用 12 mm 的钢板，中间搭配 12 mm 的筋板呈 W 形排列。

牵引销装配上部与间壁梁结构相似，下部是牵引销。端部装配由排障器、车钩缓冲器安装座、防爬装置等组成。排障器为 12 mm 的大平面钢板，上面开有各种线孔。

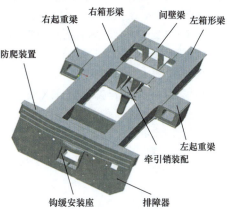

图 2-6-3　HXN₅ 型内燃机车车架端部

### 2. 燃油箱装配

燃油箱装配是车架乃至整个机车的重要部分，是燃油箱和柴油机安装的地方，其受力最集中、最复杂。为了缓解这个地方车架承受的集中载荷，HXN₅ 型内燃机车采用燃油箱参与承载的方式。燃油箱装配左右为箱形梁，且为燃油箱的一部分，与燃油箱贯通，中间是燃油箱的主体部分。因为燃油箱为整体承载式，且箱形梁也作为燃油箱的一部分，故要求焊接牢固，不漏水。为了保证强度，箱形梁和燃油箱主体部分内部均布置有很多隔板。箱形梁上开有加油口接口，通过加油弯管从车架上部加油口加入燃油；同时设计了一个放气小孔，通过安装的通气装置可以控制燃油箱内部气压。燃油箱主体部分前后均设计有检修盖，需要检修维护时，工作人员可以进入燃油箱内部操作。整个燃油箱装配用较厚的钢板焊接而成，同时配备了较多的隔板以增加强度，满足机车承载的需要。车架燃油箱装配左箱形梁，外侧安装蓄电池箱和一个集污箱，集污箱主要用来收集柴油机产生的油污，可通过下部的排泄管排出。燃油箱装配右箱形梁，安装了两个风缸。

### 3. 侧脚蹬和扶手装配

车架前后端左右侧安装侧脚蹬，便于相关人员上下机车。车架上平面两侧是走廊地板，其周围设置扶手栏杆，用于保障司乘人员行走时的安全。

### 4. 车钩缓冲装置

车钩缓冲装置是机车车辆的重要部件，它具有连接（使机车和车辆相互连挂与摘解）、牵引或制动（将机车牵引力或制动力传递给车辆）和缓冲（缓和和消减运行中由于牵引力的变化和制动引起的冲击和振动）三种作用。车钩缓冲装置主要由钩体、钩舌、钩尾销、钩尾框、车钩支撑组件、抗磨板、缓冲器、缓冲器支撑、提杆等组成。车钩及缓冲器设置在车架端部的钩缓安装座内，钩尾销将车钩与钩尾框连成一体。为保证列车行车安全，车钩缓冲装置应满足以下要求。

（1）具有足够的拉伸强度；

（2）能够缓和纵向冲击；

（3）连接可靠，不会因冲击振动而自动脱钩；

（4）车钩各部不因稍有磨耗而失效。

机车牵引时，牵引力经车架端部、缓冲器、尾销传至车钩。冲击力的传递方向与此相反。在运用中应经常检查车钩状态，及时处理影响列车安全运行的缺陷。

HXN$_5$型内燃机车车钩采用 AAR E 型车钩，材料为 AAR M201 E 级钢。车钩能与符合中国标准的车钩相连挂。车钩中心线距轨面高度为（880±10）mm（新轮）。车钩钩体最小破坏载荷为 4 003 kN；车钩钩舌的最小破坏载荷为 2 891 kN。由于其钩身短，截面积大，可以适应重载列车牵引。

缓冲器是一个吸能的元件，当机车车辆受到冲击时，可减少冲击作用力，以缓和并衰减机车与车辆间的冲击与振动。HXN$_5$型内燃机车选用 NC-391 型橡胶缓冲器。最低吸收容量：机车以 3.6 km/h 速度与一个静止的物体碰撞，不损坏。

车钩及缓冲器在不架车体的情况下可进行拆装检修。

## 2.6.3　HXN$_5$型内燃机车设备布置

### 1. 司机室

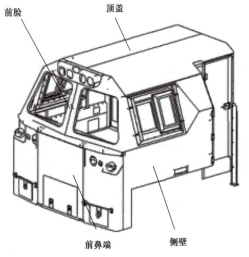

图 2-6-4　HXN$_5$型内燃机车司机室钢结构

机车司机室是乘务员工作与休息的场所，因此乘务员要有足够的活动空间和良好的工作环境。室内设备的布置、色彩的选取应符合人机工程原理，具有简洁的线条，给司乘人员提供一个安全、可靠、舒适、整洁明亮、色调和谐、视野开阔、仪表监视直观的条件；而且要便于司机操作和日常的检查维修。司机室内非金属材料要符合无毒、低卤、阻燃的要求。司机室结构还要具有抗撞击的功能。

HXN$_5$型内燃机车司机室钢结构如图 2-6-4 所示，其由顶盖、左右侧壁、前脸、前鼻端、后墙等组成。

司机室布置有窗户、正副操纵台、顶置控制台、座椅和添乘座椅等设备。正副操纵台分别用于控制机车 1 号端方向和 2 号端方向运行。内部装饰板具有隔热保温性能，同时为了给司乘人员提供一个舒适的环境，司机室内还安装有取暖器、空调、通风装置、电炉、热水器、冰箱等设施。HXN$_5$型内燃机车司机室内部布置如图 2-6-5 所示。

**2. 辅助室**

辅助室如图 2-6-6 所示，分为上辅助室和下辅助室。上辅助室分为风机室和电阻制动室，下辅助室是逆变室。三个室单独制造，然后组焊而成。

风机室由端板一、端板二、电缆侧端板和管侧端板围成一个 2 229 mm（长）×1 875 mm（宽）×1 148 mm（高）的方框。端板均为

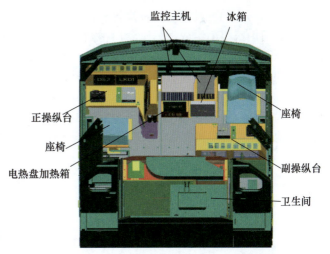

图 2-6-5　HXN$_5$型内燃机车司机室内部布置

3 mm 厚的钢板，并开有很多安装孔和穿线孔。电缆侧端板上开两个窗口，内壁安装两框架，其下面是一段风道；管侧端板也开了一个窗口，内壁安装一框架，下部同样是一段风道。同时端板一和端板二内壁也有风道，四周风道相连通风。

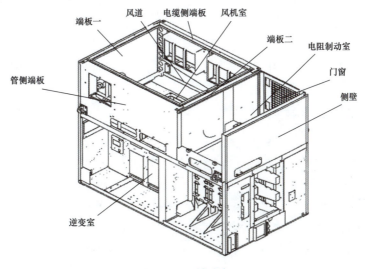

图 2-6-6　辅助室

电阻制动室与风机室并排焊接，由左右侧壁和一面门窗组成，其中端板二与风机室共用。门窗为网状，用铰链连接，可随时打开。

下辅助室是安装逆变器的一个室，故也称逆变室。逆变室为一封闭的室，每个壁都设计有许多穿线孔和安装孔，可与上辅助室方便地完成通风冷却的作用。

**3. 主发室**

主发室如图 2-6-7 所示，两侧与辅助室和柴油机室相连，其中一端与辅助室相连，二端与柴油机室相连，其余两侧壁分为 A 侧墙和 B 侧墙。整个主发室被一隔板分成上下两层，上层安装电阻制动装置，下层为主发电机空间；板前后开一个线缆入口和安装孔，隔板下面安装了一个安装架和一个支架。A 侧墙是由横梁、竖梁和斜撑梁焊接而成的框架结构，B 侧墙

上层是两扇网状的窗，四周立柱焊接有吊座，方便吊装。下层是一框架钢结构并有两套门，其中一套门由三小门组成，另一套门由两小门组成，可随时开启。

### 4. 柴油机室

柴油机室如图 2-6-8 所示，为棚式 U 形结构，由管路侧墙（A 侧墙）和电缆侧墙（B 侧墙）以及顶盖构成。左右两侧墙对称，侧墙是由各横梁组成的框架结构和几扇大小门构成。顶盖为可拆卸式并有一可拆卸消声器盖，方便柴油机等设备的吊装；顶盖内侧安装框架钢结构和一些空气弹簧装置。框架和侧墙是承载顶盖的基础，空气弹簧装置也起到一定的支撑作用。

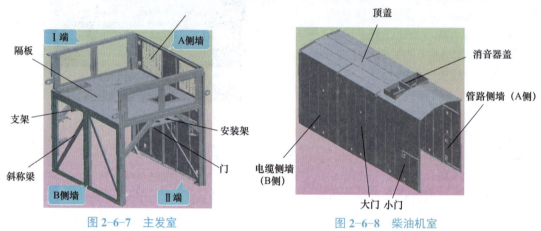

图 2-6-7　主发室　　　　　　　　　图 2-6-8　柴油机室

### 5. 冷却室

冷却室如图 2-6-9 所示，由上部框架、空滤器门、侧面滤网、下部框架、灭火器门、砂箱、风扇支撑架、导风筒、前部框架装配、可拆卸间壁等组成。

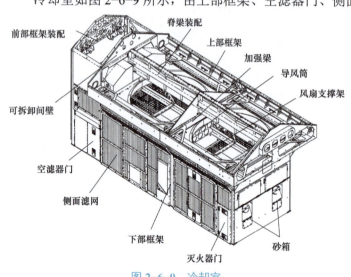

图 2-6-9　冷却室

冷却室钢结构是冷却系统中其他部件的安装支架。冷却室钢结构中间有一加强梁，将其分成两部分；在靠近柴油机侧安装牵引电机通风机、排尘风机以及相应的风道，在靠近机车端部侧安装空气压缩机、砂箱、CA9 电气柜以及相应的控制阀。冷却室钢结构的外层装有 V 形滤网，滤除空气中较大的杂质，冷却室内部设备如图 2-6-10 所示。

冷却室上部框架由骨架、横栏、中心架、后框架，以及各支撑板、加强板、头灯安装架等构成，是散热器和百叶窗以及风扇等其他设备的安装架。

冷却室下部框架主要为安装滤网和门的侧壁，左右侧墙结构相同，由中间立柱和翼板分为前后两块，由于冷却室前部有水箱，前部框架有一 X 形支撑梁，用于加强侧墙的强度和刚度。在靠近柴油机侧有用于安装惯性滤清器的门，以及调节柴油机进气温度的冬夏门，在其上方留有安装水箱的空间。

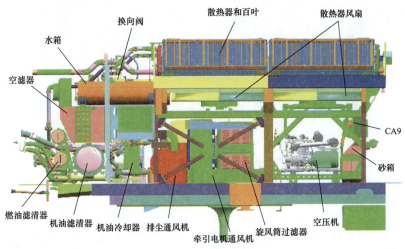

图 2-6-10 冷却室内部设备

前部框架装配由一活动端墙和可拆卸间壁与两侧壁构成，可拆卸间壁方便组装其他设备和部件，两侧壁有一斜撑加强框架的强度。

### 学习工作单与考核表

| 任　　务 | HXN$_5$型内燃机车车体结构与设备布置 | | | |
|---|---|---|---|---|
| 学习小组 | | 姓名 | | |
| 学习工作任务 | 学习工作完成评价 | | | |
| 学习工作 1：了解 HXN$_5$型内燃机车车体基础知识 | 自我评价 | 小组评价 | 教师评价 | |
| | | | | |
| 学习工作 2：了解 HXN$_5$型内燃机车车体结构 | 自我评价 | 小组评价 | 教师评价 | |
| | | | | |
| 学习工作 3：了解 HXN$_5$型内燃机车设备布置 | 自我评价 | 小组评价 | 教师评价 | |
| | | | | |

 自 测 题

#### 一、填空题

1. HXN$_5$型内燃机车采用（　　　　）式结构，车架承载方式，整体承载式燃油箱设计。
2. HXN$_5$型内燃机车车体由（　　　）、主发室、柴油机室、冷却室等组成。
3. HXN$_5$型内燃机车两端设置排障器，排障器下端面距轨面高度在车轮踏面磨耗允许范围内可调整为（　　）mm。
4. HXN$_5$型内燃机车辅助室分为（　　　）室。上辅助室分为风机室和电阻制动室，下辅助室是逆变室。

#### 二、简答题

1. HXN$_5$型内燃机车车体采用哪种方式，与 DF$_{4B}$型内燃机车有什么不同？
2. 简述 HXN$_5$型内燃机车司机室设备布置。
3. 简述 HXN$_5$型内燃机车冷却室设备布置。

# 3

## 机车通风系统

机车上的电气设备很多，机车空间又十分有限，因此机车通风装置通常数量较少，既要充分利用有限的风源，还要求进风速度低，减少尘埃侵入，同时要求风道短，弯道少且圆滑过渡，以减少风压损失。机车通风方式通常有两种：一种是独立通风，即设置专用风道，便于集中去尘；另一种是车体通风，即风由侧墙吸入车体内，再自行分配进入各风道，这两种通风方式也可以混合采用。对于分布在车体内不同部位的需要强制冷却的电气设备通常需要将它们就近分为若干组，根据不同部件和冷却要求，采用合适的通风机和冷却风道，共同构成一个布置合理、适应要求的通风冷却系统。

机车的设备布置往往需要统筹考虑，做到兼顾各方，科学合理。

## 任务 3.1　SS₄改型电力机车通风系统

### 布置任务

1. 分析电力机车通风系统的冷却对象；
2. 分析电力机车通风系统的冷却经路；
3. 掌握 SS₄改型电力机车通风系统在机车中的应用。

### 相关资料

### 3.1.1　通风机的类型和特点

按工作的原理，通风机可分为两大类型。

#### 1. 离心式通风机

离心式通风机又称鼓风机，是工业上广泛采用的一种通风机。离心式通风机如图 3-1-1 所示。离心式通风机有一个蜗壳状的壳体。在壳体内装有叶轮，叶轮轴由电动机驱动。当叶轮在蜗壳内做高速旋转时，叶片间的空气也被迫做高速旋转，在离心力作用下，沿叶轮出来，以一定的速度沿蜗壳经出风口进入风道，由于叶轮间形成真空，外界空气不断被吸入，而流进截面渐扩的蜗壳通道，把空气的流速转为压强，使风道的风压得到升高。

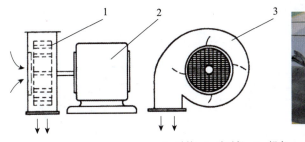

1—叶轮；2—电动机；3—蜗壳

图 3-1-1　离心式通风机

离心式通风机具有以下特点：这类通风机的工作原理类似于离心式水泵，通过电机驱动叶轮旋转，产生离心力，将气体从叶片间的开口处甩出，从而增加机壳内的气体压强，并通过排放口将其排出。风压较大，风力比较集中，适于较远距离的通风，出风体积大；但转速较低（受叶轮形状和强度的影响），效率也较低。

**2. 轴流式通风机**

轴流式通风机通常称作风扇，这种类型的通风机结构简单，主要由机壳、叶轮和支架组成，如图 3-1-2 所示。叶轮轴与风道平行（也可不设风道），叶轮在电动机驱动下高速旋转，由于叶片有一定的斜度，形成空气的轴向流动，叶轮背面形成真空，外界空气不断补入。

轴流式通风机具有以下特点：叶轮的旋转会将气流吸入并向前方送出，实现通风换气的目的。轴流式通风机的特点是能够产生较为直接和有力的气流，风压小，风力较分散，因此不适宜远距离送风，体积小，但转速高，效率较高。

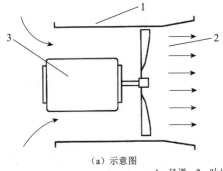

（a）示意图　　　　　　　　　　　　（b）实物图

1—风道；2—叶片；3—电动机

图 3-1-2　轴流式通风机

## 3.1.2　通风机在电力机车上的应用

离心式通风机和轴流式通风机在电力机车通风系统中均被采用。对于一些距离车体较远的设备，如牵引电机通常用离心式通风机冷却，一些设备因位置局限，如制动电阻柜，通常用轴流式通风机冷却。

为了解决机车车体受空间限制的问题，使一台通风机能冷却多台设备，通常采用通风支路的方式，或将冷却设备分别布置在通风机的进风口和出风口一侧，如图 3-1-3 所示，可以得到同样的冷却效果。

不论采用何种方式，都必须计算风道的流通阻力和冷却空气的流量，以保证冷却效果。

以上两种冷却方式可以单独使用，也可以混合使用。

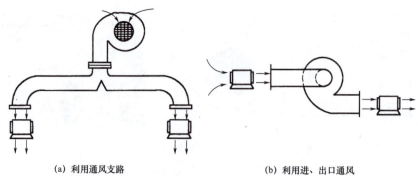

(a) 利用通风支路　　　　　　　　(b) 利用进、出口通风

**图 3-1-3　通风机同时冷却多台设备**

### 3.1.3　SS$_4$改型电力机车通风系统

SS$_4$ 改型电力机车是中国铁路自主研发的一款电力机车，其以高效、节能、环保等特点受到广泛关注。其中，通风系统作为保证机车正常运行的重要组成部分，其设计合理、结构紧凑、运行稳定。

SS$_4$ 改型电力机车采用传统的车体通风方式，每节车分为三大通风系统：牵引通风系统、主变压器通风系统和制动通风系统，共设置 2 台离心式风机、3 台轴流式风机，SS$_4$ 改型电力机车通风系统如图 3-1-4 所示。

#### 1. 车体侧墙百叶窗和滤尘器

SS$_4$ 改型电力机车采用双侧走廊侧墙大面积双层 V 形百叶窗来进风，为了减轻重量，百叶窗采用铝合金材料，过滤器采用与 SS$_1$、SS$_3$ 型电力机车相同的通风件，过滤器过滤材料由原来的天然棕丝胶合物，全部改为无纺合成棉新材料，增强了耐冲洗度。过滤器每单元进风面积为 0.65 m$^2$，每节车有 22 块过滤器，总进风面积 14.3 m$^2$。

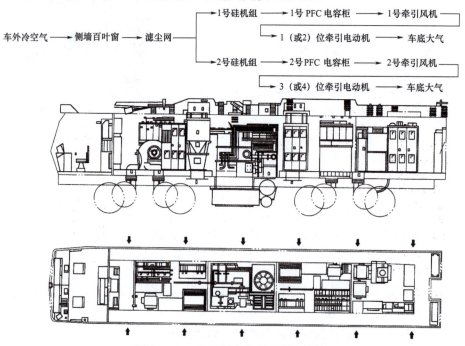

**图 3-1-4　SS$_4$改型电力机车通风系统**

### 2. 三大通风系统

#### 1）牵引通风系统

SS$_4$改型电力机车的牵引电动机是其核心部件，负责将电能转化为机械能，驱动机车的车轮。电动机工作时会产生大量热量，因此需要良好的通风冷却系统来维持正常运行温度。该机车配备了一套专门的通风系统，通过两台牵引通风机对每个转向架上的三台牵引电动机进行强迫通风冷却。

每节机车的牵引通风系统有两个独立且完全相同的通风支路组成，冷却对象为牵引电机、整流硅机组和 PFC 电容柜（功补电容），采用离心式通风机，每节机车共 2 台，其冷却通路如图 3-1-5 所示。

图 3-1-5 牵引通风系统冷却通路

#### 2）主变压器通风系统

SS$_4$改型电力机车的主变压器是其核心组成部分，承担着将高压交流电转换成直流电的任务。主变压器采用心式卧放结构，并配置有强制导向油循环风冷系统，以确保在高负荷运行条件下有效散热，防止设备过热损坏。它由器身、下油箱、上油箱、储油柜以及冷却系统等组成，器身是变压器的关键部件，负责电能的转换。

主变压器通风系统仅有一个通风支路，冷却对象为主变压器和平波电抗器（两者共用同一油箱），采用轴流式通风机，每节机车共 1 台，其冷却通路为：

车外冷空气→侧墙百叶窗→滤尘网→主变压器油散热器→变压器通风机→车顶百叶窗→车顶大气

#### 3）制动通风系统

SS$_4$改型电力机车的制动电阻通风散热系统对机车的安全运行至关重要。制动电阻在机车制动时通过消耗多余的电能来帮助机车减速或停车，但这一过程会产生高温，需要有效的通风系统来散热，防止损坏电阻和产生安全隐患。

制动通风系统每节机车有两个独立的，且完全相同的通风支路，冷却对象为制动电阻柜，采用轴流式通风机，每节机车共 2 台，其冷却通路为：

车底冷空气→进风口（不过滤）→Ⅰ（或Ⅱ）端制动通风机→风道→Ⅰ（或Ⅱ）端制动电阻→车顶百叶窗→车顶大气

学习工作单与考核表

| 任　　务 | SS$_4$改型电力机车通风系统 | | | |
|---|---|---|---|---|
| 学习小组 | | 姓名 | | |
| 学习工作任务 | | 学习工作完成评价 | | |
| 学习工作 1：分析电力机车通风系统的冷却对象 | | 自我评价 | 小组评价 | 教师评价 |
| | | | | |

续表

| 学习工作2：分析电力机车通风系统的冷却经路 | 自我评价 | 小组评价 | 教师评价 |
|---|---|---|---|
|  |  |  |  |
| 学习工作3：分析SS$_4$改型电力机车通风系统在机车中的应用 | 自我评价 | 小组评价 | 教师评价 |
|  |  |  |  |

# 自 测 题

## 一、填空题

1. 按工作原理，电力机车的通风机分_____通风机和轴流式通风机两大类。

2. SS$_4$改型电力机车设有_____、主变压器通风系统和制动通风系统三大通风系统。

3. SS$_4$改型电力机车牵引通风系统的冷却对象为牵引电机、_____和PFC电容柜。

4. SS$_4$改型电力机车制动通风系统的冷却对象为_____。

5. 为了使一台通风机能冷却多台设备，通常采用支路和_____通风的方式。

6. SS$_4$改型电力机车采用_____走廊侧墙大面积双层V形百叶窗进风。

## 二、选择题

1. SS$_4$改型电力机车制动通风系统的冷却风从（　　）吸入。

　A. 车底大气　　　　　B. 侧墙百叶窗　　　　　C. 车顶百叶窗

2. SS$_4$改型电力机车牵引通风系统的冷却风从（　　）吸入。

　A. 车底大气　　　　　B. 侧墙百叶窗　　　　　C. 车顶百叶窗

3. SS$_4$改型电力机车每节机车牵引通风系统使用了（　　）台通风机。

　A. 2　　　　　　　　B. 4　　　　　　　　C. 1

4. SS$_4$改型电力机车主变压器冷却系统的冷却通路：侧墙百叶窗→变压器风机→牵引变压器油散热器→（　　　）。

　A. 车顶百叶窗　　　　B. 侧墙百叶窗　　　　　C. 车底大气

5. SS$_4$改型电力机车制动通风系统的冷却通路：（　　）制动通风机→风道→制动电阻柜→车顶百叶窗。

　A. 车底大气　　　　　B. 侧墙百叶窗　　　　　C. 车顶百叶窗

6. SS$_4$改型电力机车主变压器通风系统的冷却对象为（　　　）。

　A. 主变压器　　　　　B. 平波电抗器　　　　　C. 主变压器和平波电抗器

## 三、判断题

1. SS$_4$改型电力机车第1位牵引电机的冷却通路为：侧墙百叶窗→1号通风机→1号整流柜及PFC电容柜→1位牵引电机→车底大气　　　　　　　　　　　　　　　（　　）

2. SS$_4$改型电力机车牵引变压器及平波电抗器的冷却通路为：侧墙百叶窗→变压器风机→牵引变压器油散热器→车顶百叶窗→车顶大气　　　　　　　　　　　　　（　　）

3. SS$_4$改型电力机车制动电阻柜的冷却通路为：车底冷空气→Ⅰ（或Ⅱ）端制动通风机→风道Ⅰ（或Ⅱ）端制动电阻柜→车顶百叶窗→车顶大气　　　　　　　　（　　）

4. SS$_4$改型电力机车牵引通风系统的冷却对象为牵引电机。　　　　　（　　）

5. SS$_4$改型电力机车变压器冷却风机采用了离心式通风机。　　　　　（　　）

### 四、简答题

1. 电力机车为什么要设置通风系统？

2. 试述 SS$_4$改型电力机车通风系统的组成。

3. 试述 SS$_4$改型电力机车牵引通风系统的冷风经路。

4. 试述 SS$_4$改型电力机车制动通风系统的冷风经路。

5. 说明 SS$_4$改型电力机车主变压器通风系统的冷风经路。

# 任务 3.2　HXD$_{3C}$型电力机车通风系统

## 布置任务

1. 分析 HXD$_{3C}$型电力机车通风系统的特点；

2. 分析 HXD$_{3C}$型电力机车通风系统冷却对象及通风路径；

3. 了解 HXD$_{3C}$型电力机车空气过滤系统的主要作用。

## 相关资料

## 3.2.1　HXD$_{3C}$电力机车通风系统认知

HXD$_{3C}$型电力机车通风系统的主要作用是对机车上需要进行强迫冷却的电气设备实施强迫通风冷却，以使它们的工作温升不超过允许值，保证电气设备正常、可靠地工作。

另外，通风系统还有司机室空调、机械间换气、卫生间通风等装置，以给司乘人员提供一个舒适的工作环境。

HXD$_{3C}$型电力机车通风系统主要特点如下。

（1）通风系统设计采用高度集成化、模块化的设计思路。根据机车总体对称布置的被冷却装置的要求，采用独立通风冷却技术，具有结构简单、进风面积大、风阻小，各通风支路风量分配均匀等特点。

（2）通风的冷却空气尽量进行净化。如牵引电机通风冷却系统采用离心沉降式过滤器+棕纤维过滤器的二级过滤方式对吸入的空气进行净化。冷却空气净化较好，电气部件少积灰尘，提高了工作可靠性。

（3）主变压器油冷却和牵引变流器水冷却使用油、水复合冷却器。采用这种"复合冷却"技术，使机车主要部件减少，缩减了油、水连接管路，减小了流阻，提高了冷却性能，减轻了重量，使得机车总体设计更加合理。

（4）通风系统采用性能较好的轴流通风机组。它们所采用的滚动轴承是单列深沟球轴承，密封方式为双面非接触橡胶密封，具有较高密封性，防尘性能好，平时不需要加润滑脂，日常维护方便，运用寿命长。

### 1. 机车通风冷却系统和风量分配

HXD$_{3C}$型电力机车通风冷却系统主要包括：牵引电动机通风、主变压器与牵引变流器冷却的复合冷却通风、辅助变流器通风、列车供电柜通风、司机室通风、空气压缩机通风和机械间通风等通风系统。

　　机车的通风系统采用独立通风系统，按机车纵向中心线斜对称布置在机车中间走廊两侧。司机室通风系统布置在两端司机室内。各通风系统有各自相对独立的通风部件和管道，各通风系统相互不影响，进风量均匀，不需进行风量再分配。

### 2. HXD₃C 型电力机车复合冷却器通风机组的构造

　　HXD₃C 型电力机车复合冷却器通风机组由电动机、安装风筒、叶轮等主要零件构成，如图 3-2-1 所示。

　　风扇采用轴流式风扇，叶轮为铝合金一次成形铸件，在电动机的轴端（1/10 锥形轴）通过键，用止动垫圈以及螺母旋紧固定。

　　电动机采用三相鼠形感应电动机。构架、端盖（轴承室）均为铸铁制造。线圈采用 F 级绝缘。轴承采用滚珠轴承，使用橡胶密封。

图 3-2-1　复合冷却器通风机组

### 3. 混流式通风机

　　混流式通风机采用混流风扇。混流风扇又称对角线流向风扇，初一看，混流风扇和轴流风扇没有什么不同，其实，混流风扇的进气是沿轴线的，然而出气却是沿轴线和垂轴线的对角线方向。这种风扇由于叶片和外罩成圆锥形，因此致使风压较高，在相同尺寸和其他可比性能下，与轴流风扇相比，离心风扇的噪声更低。

　　混流式通风机具有以下特点：高流率和相对较高的风压。

　　HXD₃C 型电力机车牵引电动机用冷却风机采用混流风扇，此通风机组由风机和电机组成。牵引电动机通风机组的构造如图 3-2-2、图 3-2-3 所示。

图 3-2-2　牵引电动机通风机组
的构造（吸入侧）

图 3-2-3　牵引电动机通风机组
的构造（排风侧）

## 3.2.2 HXD$_{3C}$型电力机车通风系统的主要特性

HXD$_{3C}$型电力机车为大功率交流传动电力机车，其主电动机驱动控制的 1 台主变压器以及 2 组主变流装置配置在机车心脏部位的机车中央部位。质量较重的主变压器悬挂安装在车体下中央部位，主变流装置设置在机械室中央通道的两侧（各 1 台）。为了同时对主变压器以及主变流装置进行冷却，在尽可能近的部位设置由轴流通风机和冷却器构成的 2 组复合冷却器、连接配管，以尽可能有效地进行冷却。为了使机车前后、左右平衡，以机车中央为中心设置质量较大的主变压器、主变流装置、复合冷却装置。

为了大功率主电动机的冷却，设置有单独的轴流通风机。通风机设在机车机械室地板支架上，由风道向主电动机送风。

**1. 主变压器的设备配置**

主变压器油循环通路如图 3-2-4 所示，主变压器油箱内部线圈的前后两侧设有隔板，将其分割成 2 室。因为将其分为 2 室，所以冷却油只集中在发热的线圈部位进行冷却，从而提高了冷却效果。

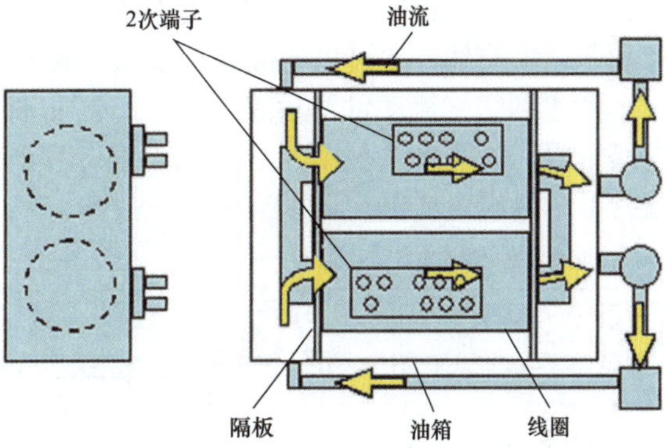

主变压器的 2 次线圈侧的端子类部件也

图 3-2-4 主变压器油循环通路

互相隔开不连通，配置在主变压器的中央部位，即将主变压器的 2 次端子设置在主变压器的中央部位。

**2. 主变流装置的设备配置**

主变流装置的设备配置如图 3-2-5 所示，主变流装置的输入端子部位最好能直接连接在主变压器的 2 次端子上。主变压器的 2 次端子的排列方法（排列顺序）和主变流装置的主回路端子的排列方法（排列顺序）要一致。

**3. 主变流装置和复合冷却装置（CCT）的设备布置**

主变流装置和复合冷却装置（CCT）的设备布置如图 3-2-6 所示，在机械室内将主变流装置和 CCT 作为一个统一的单元进行装配（装配采用平面斜对称布置），使车体中心左右的重量分配平衡。

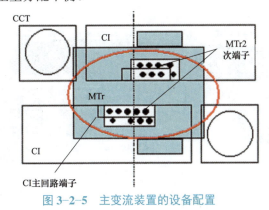

图 3-2-5 主变流装置的设备配置

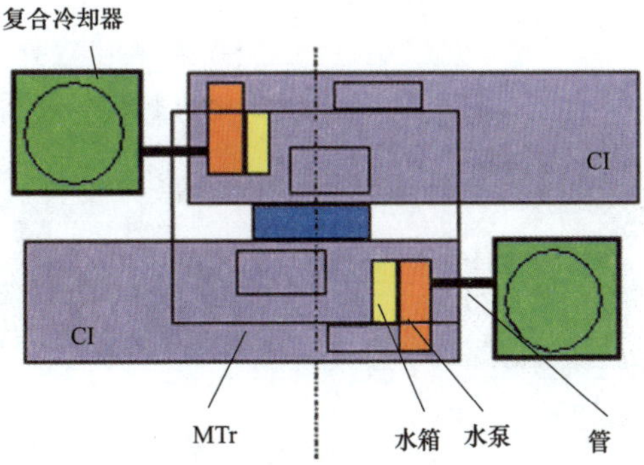

图 3-2-6 主变流装置和复合冷却装置（CCT）的设备布置

CCT 和主变流装置相连接的牵引控制系统是左右配置的，可以将顶盖分为两个端部部分、中央部分，即 3 部分可拆卸的顶盖。

两端拆卸顶盖在装受电弓的顶盖上，两端均为相同设计。中央拆卸顶盖在保护主变流装置和 CCT 部的顶盖部位，车顶上设置有高压电气设备受电弓、高压隔离开关、高压电压互感器、真空断路器、避雷器、高压电缆等。

### 4. 其他装置及机器类设备的设置

各装置和机器类设备要根据功能和电压分区进行集中设置，Ⅰ端各装置和机器类设备布置如图 3-2-7 所示。

在Ⅰ端集中设置低压、控制类设备，如 TCMS、低压电器部件、ATP 等设备，集中布置有利于缩短布线，也可以使高压、低压、传送信号等各种配线不易混淆。

考虑到空气流动以及功能等问题，在Ⅱ端集中设置了空压机、空气干燥器、风缸、空气管路柜等，如图 3-2-8 所示。如此设置有利于使配管尽量减到最短、尽量减少不必要的交叉配管、尽量组合成单元，以提高作业效率。

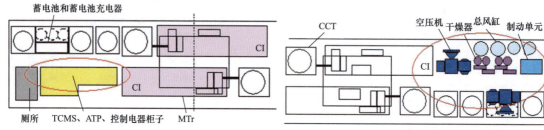

图 3-2-7　Ⅰ端各装置和机器类设备布置　　图 3-2-8　Ⅱ端各装置和机器类设备布置

## 3.2.3　HXD$_{3C}$型电力机车通风系统和风量分配

HXD$_{3C}$型电力机车通风冷却系统主要包括：牵引电动机通风、主变压器与牵引变流器冷却的复合冷却通风、辅助变流器通风、列车供电柜通风、司机室通风、空气压缩机通风和机械间通风等通风系统。

HXD$_3$型电力机车的通风系统采用独立通风系统，按机车纵向中心线斜对称布置在机车中间走廊两侧。司机室通风系统布置在两端司机室内。各通风系统有各自相对独立的通风部件和管道，各通风系统相互不影响，进风量均匀，不需进行风量再分配。HXD$_{3C}$型电力机车通风冷却系统如图 3-2-9 所示。

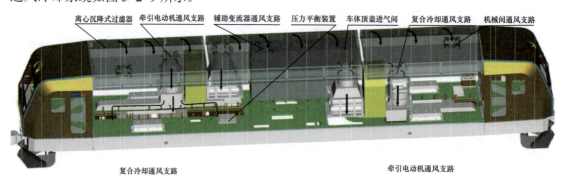

图 3-2-9　HXD$_{3C}$型电力机车通风冷却系统

### 1. 复合冷却通风系统

2 台复合冷却风机组由通风机电动机驱动，分别对 2 台复合冷却器进行冷却。复合冷却通风系统如图 3-2-10 所示。

冷却空气由车顶滤网经过进风道进入复合冷却通风机组，再经过异径风道进入复合冷却器对油、水冷却，然后从车底部排入大气。

复合冷却器通风支路的冷却空气走向如下：

车外大气（6.5 m³/s）→离心沉降式过滤器→侧墙板式粗滤器→车顶进气间→复合冷却器风机组→异径风道→复合冷却器→车底大气

### 2. 牵引电动机通风系统

牵引电动机通风系统由两台通风机来完成，每一台通风机分别用来冷却三台牵引电动机，室外的空气经过过滤器、进气间、通风机、风机底座，在风机底座分成三个通风道，分别通过软管和牵引电动机的入口相连接，6 台牵引风机组由 6 台通风机电动机驱动，对 6 台牵引电动机进行独立冷却。牵引电动机通风系统如图 3-2-11 所示。

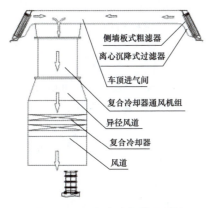

图 3-2-10　复合冷却通风系统

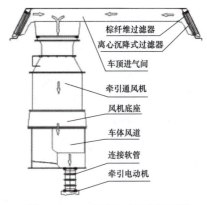

图 3-2-11　牵引电动机通风系统

牵引通风支路的冷却空气走向如下：

车外大气（5.5 m³/s）→离心沉降式过滤器→棕纤维过滤器→车顶进气间→通风机→风机底座→车体风道→连接软管→牵引电机→大气

### 3. 辅助变流器通风系统

机车具有 2 台辅助变流器装置，分别安装在 2 台牵引变流装置柜内，具有各自独立的通风冷却系统。辅助变流器通风系统如图 3-2-12 所示。

冷却空气由车顶侧滤网进入辅助变流器装置柜进风口后，经柜内通道、离心通风机、散热元件到柜排风口，然后从车底排入大气。

辅助变流通风支路的冷却空气走向如下：

车外大气（0.5 m³/s）→离心沉降式过滤器→棕纤维过滤器→车顶进气间→辅助变流器装置柜进风口→通道→离心通风机→各散热元件→风道→柜出风口→车底大气

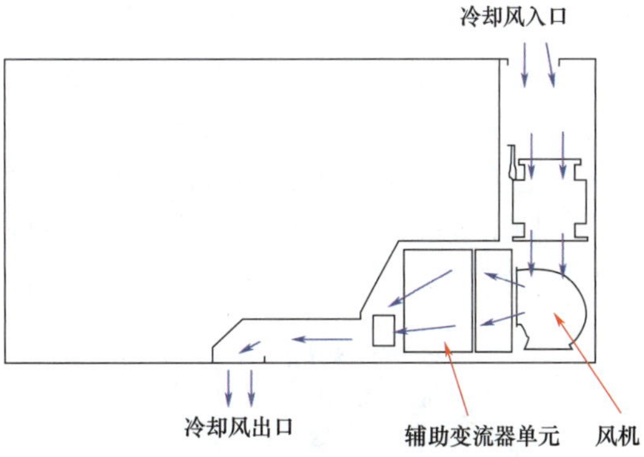

图 3-2-12　辅助变流器通风系统

### 4. 列车供电柜通风系统

列车供电柜通风系统的作用是采用强迫风冷方式对供电柜的功率开关器件和电抗器等发热电器件进行冷却。全车共有 2 个列车供电柜，由于供电柜不允许冷却空气中含有水珠及灰尘，故采用机械间内进气方案。

列车供电柜通风支路的冷却空气走向如下：

机械间进气（约 1.5 m³/s）→列车供电柜→车体底架→大气

### 5. 司机室通风系统

HXD₃C 型电力机车司机室通风系统采用单元式空调机组，分别安装在机车Ⅰ、Ⅱ端司机室前端罩板内。

降温通风支路：

司机室内的循环空气由空调机组内的通风机组经过装有滤尘网的回风道吸入，并与外界的新鲜空气混合，在通过空调机组内的蒸发器后，冷空气经过出风口处的可调出风栅送入司机室内。制冷系统连续工作，使车内温度逐渐降低，从而达到制冷、除湿的目的，车内空气温度由控制器自动进行控制。

升温通风支路：

司机室内的循环空气被空调机组内通风机吸入，通过空调机组内的电加热器加热，被加热的空气由通风机送入司机室内，使司机室内温度上升。

### 6. 卫生间通风系统

机车内设有一个卫生间。它的通风系统工作过程：车内空气经过卫生间侧壁的电动排风扇进入卫生间内，再经过卫生间顶部的格栅将空气排到车顶进气间并排出车外。

### 7. 空压机通风散热系统

空压机通风散热采用机械间进气，冷却空压机后，冬季热空气排到车内，并由车体排气口排出车外，夏季热空气直接通过风道排出车外。

### 8. 机车机械间通风系统

在机械间顶部布置了两个车体通风机，分别往机械间吹风，其主要作用，首先保证机械间始终有一正压，约为 70 Pa；其次保证提供空气压缩机、卫生间等所需的清洁空气；最后带走机械间电器设备所散发的热量。

风扇吹入机械间的风量约为 4 m³/s，通过车体底架排出（约 1 m³/s）。机械间内有一压力平衡装置，当机械间压力超过 70 Pa 时，在压力作用下自动打开平衡装置的排气门，降低车内压力。

## 3.2.4　空气过滤装置

机车在通风系统中采用了空气过滤装置，和谐型电力机车对空气过滤精度的要求较高，因此采用了多级过滤方式。HXD₃C 型电力机车采用惯性分离过滤器。HXD₃C 型电力机车采用了离心沉降式过滤器+棕纤维过滤器的二级过滤方式，提高了过滤效率、精度并降低系统阻力，增强了防雨性能。而在其他通风系统（机械间进气、复合冷却器进气等）中采用离心沉降式过滤器+侧墙板式粗滤器的过滤方式，即可满足使用要求。

图 3-2-13　离心沉降式过滤器断面结构

### 1. 离心沉降式过滤器

整车的进气系统均采用离心沉降式过滤器，对各支路所需要的空气进行过滤，过滤器安装在机车左右侧的顶盖进气间中。离心沉降式过滤器断面结构如图 3-2-13 所示。

离心沉降式过滤器的过滤原理是：进入空气在进风件的风口处加速，加速后的灰尘和水滴因含有较高的冲量而进入过滤件 1 和过滤件 2 并减速，由于自身的重力而下坠并汇集到下部排尘槽中排出车外。离心沉降式过滤器的优点：低压降、低噪声、免维修和重量轻。

（1）离心沉降式过滤器性能（风速为 4 m/s 以下时）：

平均水滴 20 μm 过滤率为 90% 以上；

尘埃 60 μm 以上的过滤率为 80% 以上。

（2）额定风量：0.5 m³/s。

## 2. 棕纤维过滤器

棕纤维过滤器作为通风系统中的精滤器，其过滤精度在灰尘颗粒大小为 2～40 μm 之间时，效率可达到 80%（迎面风速：1 m/s）以上，并且阻力小，容尘量大。滤器采用板状结构，其主要过滤材料为喷涂乳胶的棕纤维，喷涂乳胶主要是使松散的棕纤维更加紧密，密度、孔隙均匀，并且乳胶还具有一定的粘结能力，使过滤精度更高。

棕纤维过滤器的主要性能：

（1）额定流量 3.0 m³/s；

（2）容尘量 200 kg/m²；

（3）阻力 30 Pa（迎面风速：1 m/s）。

## 3. 侧墙板式粗滤器

侧墙板式粗滤器安装在复合冷却器通路之中，其主要作用是夏季可以有效地过滤空气中的柳絮及漂浮物，该滤器阻力小，安装简单，清洗方便。

侧墙板式粗滤器的主要性能：

（1）滤网采用不锈钢丝网；

（2）当风速为 3 m/s 时，初始阻力≤2 Pa；

（3）终止阻力为 200 Pa。

学习工作单与考核表

| 任务 | HXD$_{3C}$型电力机车通风系统 | | | |
|---|---|---|---|---|
| 学习小组 | | 姓名 | | |
| 学习工作任务 | | 学习工作完成评价 | | |
| 学习工作 1：分析 HXD$_{3C}$ 型电力机车通风系统的特点 | | 自我评价 | 小组评价 | 教师评价 |
| 学习工作 2：分析 HXD$_{3C}$ 型电力机车通风系统的冷却对象及通风路径 | | 自我评价 | 小组评价 | 教师评价 |
| 学习工作 3：了解 HXD$_{3C}$ 型电力机车空气过滤系统的主要作用 | | 自我评价 | 小组评价 | 教师评价 |

# 自测题

## 一、填空题

1. HXD$_{3C}$ 型电力机车复合冷却器通风机组由_____、安装风筒、叶轮等主要零件构成。

2. HXD$_{3C}$ 型电力机车牵引电动机用冷却风机采用_____，此通风机组由风机和电机组成。

3. HXD<sub>3C</sub> 型电力机车为大功率交流传动电力机车，考虑将主电动机驱动控制相关的_____台主变压器以及_____组主变流装置配置在机车心脏部位的机车中央部位。

4. HXD<sub>3C</sub> 型电力机车通风冷却系统主要包括：牵引电动机通风、_____、_____、列车供电柜通风、司机室通风、空气压缩机通风和机械间通风等通风系统。

5. 司机室内的循环空气由空调机组内的通风机组经过装有滤尘网的回风道吸入，并与外界的新鲜空气混合，在通过空调机组内的蒸发器后，冷空气经过出风口处的_____送入司机室内。

**二、判断题**

1. 列车供电柜通风支路的作用是采用强迫风冷方式对供电柜的功率开关器件和电抗器等发热电器件进行冷却。　　　　　　　　　　　　　　　　　（　）

2. 在机械间顶部布置了两个车体通风机，分别往机械间吹风，其主要作用，首先是保证机械间始终有一正压，约为 90 Pa。　　　　　　　　　　　　　（　）

3. 机车在通风系统中采用了空气过滤装置，和谐型电力机车对空气过滤精度要求较高，因此采用了多级过滤方式。　　　　　　　　　　　　　　　　　（　）

4. 棕纤维过滤器作为通风系统中的精滤器，其过滤精度在灰尘颗粒大小为 2～40 μm 之间效率可达到 90%（迎面风速：1 m/s）以上。　　　　　　　　（　）

**三、简答题**

1. HXD<sub>3C</sub> 型电力机车通风系统的主要特点有哪些？
2. 简述 HXD<sub>3C</sub> 型电力机车牵引通风系统的冷却空气走向。
3. 简述 HXD<sub>3C</sub> 型电力机车复合冷却器通风支路的冷却空气走向。

# 任务 3.3　FXD3-J 型动力车通风系统

## 布置任务

1. 分析 FXD3-J 型动力车通风系统的作用；
2. 分析 FXD3-J 型动力车通风系统的主要特点；
3. 掌握 FXD3-J 型动力车通风系统各通风支路。

## 相关资料

动车组动力车通风系统的主要作用是对动力车上需要进行强迫冷却的电气设备实施强迫通风冷却，防止工作温升超过允许值，保证电气设备正常并且可靠工作。另外，通风系统还有司机室空调和机械间换气等装置，以给司乘人员提供一个舒适的工作环境。

### 3.3.1　FXD<sub>3</sub>-J 型动力车通风系统的作用

动力车通风系统的主要作用是对动力车上需要进行强迫冷却的电气设备实施强迫通风冷却，防止工作温升超过允许值，保证电气设备正常并且可靠工作。另外，通风系统还有司机室空调和机械间换气等装置，以给司乘人员提供一个舒适的工作环境。

FXD3-J 型动力车通风系统的主要特点如下。

（1）通风系统的设计采用高度集成化、模块化的设计思路。根据动力车总体设备斜对称布置的要求，采用独立通风冷却技术，具有结构简单、进风面积大、风阻小、各通风支路风量分配均匀且互不干扰等特点。

（2）对冷却空气进行必要的过滤。如牵引电机通风冷却系统采用顶盖百叶过滤卷加旋风式自动排尘过滤器对吸入的空气进行过滤。具有冷却空气清洁度高，进气阻力小，电气部件积灰尘少，工作可靠性高等特点。

（3）牵引变压器油冷却和牵引变流器水冷却使用油、水复合冷却器。采用这种"复合冷却"技术，使动力车缩减油、水连接管路，减小流阻，提高冷却性能，减轻重量。

（4）通风机组采用了铝合金等高强度轻质材料，不仅满足风机性能要求，还极大地减轻了机组重量，以便于动力车的轻量化设计。风机电机轴承采用进口可维护注油脂轴承，极大地提高了轴承使用寿命，并能更好地适应苛刻的线路条件，大幅提高风机的可靠性。

### 3.3.2　FXD3-J 型动力车通风系统组成

FXD3-J 型动力车的通风系统采用独立通风系统，按动力车纵向中心线斜对称布置在动力车中间走廊两侧。司机室通风系统布置在两端司机室内。各通风系统有各自相对独立的通风部件和管道，各通风系统相互不影响，进风量均匀，不需进行风量再分配。通风系统主要包括：牵引电机通风、牵引变压器与牵引变流器冷却的复合冷却通风、司机室通风、空气压缩机通风和机械间通风等通风系统。FXD3-J 型动力车通风系统的主要设备布置如图 3-3-1 所示。FXD3-J 型动力车通风系统的主要设备布置情况如图 3-3-2 所示。

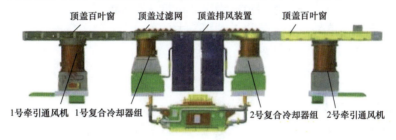

图 3-3-1　FXD3-J 型动力车通风系统的主要设备布置

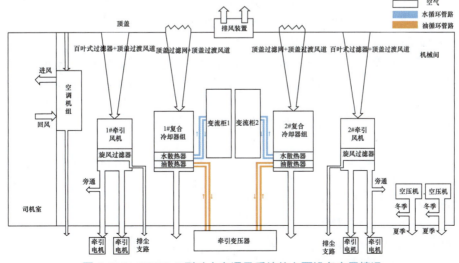

图 3-3-2　FXD3-J 型动力车通风系统的主要设备布置情况

### 1. 司机室通风系统

司机室通风采用单元式空调机组，安装在动力车司机室前端罩板内。司机室内的循环空气由空调机组内的通风机组经过装有滤尘网的回风道吸入，并与外界的新鲜空气混合，在通过空调机组内的蒸发器后，冷空气经过出风口处的可调出风栅送入司机室内。制冷系统连续工作，使车内温度逐渐降低，从而达到制冷、除湿的目的，车内空气温度由控制器自动进行控制。

### 2. 机械间通风系统

机械间通风是由动力车两组牵引通风系统旁通一条支路提供冷却空气。每组机械间通风支路空气走向如下：

车外大气→车顶百叶过滤→车顶过渡风道→牵引通风机→旋风过滤器→抽板式棕纤维过滤器→机械间→顶盖排风口

为了维持机械间内始终存在一稳定的微正压，可以根据实际情况调节抽板过滤器的进气流量和顶盖排风口的排气流量，以保证机械间内正压的恒定。

### 3. 牵引通风冷却系统

每一台牵引电机由一台牵引风机进行强迫通风冷却，牵引通风机如图 3-3-3 所示。

图 3-3-3　牵引通风机

牵引通风的风路走向为：

车外大气→顶盖百叶窗→过渡风道→牵引通风机→通风道

旋风过滤器→两条支路风道→牵引电动机→大气

旋风过滤器→旁通支路→机械间

旋风过滤器→排尘支路→大气

### 4. 复合冷却通风系统

FL216 型复合冷却器采用全铝合金板翅式结构。该冷却器由水芯体散热器和油芯体散热器组成。水芯体和油芯体之间留有空气吹道过渡带，空气从水芯体经过渡带进入油芯体吹向复合冷却器底部直向大气。由于空气经二次加热和中间带混合过程，所以散热效果得到了提高。包括由进出水（油）管、进出水（油）侧道、水（油）芯体等组成的水散热器用螺栓连接于钢结构框架上，形成整体结构。

复合冷却器通风机主要特点如下。

（1）叶轮形式为斜流螺旋桨式，叶轮修正为两面修正，以提高风机性能和效率。

（2）风机机壳及电机机壳均采用高强度铝合金材料，在保证结构强度的同时，一定程度上减轻了重量。

（3）风机电机轴承采用注油脂可维护轴承。

通风走向为：

车外大气→顶盖过滤网→顶盖过渡风道→复合冷却风机→过渡风道→水散热器→油散热器→大气

复合冷却通风系统如图 3-3-4 所示。

复合冷却器通风机的主要特点如下。

（1）叶轮形式为斜流螺旋桨式，叶轮修正为两面修正，以提高风机性能和效率。

（2）风机机壳及电机机壳均采用高强度铝合金材料，在保证结构强度的同时一定程度上减轻了重量。

（3）风机电机轴承采用注油脂可维护轴承。

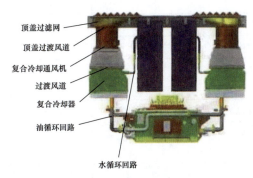

图 3-3-4　复合冷却通风系统

将水散热器和油散热器串联成一个整体的冷却器（上层为水，下层为油）称为复合冷却器。它通过共用一台复合冷却通风机组来冷却。这种"复合冷却"方式，既能解决牵引变压器油冷却散热的需要，又能解决牵引变流器水冷却散热的需要。

#### 5. 空压机通风系统

空压机通风散热采用机械间进气，冷却空压机后，冬季热空气排到车内，并由车体排气口排出车外；夏季热空气直接通过风道排出车外。

### 3.3.3　空气过滤装置

牵引电机通风冷却要求空气过滤精度相对较高，采用顶篮百叶式过滤器+旋风式自动除尘过滤器的二级过滤方式，并增加自动排尘装置，以提高过滤效率、精度，降低系统阻力，增强防雨性能，延长保养周期。复合冷却器进气系统中安装有顶盖过滤网，由于复合冷却器空气翅片最小间隙为 2.3 mm，顶盖钢板网过滤器孔径为 1 mm×1 mm，钢丝直径为 0.5 mm，因此颗粒较大污物可以被滤网有效过滤，颗粒较小污物可以随冷却空气吹出冷却器，这样不仅可以有效防止冷却器阻塞，还可以最大限度地降低通风阻力，延长过滤器维护周期。机械间通风要求过滤精度较高，其由牵引通风系统中旁通的一条支路完成，过滤形式为百叶式过滤器+旋风式过滤器+抽板式棕纤维过滤器的三级过滤方式。

#### 1. 旋风式自动除尘过滤器

旋风式自动除尘过滤器的工作原理是当外界空气通过旋风过滤器入口，通过螺旋体之后产生高速旋转，在离心力的作用下空气中较大颗粒物被甩向周边，并从下导流管与上导流管之间的通道进入空滤器内腔，在余压的作用下加速从排尘风道排出车体外，而上导流管中心部分的清洁空气则从下导流管内腔通过，达到过滤的效果。

#### 2. 顶盖钢板网过滤器

顶盖钢板网过滤器安装在动力车顶盖上方，其主要作用是夏季可以有效地过滤空气中的柳絮及漂浮物，钢板网过滤器为 1 mm×1 mm 孔径钢丝网结构，阻力小，安装简单，清洗方便。

学习工作单与考核表

| 任　　务 | FXD3-J 型动力车通风系统 | | | |
|---|---|---|---|---|
| 学习小组 | | 姓名 | | |
| 学习工作任务 | 学习工作完成评价 | | | |
| 学习工作 1：分析 FXD3-J 型动力车通风系统的作用 | 自我评价 | 小组评价 | | 教师评价 |
| | | | | |
| 学习工作 2：分析 FXD3-J 型动力车通风系统的主要特点 | 自我评价 | 小组评价 | | 教师评价 |
| | | | | |
| 学习工作 3：掌握 FXD3-J 型动力车通风系统各通风支路 | 自我评价 | 小组评价 | | 教师评价 |
| | | | | |

# 自 测 题

**简答题**

1. $FXD_3$-J 型动力车通风系统有哪些特点？
2. 简述复合冷却通风系统通风走向。
3. 简述牵引冷却通风系统通风走向。

# 任务 3.4　$HXN_5$ 型内燃机车辅助系统

## 布置任务

1. 分析 $HXN_5$ 型内燃机车通风系统的特性；
2. 分析 $HXN_5$ 型内燃机车通风系统的冷却经路；
3. 分析 $HXN_5$ 型内燃机车燃油系统、柴油机滤清系统、冷却水系统的主要作用。

## 相关资料

　　$HXN_5$ 型内燃机车基础制动装置由单元制动器和闸瓦组成。在平直道上，制动初速度为 120 km/h 时的紧急制动距离不大于 1 100 m。制动缸直径为 177.8 mm，平均摩擦系数为 0.3，制动倍率为 3.45，基础制动装置传递效率（在紧急制动时）大于 0.957。

　　$HXN_5$ 型内燃机车每个转向架装有 6 个独立作用的单元制动器，即每个车轮上各有一个单元制动器。采用单侧制动，闸瓦采用复合材料，既能够保证较高的摩擦系数，又能减少对车轮的损伤。$HXN_5$ 型内燃机车装用 PEC7 型的单元制动器，这种型号的单元制动器包括制动缸、机械传动机构和闸瓦间隙自动调整器三个部分。

### 3.4.1　HXN₅型内燃机车辅助系统组成

HXN₅型内燃机车上的机油系统、燃油系统以及部分冷却水系统的部件集中安装在设备安装架上，组成设备安装架装配，如图 3-4-1 所示。设备安装架装配安装在柴油机室和冷却室之间。

### 3.4.2　HXN₅型内燃机车机油系统

HXN₅型内燃机车机油系统采用全流式系统：所有润滑油必须通过润滑油滤清器循环。一旦滤清器堵塞，不允许未经滤清的润滑油通过其他通道进入系统循环，这样可以防止未经滤清的润滑油及其所含的有害杂质损害柴油机及其零部件。机油系统包括柴油机机油系统和机车机油系统。机车机油系统主要由润滑油冷却器、润滑油滤清器、预润滑油泵，以及相应的管路、阀类等组成。柴油机启动润滑油循环回路如图 3-4-2 所示。

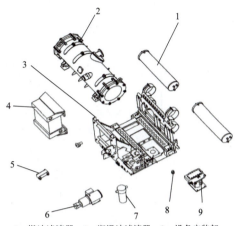

1—燃油滤清器；2—润滑油滤清器；3—设备安装架；
4—润滑油冷却器；5—燃油加热器；6—预润滑油泵电机组；
7—燃油粗滤器；8—单向阀；9—燃油泵电机组

图 3-4-1　设备安装架装配

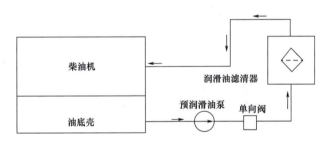

图 3-4-2　柴油机启动润滑油循环回路

润滑油冷却器的作用是利用冷却水系统中的水与柴油机润滑油进行热交换，使柴油机润滑油的温度保持在规定的范围内。HXN₅型内燃机车的润滑油冷却器为板式热交换器，如图 3-4-3 所示。润滑油冷却器壳体内的金属板把以一个方向流动的润滑油和以相反方向流动的冷却水隔开，金属板不仅隔开两种流体，而且还充当润滑油与冷却水之间传热的介质。

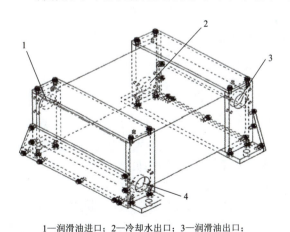

1—润滑油进口；2—冷却水出口；3—润滑油出口；
4—冷却水进口

图 3-4-3　润滑油冷却器

### 3.4.3　燃油系统

HXN₅型内燃机车燃油系统主要由燃油箱、燃油粗滤器、燃油泵电机组、燃油加热器、温度调节阀、燃油滤清器及相应的管路、阀类等组成。燃油被燃油泵从燃油箱中抽出，经加热、滤清后输送给各柴油机动力组的高压喷油泵。燃油系统循环回路如图 3-4-4 所示。

## 3.4.4 冷却水系统

HXN₅ 型内燃机车的冷却水系统采用加压冷却方式，由柴油机冷却水系统以及机车冷却水系统组成。机车冷却水系统主要由散热器、膨胀水箱、润滑油冷却器、流向控制阀、燃油加热器，以及相应的管路、阀门等组成。为了优化机车的排放、功率及燃油效率，在冷却水系统回路上加装了流向控制阀，以控制冷却水系统的冷却模式。冷却模式分为排放模式和热机模式。排放模式：冷却水系统为优化排放而对中冷器提供最大冷却能力；热机模式：冷却水系统为优化功率和燃油效率而对柴油机提供最大冷却能力。冷却水系统排放模式及循环回路、热机模式及循环回路如图 3-4-5、图 3-4-6 所示。

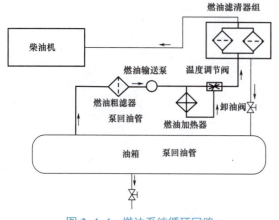

图 3-4-4 燃油系统循环回路

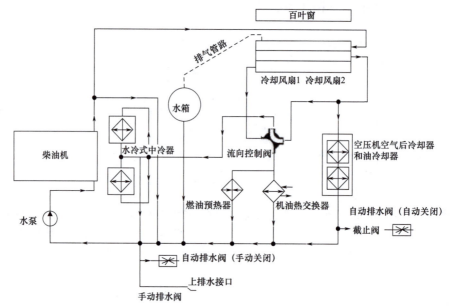

图 3-4-5 冷却水系统排放模式及循环回路

冷却水系统的特点如下。

（1）HXN₅ 型内燃机车装用大板块铜散热器，散热器分三层，包括主散热器、子散热器 1、子散热器 2，通过散热器两端水室及出口使冷却水进行不同程度的冷却。

（2）冷却水系统采用干式系统，在停机状态时，散热器中的水回到水箱。

（3）冷却水系统由流量控制阀控制，在排放模式和热机模式时形成两种不同的循环回路。

在排放模式时，柴油机冷却水泵出来的冷却水进入柴油机，经过对柴油机冷却后一部分水直接回到水泵前再次进入柴油机循环，另一部分冷却水则进入主散热器，从散热器主芯子出来的冷却水进入子散热器 1，经过子散热器 1 冷却后，一部分水通过管路、流向控制阀进入燃油加热器以及润滑油冷却器，然后进入水泵；一部分水进入子散热器 2，然后进入中冷器，冷却水从中冷器出来后与润滑油冷却器方向的冷却水一起进入水泵。

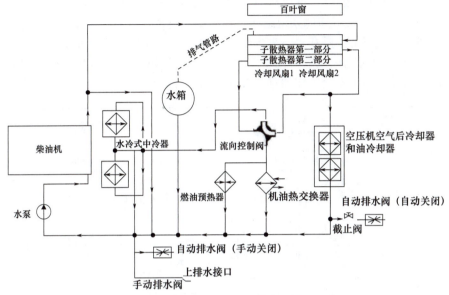

图 3-4-6  冷却水系统热机模式及循环回路

在热机模式时，与排放模式相比较，只是从子散热器 1 出来的冷却水通过流向控制阀进入了柴油机中冷器，而从子散热器 2 出来的最低温度冷却水通过流向选择阀进入了燃油加热器以及润滑油冷却器。

（4）HXN$_5$ 型内燃机车冷却风扇由交流电动机驱动，柴油机水温由安装在柴油机进水管路中的水温传感器监测，通过改变两台冷却风扇的转速和百叶窗的开关来控制水温。

## 3.4.5  柴油机空气滤清系统

柴油机空气滤清系统如图 3-4-7 所示。空气通过多孔 V 形滤网过滤较大的杂物（树叶等），经过惯性滤清器（又称旋风筒式滤清器）滤掉较大的颗粒（灰尘等），最后进入袋式滤清器滤掉细小的颗粒物，滤清后的空气被增压器压缩并经中冷器冷却后通过进气总管进入各个气缸。

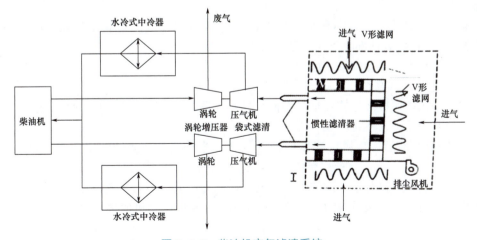

图 3-4-7  柴油机空气滤清系统

## 3.4.6　通风系统

HXN$_5$ 型内燃机车对强迫通风冷却的各设备、部件进行集中通风，通风系统由牵引电机通风系统和辅助室/发电机组通风系统组成。其中牵引电机通风系统由牵引电机通风回路和 2 号端排尘回路组成，车架各梁和上下盖板组成牵引电机通风道，设置 6 个通风口供牵引电机通风；辅助室/发电机组通风系统由逆变器/牵引发电机通风回路，辅助/电气室通风回路和 1 号端排尘回路组成。通风系统工作原理如图 3-4-8 所示。

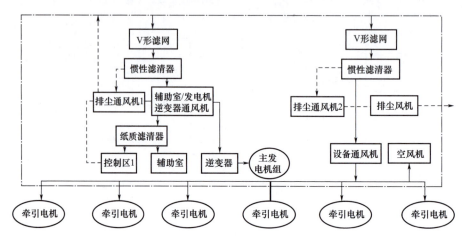

图 3-4-8　通风系统工作原理

### 1. 交流发电机和辅助冷却空气系统

交流发电机风机把空气抽进来，穿过 V 形滤网和塑料空滤器栅，进入风机室。交流发电机风机接收清洁空气后，把它分成两路。一路穿过风道进入逆变器，另一路穿过辅助室空滤器进入辅助室。

空气从逆变器后面流出，经过另一个空气道进入交流发电机。空气经过交流发电机流出后进入柴油机室并加压，把污物排出。

从空滤器出来的清洁空气在辅助室分成两路。一路进入控制区 1（CA1），另一路经过辅助室进入电子设备。从电子设备出来的空气流入辅助室并给辅助室加压，使污物排出去，同时进行冷却。

由辅助通风机轴头驱动的排风机从空气滤清栅吸入脏空气，从电气室棚顶排出。排风机也从控制区 1（CA1）顶部吸气，从棚顶排出。

交流发电机和辅助冷却系统如图 3-4-9 所示。

### 2. 牵引电机冷却系统

牵引电动机通风机产生的真空首先把外界空气吸入，流经 V 形滤网，V 形滤网能防止大的杂物（树叶等）进入系统。

流过 V 形滤网后，塑料空滤器栅把空气和灰尘分离开。清洁的空气进入牵引电动机通风机。

牵引电动机通风机强迫清洁的冷却空气进入压力风道。压力风道设在主车架内，它延伸至整个机车长度。压力风道内的空气流过机车上每个牵引电动机的挠性风道。

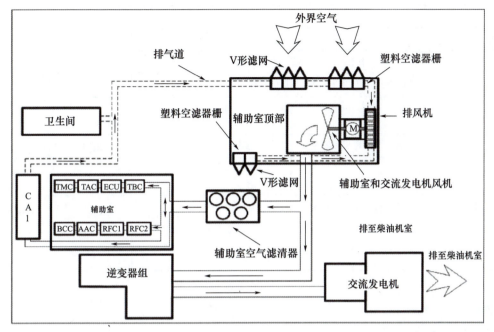

图 3-4-9　交流发电机和辅助冷却系统

空气为每个牵引电动机提供冷却，并通过电动机外壳内的通风孔排出。在牵引电动机回路中，也通过橡胶软管为空气压缩机提供空气，此外，被空滤器栅分离出去的灰尘被抽到排气风机，吹到散热器室的外面。

牵引电机冷却系统如图 3-4-10 所示。

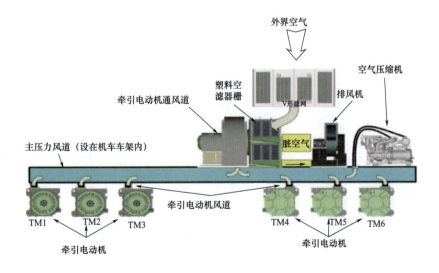

图 3-4-10　牵引电机冷却系统

学习工作单与考核表

| 任务 | HXN₅型内燃机车辅助系统 | | | |
|---|---|---|---|---|
| 学习小组 | | 姓名 | | |
| 学习工作任务 | | 学习工作完成评价 | | |
| 学习工作 1：分析 HXN₅ 型内燃机车通风系统的特性 | | 自我评价 | 小组评价 | 教师评价 |
| | | | | |
| 学习工作 2：分析 HXN₅ 型内燃机车通风系统的冷却经路 | | 自我评价 | 小组评价 | 教师评价 |
| | | | | |
| 学习工作 3：分析 HXN₅ 型内燃机车燃油系统、柴油机滤清系统、冷却水系统的主要作用 | | 自我评价 | 小组评价 | 教师评价 |
| | | | | |

**简答题**

1. 冷却水系统有哪些特点？
2. 简述牵引电机冷却系统的作用原理。
3. 简述 HXN₅ 型内燃机车辅助系统的组成。

# 模块 4

# 机车空气管路系统

机车空气管路系统也称风力系统,是机车的重要组成部分之一。

韶山系列电力机车空气管路系统按其功能可划分为风源系统、控制管路系统、辅助管路系统和制动机管路系统四大部分。和谐型电力机车空气系统按工作原理分为风源系统、辅助管路系统、制动机系统、防滑系统四大部分。其中制动机管路系统是机车压缩空气用量最大,结构原理较为复杂的系统,在本模块的学习中将不作过多介绍。本模块主要介绍 $SS_4$ 改型电力机车风源系统、控制管路系统和辅助管路系统;$HXD_{3C}$ 型电力机车的风源系统、辅助管路系统;$DF_{4B}$ 型和 $HXN_5$ 型内燃机车的风源系统。

## 任务 4.1　机车风源系统

### 📖 布置任务

1. 了解 $SS_4$ 改型和 $HXD_{3C}$ 型电力机车风源系统的组成;
2. 掌握 $SS_4$ 改型和 $HXD_{3C}$ 型电力机车风源系统的工作原理;
3. 掌握 $DF_{4B}$ 和 $HXN_5$ 型内燃机车风源系统的组成。

### 📖 相关资料

### 4.1.1　$SS_4$ 改型电力机车风源系统

机车风源系统可分为压缩空气的生产、压缩空气的控制、压缩空气的净化处理、压缩空气的储存以及总风的重联 5 个环节。机车风源系统的作用是向全车各空气管路系统提供所需的高质量、清洁、干燥和稳定的压缩空气。由于 $SS_4$ 改型电力机车由两节完全相同的机车组成,每节机车均设置了一套完整的空气管路系统,因此既可以单独运用,也可以通过重联环节实现两节或多台机车空气管路系统的重联。

#### 1. $SS_4$ 改型电力机车风源系统的组成

机车风源系统由空气压缩机组、空气干燥器、压力控制器、总风缸止回阀、逆流止回阀、高压安全阀、启动放风电空阀,以及总风缸软管连接器、总风折角塞门、排水阀塞门、连接钢管等组成。$SS_4$ 改型电力机车风源系统原理如图 4-1-1 所示。

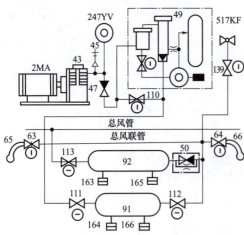

43—空气压缩机；45—高压空气阀；47—止回阀；49—空气干燥器；50—逆流止回阀；63、64—总风折角塞门；65、66—总风软管连接器；91—第一总风缸；92—第二总风缸；110、111、112、113、139—塞门；163～166—排水阀；247YV—起动放风电空阀；517KF—压力控制器；2MA—压缩机电动机

图 4-1-1　SS₄改型电力机车风源系统原理

## 2. SS₄改型电力机车风源系统的工作原理

### 1）压缩空气的制备

每节 SS₄改型电力机车的压缩空气，由一台 VF—3/9 型空气压缩机来产生，产气量为 3 m³/min。该压缩机为 4 缸 V 形排列两级压缩活塞式压缩机。由一台功率为 37 kW 的三相交流电机 2MA 驱动。正常工作时，润滑油压力应大于 250 kPa 且不超过 300 kPa，在运行中如果压缩机出现故障，另一节机车上的压缩机组可继续维持运行。

### 2）压缩空气的净化

压缩空气储存在总风缸之前必须经过净化处理，将压缩空气中的油水、杂质、尘埃去掉。压缩空气的净化处理由空气处理量为 3～5 m³/min 的 DJKG-A 型空气干燥器来完成。空气压缩机机组生产的压缩空气先经过一段较长的冷却管冷却后进入干燥器，在干燥器的滤清筒、干燥筒内进行干燥净化处理后，送入总风缸 91、92 内储存。

### 3）压缩空气的储存

净化、干燥处理后的压缩空气进入两个串联的总风缸 91、92 内储存。第一总风缸 91 容积为 290 L，第二总风缸 92 容积为 612 L。机车入库后应关闭 111、113 塞门以保存总风缸内压缩空气，供下次升弓、合闸使用。同时在使用中应定期打开总风缸排水阀 163～166，检查和排除总风缸内的积水。

### 4）空气的压力调整控制

为了保证安全和将具有稳定压力的压缩空气供给各个系统工作使用，必须使总风缸的压力空气保持在一个规定的范围之内。风源系统由压力控制器来自动控制空气压缩机电路的闭合和断开，通过控制空气压缩机的工作来调节总风缸内空气压力，使其保持在一定范围（750～900 kPa）之内。SS₄改型电力机车由 YWK-50-C 型压力控制器对压力空气进行调整。

### 5）总风的重联

为适应铁路运输的高速和重载要求，SS₄改型电力机车设置了重联功能，经过干燥、净化处理后的压力空气进入第一总风缸 91 后，一路经逆流止回阀进入第二总风缸供本节机车使用；另一路经总风联管、总风折角塞门、总风软管连接器等总风重联装置进入另一台重联机车，使得所有重联机车的总风缸相通。当一台机车空气压缩机组出现故障后，可由另一台机车通过总风重联装置提供压力空气。

当重联在一起的两节机车或其他重联机车之间断钩分离后，第一总风缸内的压缩空气将很快随拉断的总风软管连接器排入大气，第二总风缸内的压缩空气由于逆流止回阀的单向作用将缓慢沿逆流小孔排入大气，保证分离机车制动所需的压力空气。同时逆流止回阀又能保证所有重联在一起的机车总风缸内压缩空气压力一致，而不会由于各机车用风量不同造成总风缸内压缩空气压力不一致。

## 4.1.2　HXD$_{3C}$型电力机车风源系统

### 1. HXD$_{3C}$型电力机车风源系统组成

机车风源系统负责生产并提供全列车气动器械及机车、列车制动机所需要的高质量的清洁、干燥和稳定的压缩空气。HXD$_{3C}$型电力机车风源系统如图 4-1-2 所示，HXD$_{3C}$型电力机车风源系统代号与名称如表 4-1-1 所示。

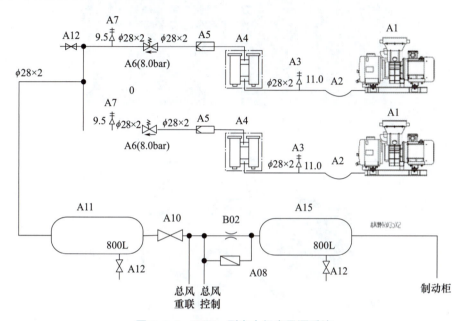

图 4-1-2　HXD$_{3C}$型电力机车风源系统

表 4-1-1　HXD$_{3C}$型电力机车风源系统代号与名称

| 代号 | 名称 | 代号 | 名称 |
|---|---|---|---|
| A1 | 空气压缩机组 | A8 | 单向阀 |
| A2 | 软管 | A10 | 截断塞门 |
| A3 | 安全阀 | A11 | 第一总风缸 |
| A4 | 双塔干燥器 | A12 | 排水塞门 |
| A5 | 微油过滤器 | A15 | 第二总风缸 |
| A6 | 最小压力阀 | B02 | 限流缩堵 |
| A7 | 安全阀 | | |

### 2. HXD$_{3C}$型电力机车风源系统的工作原理

1）空气压缩机组（A1）

HXD$_{3C}$型电力机车采用两台螺杆式空气压缩机组作为系统风源，排风量每台不小于 2 400 L/min，如图 4-1-3 所示。

此压缩机组驱动电机为三相交流异步电动机，具有温度、压力控制装置，可以实现无负荷启动。冷却器排风口向下，以满足机械间的独立通风要求。空气压缩机组的开停状态由总风压力开关进行自动控制，也可以通过手动按钮强行控制开停。空气压缩机组结构组成及技术参数如图 4-1-4 和表 4-1-2 所示。

（a）机械间Ⅰ端风源

（b）机械间Ⅱ端风源

图 4-1-3　HXD$_{3C}$ 型电力机车系统风源

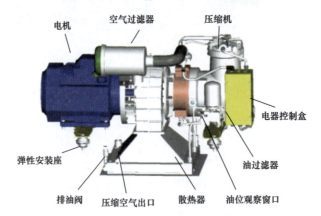

图 4-1-4　空气压缩机组结构组成

表 4-1-2　空气压缩机组技术参数

| 型号 | SL22-66 | TSA-230AVI-II | BT-2.6/10AD3 |
|---|---|---|---|
| 排风量/（L/min） | 2 750 | 2 400 | 2 600 |
| 工作压力/bar | 10 | 10 | 10 |
| 转速/（r/min） | 2 920 | 2 955 | 2 940 |
| 工作温度/℃ | −40～+50 | −40～+50 | −40～+50 |
| 润滑油型号 | ANDEROL 3057M | ANDEROL 3057M | ANDEROL 3057M |
| 油量/L | 6～7 | 7.9 | 7 |
| 工作电压/V | 380 | 380 | 380 |
| 频率/Hz | 50 | 50 | 50 |
| 控制电压/V | 110 | 110 | 110 |
| 防护等级 | IP55 | IP55 | IP55 |
| 外形尺寸（$L \times W \times H$）/mm | 1 346×563×838 | 1 305×685×875 | 1 305×685×890 |
| 安装尺寸/mm | 809×460 | 809×460 | 809×460 |
| 安装螺栓/mm | M16×130 | M16×120 | M16×110 |

| 型号 | SL22-66 | TSA-230AVI-II | BT-2.6/10AD3 |
|---|---|---|---|
| 排气含油率/$10^{-6}$ | ≤5 | ≤5 | ≤5 |
| 管路接口 | G1 | G1 | G1 |
| 重量/kg | 395（1±3）% | 420（1±3）% | 430（1±3）% |
| 机组噪声/dB（A） | ≤102 | ≤102 | ≤102 |

　　$HXD_{3C}$型电力机车压缩机具有间歇工作和延时工作两种模式。设有两个空气压力调节器，控制空气压缩机的启停动作。

　　（1）间歇工作制，启停压力如表 4-1-3 所示。

表 4-1-3　间歇工作制，启停压力

| 序号 | 启动压力 | 启动台数 | 位置 | 控制开关 | 停止压力 |
|---|---|---|---|---|---|
| 1 | 680 kPa<$P$<750 kPa | 1 | 远离操作端 | P50.72 | 900 kPa |
| 2 | $P$<680 kPa | 2 | 两端 | P50.75 | 900 kPa |

注：$P$——总风缸压力。

　　（2）延时工作制，启停压力如表 4-1-4 所示。

表 4-1-4　延时工作制，启停压力

| 序号 | 启动压力 | 启动台数 | 位置 | 控制开关 | 停止压力 |
|---|---|---|---|---|---|
| 1 | 680 kPa≤$P$<750 kPa | 1 | 远离操作端 | P50.72 | 900 kPa |
| 2 | $P$<680 kPa | 2 | 两端 | P50.75 | 900 kPa |

　　（3）间歇、延时工作制的转换如表 4-1-5 所示。

表 4-1-5　间歇、延时工作制的转换

| 序号 | 转换模式 | 转换时压力 | 执行过程 |
|---|---|---|---|
| 1 | 间歇→延时 | $P$<750 kPa | 压力至 900 kPa 后，进入延时模式 |
| 2 | 间歇→延时 | $P$≥750 kPa | 压缩机先不启动，压力低于 750 kPa 启动，压力至 900 kPa 后，进入延时模式 |
| 3 | 延时→间歇 | $P$<750 kPa | 压力至 900 kPa 后停止工作，进入间歇模式 |
| 4 | 延时→间歇 | $P$≥750 kPa | 压缩机不工作，进入间歇模式 |

注：加载——压缩机释放压力空气；

　　空载——压缩机工作但不释放压力空气；

　　空载计时——单次空载运转时间超过 20 min，该机组停止运行；空载计时内，压缩机进入加载工作，其空载计时清零。

　　2）空气干燥器（A4）

　　配套使用两个双塔式空气干燥器，如图 4-1-5 所示，为双塔无热、再生吸附式干燥器。每个压缩机组配备一个干燥器，用来过滤压缩空气中的水及水蒸气。其双塔干燥器的空气处理量为每台不小于 2.4 $m^3$/min。

　　无热吸附式双塔干燥器的再生和吸附工作在两个塔中同时进行，当压缩空气在一个塔内通过干燥剂进行干燥时，另一个塔内的干燥剂被干燥的空气吹扫进行再生处理。两个工作塔交替作为干燥塔和再生塔进行，如图 4-1-6 所示。

图 4-1-5　双塔式空气干燥器

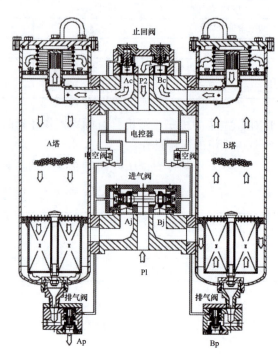

图 4-1-6　空气干燥器工作示意图

其中塔 B（右）在干燥阶段，塔 A（左）在再生阶段。电空阀（左）得电工作。排气阀（左）打开，进气阀（Aj）关闭。由于电空阀（右）失电，排气阀（右）关闭，进气阀（Bj）打开。压缩空气经 P1 口和打开的进气阀（Bj），在油分离器里进行旋转，在离心力作用下将油和水滴甩向油分离器的内壁后收集到排气阀（右）。压缩空气随后通过干燥剂，压缩空气中的水及水蒸气被吸收，使干燥器出口压缩空气的相对湿度小于 35%。压缩空气通过出气止回阀（BC）和 P2 口从干燥器排出之前，部分干燥的压缩空气通过再生节流孔，进入再生塔（A 塔），带走干燥剂表面的液态水后从排气阀（左）排放到大气，再生塔中的干燥剂得到干燥。电空阀（左）在半个工作周期（90 s）前 18 s 失电，排气阀（左）关闭，进气阀（Aj）开放。控制管路中压缩空气通过电空阀排放到大气。通过节流孔，再生塔（A 塔）中空气压力将增加到与干燥塔（B 塔）相同的空气压力。半个周期时（90 s），原干燥塔变为再生塔，原再生塔变为干燥塔。电空阀（右）得电，排气阀（右）开放，进气阀（左）开放。

当压缩机停止工作，干燥器也同时停止工作。干燥器的两个电空阀都失电，控制管路被排空，排气阀两侧均关闭，进气阀停留在干燥器停止工作时的位置。

3）总风缸（A11、A15）

机车使用两个 800 L 的总风缸直立安装在机械间内作为储风设备，设计压力为 1.0 MPa，风缸材质为 16MnDR。风缸缸体采用 6 mm 厚的钢板按直径 750 mm 卷制后焊接，缸头采用 7 mm 厚钢板热压成碟形封头。

4）高压安全阀（A3、A7）

在干燥器前后各有一个高压安全阀，A3 高压安全阀的开启压力为 11 bar，A7 高压安全阀的开启压力为 9.5 bar，以确保机车空气系统的安全。

**5）总风低压保护开关（P50.74）**

当总风压力低于（500±20）kPa 时，P50.74 开关动作，机车牵引封锁，动力制动仍可投入，确保机车内保留能够安全停车用的压缩空气。

**6）微油过滤器（A5）**

对通过干燥器后的压缩空气进行油污处理，保证通过微油过滤器后的压缩空气满足 ISO8573 油 2 级要求。该过滤器需进行定期排污处理。

**7）低压维持阀（A6）**

保证干燥器内部快速建立起压力，使干燥器可以进行再生、干燥工作，开通压力为 6 bar。同时对两台干燥器间通道进行隔离。

**8）截断塞门（A10）**

截断塞门（A10）用于机车无火回送操作。当机车进行无火操作时关闭该塞门，机车只有第二总风缸投入运用，保证机车快速进入无火行车状态。

## 4.1.3　DF$_{4B}$型内燃机车风源系统

风源系统的主要功能是及时给列车空气制动系统提供足够的、符合规定压力的、高质量的压缩空气，同时也给机车撒砂系统、自动控制系统和其他辅助用风装置提供压缩空气。DF$_{4B}$型内燃机车风源系统包括空气压缩机机组、总风缸、止回阀、油水分离器、安全阀、空气压缩机调压器及无负荷启动电磁阀、空气净化装置等。风源系统管路如图 4-1-7 所示。

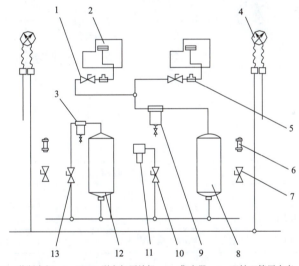

1、7、10、13—截断塞门；2—NPT5 型空气压缩机；3—集尘器；4—双针双管压力表；5—止回阀；
6—NT2 高压保安阀；8—第一总风缸；9—NT1 油水分离器；11—704 调压器；12—第二总风缸

图 4-1-7　风源系统管路

DF$_{4B}$型内燃机车上采用两组空气压缩机组。一般型号为 NPTS 型空气压缩机。NPT5 型空气压缩机为直流 110 V 电动机驱动。在额定转速为 1 000 r/min 时，供风量为 2 400 L/min，风压为 0.65～0.9 MPa。其压出的压缩空气，除供 JZ-7 型空气制动机系统应用外，还供给机车自动控制系统和撒砂系统应用。

两组空气压缩机（简称空压机）所产生的压力空气，经止回阀、油水分离器、干燥装置进入总风缸。单个总风缸容量为 625 L，总共 1 250 L。为了防止压力空气的倒流和清除压缩空气中的油、水，在总风缸管路上装有止回阀及油水分离器。

### 4.1.4 HXN₅型内燃机车风源系统

风源系统是机车空气管路与制动系统的基础，向机车和车辆制动系统及辅助用风系统装置提供洁净、干燥、稳定的压缩空气。$HXN_5$ 型内燃机车风源系统由空气压缩机组、空气干燥器、压力传感器、后冷却装置、总风缸、自动排水阀、安全阀、单向阀及后置空气精滤器等组成，风源系统原理如图 4-1-8 所示。

$HXN_5$ 型内燃机车装用两台 WLGC9B 型额定流量为 2.8 m/min 的螺杆式空气压缩机为机车提供风源，每台空压机采用一台交流电动机驱动，采用风冷方式。机车总风缸总容量为 940～1 000 L，总风缸安装在车底架下部，共设有两个总风缸；每个风缸均装有排水阀，排水阀有加热和消音装置。空气干燥器安装在第一总风缸与第二总风缸中间，能有效地清除压缩空气中水、尘埃等杂质，该空气干燥器处理能力为 5.6 m²/min。

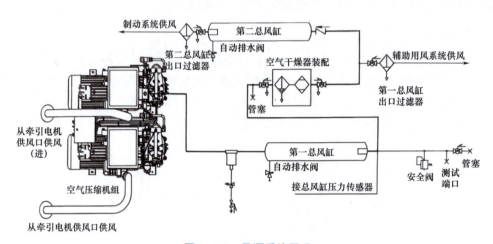

图 4-1-8　风源系统原理

学习工作单与考核表

| 任　　务 | 机车风源系统 | | | | |
|---|---|---|---|---|---|
| 学习小组 | | | 姓名 | | |
| 学习工作任务 | | 学习工作完成评价 | | | |
| 学习工作 1：了解 SS₄ 改型和 HXD₃c 型电力机车风源系统的组成 | | 自我评价 | | 小组评价 | 教师评价 |
| 学习工作 2：掌握 SS₄ 改型和 HXD₃c 型电力机车风源系统的工作原理 | | 自我评价 | | 小组评价 | 教师评价 |
| 学习工作 3：掌握 DF₄B 和 HXN₅ 型内燃机车风源系统的组成 | | 自我评价 | | 小组评价 | 教师评价 |

## 自测题

### 一、填空题

1. 韶山系列电力机车的空气管路系统包括风源系统、（　　）系统、辅助管路系统和制动管路系统四大部分。

2. 风源系统是负责生产、储备、调节控制压缩空气，并向全车各气路系统提供所需的高质量、洁净、干燥和稳定的（　　　　）的系统。

3. $HXD_{3C}$ 型电力机车设有两台（　　　）式空气压缩机。

4. $HXD_{3C}$ 型电力机车运行中仅使用远离（　　　）的 1 台即可满足正常用风需求。

5. $HXN_5$ 型内燃机车装用两台 WLGC9B 型额定流量为 2.8 m/min 的螺杆式空气压缩机为机车提供风源，每台空压机采用一台交流电动机驱动，采用（　　　）冷却方式。

6. $DF_{4B}$ 型内燃机车为了防止压力空气的倒流和清除压缩空气中的油、水，在总风缸管路上装有止回阀及（　　　）。

### 二、简答题

1. $SS_4$ 改型电力机车风源系统主要由哪些部件组成？
2. $HXD_{3C}$ 型电力机车风源系统主要由哪些部件组成？
3. $HXN_5$ 型内燃机车风源系统主要由哪些部件组成？
4. 简述 $HXD_{3C}$ 型电力机车风源系统的工作原理。

# 任务 4.2　$SS_4$ 改型电力机车控制管路系统及辅助管路系统

## 布置任务

1. 了解 $SS_4$ 改型电力机车控制管路系统及辅助管路系统的组成；
2. 能够熟练掌握 $SS_4$ 改型电力机车控制管路系统的工作原理；
3. 掌握 $SS_4$ 改型电力机车辅助管路系统的工作原理。

## 相关资料

### 4.2.1　$SS_4$ 改型电力机车控制管路系统

$SS_4$ 改型电力机车控制管路系统由受电弓、升弓电空阀、主断路器、门联锁阀、辅助压缩机、膜板塞门、控制风缸、压力传感器组成，如图 4-2-1 所示。

#### 1. 受控电气设备

$SS_4$ 改型电力机车控制管路系统主要向下列设备提供压缩空气。

（1）主断路器：主断路器的分合闸动作由压缩空气控制。

（2）受电弓：受电弓的升起和保持状态，需要压缩空气来完成。

（3）门联锁阀：在受电弓升起时，依靠压缩空气用门联锁阀把各带有高压电的机器间门插住。以防乘务人员误进，发生危险。

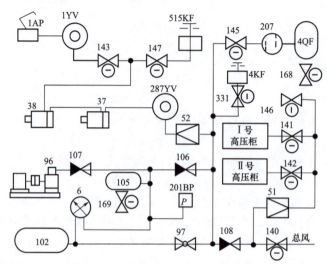

1AP—受电弓；1YV—升弓电空阀；4QF—主断路器；6—双针风表；37、38—门联锁阀；51、52—调压阀；96—辅助压缩机；97—膜板塞门；102—控制风缸；105—辅助风缸；106、107、108—止回阀；140、141、142、143、145、146、147—塞门；168、169—排水塞门；207—分水滤气器；287YV—保护电空阀；515KF—风压继电器；201BP—压力传感器；4KF—风压继电器；331—塞门；

注：4KF 与 331 只在部分机车上安装使用。

图 4-2-1　SS₄ 改型电力机车控制管路系统

（4）高压电器柜：向高压柜中的转换开关，电空接触器等提供压缩空气，以实现正常转换。

**2. 控制管路系统的工作原理**

SS₄ 改型电力机车控制管路系统分为下列 3 种工作状况。

1）正常运用时的总风缸供风

机车正常运用时，由总风缸向控制管路系统供风，工作通路如下。

机车总风缸压缩空气经塞门 140，一路经调压阀 51 将总风压力调至 500 kPa 后，经塞门 141、142 供给 Ⅰ、Ⅱ号高压柜各风动电器，并经塞门 146 供给机车吹扫用风；另一路经止回阀 108 分 4 路：一路经止回阀 106 截止；一路经膜板塞门 97 进入控制风缸 102 内储存；一路经塞门 145 经 207 再次净化后向主断路器 4QF 风缸供风，第四路经调压阀 52 调整至 500 kPa，再经保护电空阀 287YV 和门联锁阀 37、38，再经塞门 143 进入升弓电空阀 1YV，在电空阀得电后，进入受电弓气缸 1AP，使受电弓升起。

控制风缸 102 的设置是为了稳定控制管路系统内的风压，防止分合闸时引起压力变动。

在机车停放前，应将控制风缸内压缩空气充至大于 900 kPa，然后关闭膜板塞门 97，以备再次使用时的升弓、合闸操作。

止回阀 108、107、106 是为了防止控制系统压缩空气逆流，同时代替换向阀实现风源转换而设置。

2）库停后的控制风缸供风

机车停放后，重新投入使用时，如果总风缸内风压因泄漏而已低于主断路器分合闸所需最低工作压力 450 kPa，而控制风缸 102 内储存风压大于 700 kPa（供参考），可打开膜板塞门 97，利用控制风缸 102 内储存的压缩空气进行升弓及合闸操作。升弓、合闸后，应立即起动压缩机组打风，尽快恢复正常运行工况，由总风缸供风。

控制风缸 102 内储存的压缩空气，经开放的膜板塞门 97 后分为四路：一路被止回阀 108 截止，不能进入总风缸；一路被止回阀 106 截止，不能进入辅助风缸；另一路经塞门 145、分水滤气器 207 进入主断路器 4QF 风缸，供机车分、合闸使用；最后一路经调压阀 52、保护电空阀 287YV，与前面所述相同。

### 3）库停后的辅助压缩机供风

机车库停放后，再次投入使用时，如果总风缸与控制风缸的风压均低于主断路器合闸所需的最低工作压力 450 kPa，则需要起动辅助压缩机组打风进行升弓及合闸操作。

辅助压缩机由机车蓄电池供电，直流电动机驱动。为了减轻辅助压缩机 96 的工作负担，应在起动辅助压缩机组前，关闭膜板塞门 97，切除控制风缸 102。当辅助压缩机打风使辅助风缸 105 内压力大于 600 kP 时，可边打风边升弓、合闸。完毕后，应立即起动主压缩机组打风，在总风缸压力大于 450 kPa 后，停止辅助压缩机工作。

辅助压缩机 96 产生的压缩空气首先经止回阀 107 后，一路进入辅助风缸 105，辅助风缸内的风压可以通过空气管路柜上的双针风表 6 显示，同时也可以通过压力传感器 201BP 和司机室内电测压力表 21SP 显示。另一路再经止回阀 106 后，一路被止回阀 108 截止；一路被关闭的膜板塞门 97 截止；另一路经塞门 145 进入主断路器 4QF 风缸，最后一路经调压阀 52进入升弓通路，去往受电弓。

辅助风缸在此工况下，一方面起稳定、存储压缩空气的作用，另一方面对辅助压缩机产生的压缩空气进行冷却，故每次使用辅助压缩机后，应打开辅助风缸下方排水塞门 169 排放积水。

在操作中应注意关闭辅助压缩机的时机，在主压缩机组打风，总风缸压力低于 450 kPa 时，不可停止辅助压缩机工作，否则将使已经升起的受电弓降下，主断路器跳闸。另外，由于两节机车辅助压缩机技术指标的差异，且管路的泄漏量不同，使用中打风速度不一致。在运用中应注意时刻观察，以防止其中一节机车辅助风缸压力超高。

### 3. 保护电空阀和门联锁电空阀

在机车受电弓升起时，为了保证与高压区的隔离，在升弓通路中设置了保护电空阀和门联锁阀。起到联锁保护作用。门联锁阀和保护电空阀配合工作原理如图 4-2-2 所示。

压缩空气由风缸经保护电空阀送到门联锁阀，由于保护电空阀是一个闭式电空阀，其线圈由交直流同时供电，只要线圈有

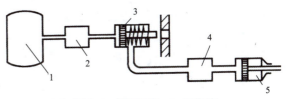

1—风缸；2—保护电空阀；3—门联锁阀；
4—升弓电空阀；5—升弓风缸

图 4-2-2　门联锁阀和保护电空阀配合工作原理

电（无论交流还是直流）就能保持开启状态，保证门联锁阀的压缩空气供给。这样，门联锁阀在风压下紧紧地插好插销，变压室和高压室的门就不会打开。同时开启了压缩空气去升弓电空阀的通路，此时司机按下升弓按钮，升弓电空阀线圈有电，升弓电空阀开启，压缩空气即进入升弓风缸，受电弓升起。机车在受电弓升状态由于保护电空阀线圈的交流线圈通过零压保护整流器整流，使电空阀始终处于得电状态，使门联锁阀通路保持闭锁状态，从而保证了高压室和变压室门不能打开，防止乘务人员误入，确保了人身安全。

SS₄ 型电力机车的高压柜和变压器室的门开关需人为地转动门联锁杆，当 37、38 门联锁阀充风动作时，门联锁杆无法转动，高压柜和变压器室的门打不开。当 37、38 门联锁阀排风返回时，门联锁杆可以转动，高压柜和变压器室的门可以打开。门联锁阀和门联锁杆如图 4-2-3 所示。

门联锁杆

门联锁阀

图 4-2-3　门联锁阀和门联锁杆

## 4.2.2　辅助管路系统

辅助管路系统可改善机车运行条件，确保行车安全。它由撒砂器、风喇叭及刮雨器等辅助装置以及辅助装置的控制部件组成。图 4-2-4 所示为 SS$_4$ 改型电力机车单节机车辅助管路系统。由图可见，各辅助装置直接使用总风缸压缩空气，各辅助装置前均设有塞门。在某个辅助装置发生故障时，可将相应塞门关闭，切断风源。

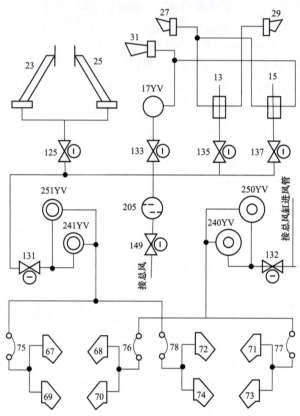

13、15—手动喇叭控制阀；17YV—喇叭电空阀；23、25—刮雨器；27、29—高音喇叭；31—低音喇叭；
75、76、77、78—撒砂连接软管；67、68、69、70、71、72、73、74—撒砂器；125、131、132、133、135、137、149—塞门；
205—分水滤气器；240YV、241YV、250YV、251YV—撒砂电空阀

图 4-2-4　SS$_4$ 改型电力机车单节机车辅助管路系统

### 1. 风喇叭

风喇叭（风笛）是机车运行中发出警告和进行联络的必备设施。SS$_4$ 型电力机车单节机车共设置了 3 个风喇叭，分别为向前高音喇叭 27、向后高音喇叭 29、向前低音喇叭 31。它们安装在司机室顶盖左右两侧，分别由正、副司机台上的手动喇叭控制阀 13、15，以及正司机台面下的脚踏开关 33SA 控制。高低音风喇叭的结构基本相同，不同的是高音喇叭比低音喇叭的喇叭筒短一些，因此它们发出的声音频率不同。

当正司机台手动喇叭控制阀 13 向前推时，向前高音喇叭 27 发出声音；向后拉时，向后高音喇叭 29 发出声音。同样，副司机台手动喇叭控制阀 15 向前推时，向前高音喇叭 27 发出声音；向后拉时，向前低音喇叭 31 发出声音。如果踏下脚踏开关 33SA，喇叭电空阀 17YV 电源接通，总风经电空阀 17YV 下阀口进入低音喇叭 31，向前低音喇叭 31 发出声音。

#### 2. 刮雨器

刮雨器是为了刮去司机室前窗玻璃上的雨、雪、水珠，便于司机瞭望，确保行车安全而设置的。在司机室两侧前窗各装有一套风动双杆刮雨器 23 和 25。通过调节进气阀口的供气量大小，从而起动或停止刮雨器的摆动，同时也能调节刮雨器雨刷的摆动速度。

#### 3. 撒砂装置

撒砂装置是为向轨面撒砂，增加轮轨间的黏着力，改善机车牵引和制动性能而设置。SS$_4$改型电力机车每台转向架前、后轮对外侧都装有砂箱和撒砂器，每节机车共有 8 个砂箱和撒砂器 67～74。

撒砂装置主要由撒砂器、砂箱和司机室控制的撒砂阀组成。SS$_4$ 改型电力机车采用脚踏开关替代脚踏阀控制撒砂。

撒砂装置不仅能受司机的控制，也能与制动机、防空转滑行及断钩保护装置配合作用。司机踩下脚踏开关 35SA 或空转滑行，断钩保护及大闸紧急制动时，通过相关电路，使撒砂Ⅰ电空阀 251YV、241YV 或撒砂Ⅱ电空阀 250YV、240YV 得电，总风缸内压缩空气通过电空下阀口到达与机车运行方向一致的撒砂器，将砂子吹撒到轨面。SS$_4$ 改型电力机车通过有关导线的重联，可以向非操纵节机车、重联机车的撒砂器送风。

学习工作单与考核表

| 任　务 | 机车风源系统 | | | |
|---|---|---|---|---|
| 学习小组 | | | 姓名 | |
| 学习工作任务 | 学习工作完成评价 | | | |
| 学习工作 1：了解 SS$_4$ 改型电力机车控制管路系统及辅助管路系统的组成 | 自我评价 | 小组评价 | 教师评价 | |
| 学习工作 2：能够熟练识读 SS$_4$ 改型电力机车控制管路系统的工作原理 | 自我评价 | 小组评价 | 教师评价 | |
| 学习工作 3：掌握 SS$_4$ 改型电力机车辅助管路系统的工作原理 | 自我评价 | 小组评价 | 教师评价 | |

# 自 测 题

## 一、填空题

1. SS$_4$ 改型电力机车控制管路系统主要向（　　　　）、受电弓、门联锁阀和高压电器柜等设备提供压缩空气。

2. SS$_4$ 改型电力机车在受电弓升起时，为了保证与高压区的隔离，在升弓通路中设置了保护电空阀和（　　　　）。

3. SS$_4$ 改型电力机车为了减轻辅助压缩机 96 的工作负担，应在起动辅助压缩机组前，关闭膜板塞门 97，切除（　　　　）。

4. SS$_4$ 改型电力机车控制管路系统中，除主断路器外，其余设备工作风压需经调压阀调压至（　　　　）kPa。

5. SS$_4$ 改型电力机车（　　　　）设置是为了在分合闸操作引起压力波动时，稳定管路系统内的风压。

### 二、简答题

1. SS$_4$ 改型电力机车控制管路系统向哪些电气设备提供压缩空气？
2. 试述 SS$_4$ 改型电力机车撒砂装置的作用、设置情况。
3. 简述 SS$_4$ 改型电力机车辅助管路系统的组成。
4. SS$_4$ 改型电力机车正常运行时的受电弓和主断路器的供风气路是怎样的？

# 任务 4.3　HXD$_{3C}$ 型电力机车辅助管路系统

### 布置任务

1. 了解 HXD$_{3C}$ 型电力机车辅助管路系统的组成；
2. 掌握 HXD$_{3C}$ 型电力机车辅助管路系统中各个组成模块的作用；
3. 能够识读 HXD$_{3C}$ 型电力机车辅助管路系统的气路图。

### 相关资料

## 4.3.1　HXD$_{3C}$ 型电力机车辅助管路系统组成

HXD$_{3C}$ 型电力机车辅助管路系统可以改善机车的运行条件，确保机车安全，空气制动柜中辅助控制管路系统部分如图 4-3-1 所示。该系统包括升弓控制模块（U43），停放制动模块（B40），撒砂模块（F41），踏面清扫模块（B50），停放制动辅助控制模块（R30），轮缘润滑与鸣笛控制和辅助风源系统等部分。

图 4-3-1　空气制动柜中辅助控制管路系统部分

## 4.3.2　HXD$_{3C}$ 型电力机车辅助管路系统各个模块的作用

### 1. 升弓控制模块（U43）

升弓控制模块为受电弓和主断路器提供干燥、稳定的压缩空气，包括双逆止阀（.04）、安全阀（.06）、压力开关（.02）、机械压力表（.05）、过滤器（.03）、塞门（.13、.14）、缩堵（.11、.12）和测试接口（.09、.10），它和辅助压缩机（U80），辅助压缩机用干燥器（U82）、干燥风缸（U83）、压力开关（U84），升弓风缸（U76），以及升弓塞门（U98、U99）等部件共同工作。升弓模块气路原理如图 4-3-2 所示。

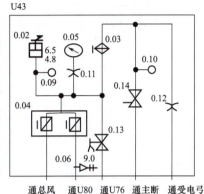

图 4-3-2　升弓模块气路原理

辅助压缩机（U80）如图 4-3-3 所示，其装设在制动屏柜上，工作时产生的压力空气经辅助干燥器进入升弓风缸，同时为受电弓和主断路器提供压缩空气。

辅助压缩机有人工控制和自动控制两种模式。

（1）初次升弓或进行升弓试验时采用人工控制方式，操作时需要操作者持续按下启动按钮，并观察升弓压力表的指示值，在满足升弓压力要求（700 kPa 以上）后松开按钮。

（2）当机车投入运用后采用自动控制方式，当升弓风缸压力低于 480 kPa（压力开关 U43.02 监测）时，闭合升弓扳钮，辅助压缩机自动投入工作；当升弓风缸压

图 4-3-3　辅助压缩机（U80）

力达到 735 kPa 时，辅助压缩机自动停止工作，此时断开升弓扳钮，再闭合一次，受电弓应升起。微机自动控制辅助压缩机运行时间不超过 10 min，如打风时间超过 10 min，须间隔 20 min 才能再次打风（可人工断开 QA51 和 QA45，解除时间控制）。

机车受电弓的供风通路分为库停后使用辅助压缩机供风和正常运行时总风供风两种情况，升弓气路原理如图 4-3-4 所示。

① 库停后使用辅助压缩机供风升弓通路。起动辅助压缩机（U80），压缩空气通过干燥器（U82），进入升弓模块，通过双逆止阀（.04）右侧的逆止阀后，压缩空气分为两路，其中一路经过塞门（.13）进入升弓风缸（U76），将压缩空气存储起来，另一路通过过滤器（.03），又将压缩空气分为两路，其中一路通过塞门（.14）为主断路器提供风源，另一路通过升弓塞门（U99、U98）进入升弓阀板为受电弓提供风源。当辅助空压机产生的压缩空气达到 735 kPa 后，电磁阀（U84）动作，自动切断辅助压缩机，同时干燥风缸（U83）中的干燥空气将干燥器中的水和油污排出。

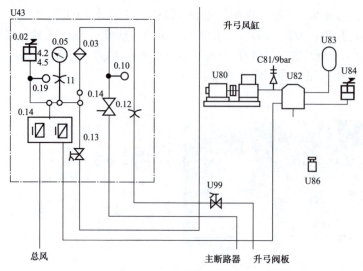

图 4-3-4　升弓气路原理

具体通路如下：

辅助压缩机（U80）→干燥器（U82）→双逆止阀（.04）

↗塞门（.13）→升弓风缸（U76）

↘过滤器（.03）→升弓塞门（U99）、升弓塞门（U98）→升弓阀板

　　　　　↘塞门（.14）→主断路器

② 正常运行时的总风缸供风通路。总风缸的压缩空气直接进入升弓模块，通过双逆止阀（.04）左侧的逆止阀后，压缩空气分为两路，其中一路经过塞门（.13）进入升弓风缸（U76），将压缩空气存储起来，另一路通过过滤器（.03），又将压缩空气分为两路，其中一路通过塞门（.14）为主断路器提供风源，另一路通过升弓塞门（U99、U98）进入升弓阀板为受电弓提供风源。

具体通路如下：

总风缸→双逆止阀（.04）

↗塞门（.13）→升弓风缸（U76）

↘过滤器（.03）→升弓塞门（U99）、升弓塞门（U98）→升弓阀板

　　　　　↘减压阀（.14）→主断路器

在机车退乘之前，应将升弓风缸内压缩空气充至 900 kPa，然后关闭塞门（U77），以备机车再次使用时进行升弓操纵。

**2. 弹簧停车制动装置控制模块（B40）**

此模块接收司机控制指令，从而控制机车走行部弹簧停车制动缸压力。当弹簧停车制动缸中的空气压力达到 480 kPa 以上时，弹簧停车制动装置缓解，允许机车牵引；机车第一、第六轴上安装有四个弹停装置，与机车制动缸共用制动夹钳作用在车轮制动盘上。机车停车后，将弹簧停车制动缸中的压力空气排空，弹簧停车装置动作，闸瓦压紧轮对，避免机车因重力或风力的原因溜车。

在发生供电故障的情况下，也可以使用脉冲电磁阀的手动装置对停放制动装置进行手动操作。在系统无风的情况下，可以使用停放制动单元的手动缓解装置（位于制动缸夹钳上）缓解停放制动。手动缓解后，不能再次实施停放制动。如果需要重新实施停放制动，必须使系统总风压力达到 450 kPa 以上，方可实施停放制动。

机车停车后按下操作台左侧"停放制动"按钮，可使停放制动脉冲电磁阀中的作用阀得电数秒，脉冲电磁阀处于作用位，停放制动风缸中的压力空气通过停放制动脉冲电磁阀排出，停放制动装置完全作用，机车微机联锁控制不允许机车加载。走车时按下操作台左侧"停放缓解"按钮，可使停放制动脉冲电磁阀中的缓解阀得电，脉冲电磁阀处于缓解位，总风或停放风缸的压缩空气将通过逆止阀、脉冲电磁阀、停放制动控制塞门（.06）进入走行部的停放制动风缸，当停放制动风缸中的压力高于 480 kPa 后，操作台上弹停指示灯灭，停放制动风缸完全缓解，允许机车加载。

　　（1）弹簧停车制动装置作用后，机车制动缸作用时的工作状态。

　　弹簧停车制动装置气路原理如图 4-3-5 所示。

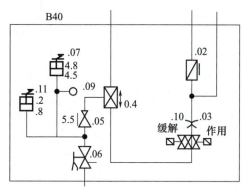

图 4-3-5　弹簧停车制动装置气路原理

　　机车停车后通过操作司机室弹停旋钮，可使弹停脉冲电磁阀（.03）中的作用阀得电，然后将弹簧停车制动缸中的压力空气通过弹停脉冲电磁阀（.03）排出，弹簧停车制动装置作用。

　　具体通路如下：

　　制动缸→变向阀（.04）→减压阀（.05）→停放制动塞门（.06）→走行部的停放制动风缸

　　制动缸风压进入弹停制动缸后，可以缓解部分弹簧压力，避免停车后或机车运行时制动缸产生的压力和弹停风缸产生的弹簧压力同时作用在制动盘上，造成制动盘的损伤。

　　注：当关闭停放制动塞门（.06）后，弹簧停车装置动作，如果要缓解弹停动作，必须在走行部的弹停风缸上进行手动缓解。

　　（2）弹簧停车制动缸缓解。

　　如果需要走车，通过操作司机室弹停旋钮，可使弹停脉冲电磁阀（.03）中的缓解阀得电，总风将通过上述通路进入走行部的弹簧停车制动缸，使得弹簧停车制动缸缓解。

　　具体通路如下：

　　总风缸→逆止阀（.02）↗停放风缸（A13）

　　　　　　　　　　　↘变向阀（.04）→脉冲电磁阀（.03）→减压阀（.05）→停放制动塞门（.06）→
　　　　　　走行部停放制动风缸

### 3. 停放制动辅助装置（R30）

　　停放制动辅助装置（R30）如图 4-3-6 所示。

　　停放制动辅助装置（R30）的作用是在机车总风缸（A11/A15）和停放风缸（A13）均无风压情况下，可用其他机车制动主管的压力来实现停放制动的快速缓解，不需要在走行部的停放制动风缸上进行手动缓解。该装置用于提高机务段的调车作业效率，减小劳动强度。具体通路如下：

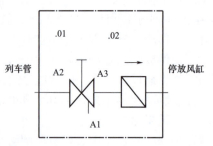

图 4-3-6 停放制动辅助装置（R30）

其他机车制动主管→截断塞门→逆止阀→停放风缸
　　　　　　　　　↘弹簧停车制动装置控制模块

本务机车缓解，通过制动主管可向机车停放风缸充风至定压，按压停放制动控制模块上的缓解电磁阀（B40.07 左侧），即可缓解全部停放制动。

### 4. 踏面清扫器控制模块（B50）

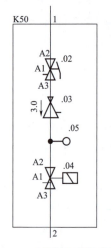

图 4-3-7 踏面清扫器控制模块
气路通路

踏面清扫器控制模块为机车走行部踏面清扫风缸提供风压。每个车轮的踏面清扫器配合制动单元的动作，清扫车轮圆周表面的杂物及油污，增加机车和钢轨的黏着系数。

踏面清扫器控制模块气路通路如图 4-3-7 所示，具体通路如下：

总风缸→踏面清扫塞门（.02）→清扫减压阀（.03）→清扫电磁阀（.04）→踏面清扫风缸

当制动缸压力高于 100 kPa 时，通过压力开关 K05 使得清扫电磁阀（.04）得电，总风通过上述通路进入踏面清扫风缸，踏面清扫器动作。

### 5. 撒砂控制模块（F41）

撒砂控制模块由撒砂塞门（.02），减压阀（.03），加热电磁阀（.04），撒砂电磁阀（.05），撒砂电磁阀（.06）等控制部件组成。机车设有八个砂箱和撒砂装置，每个走行部上面有四个砂箱，容积为 100 L/个，撒砂量可在 0.5～1 L/min 范围内调节。撒砂动作与司机脚踏开关、紧急制动、防空转、防滑行等功能配合使用，撒砂方向与机车实际运行方向一致。撒砂控制模块（F41）气路原理如图 4-3-8 所示。

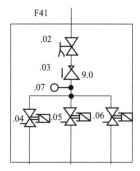

图 4-3-8 撒砂控制模块（F41）气路原理

具体通路如下：

总风缸→撒砂塞门（.02）→减压阀（.03）→加热电磁阀（.04）/撒砂电磁阀（.05）/撒砂电磁阀（.06）→砂箱

HXD$_{3C}$型电力机车撒砂装置具有砂子加热功能，加热装置在砂箱底和撒砂管喷嘴处。

### 6. 制动缸控制模块（警惕装置）（Z10）

接受机车监控系统的指令，当监控系统发出指令后，电磁阀（.36）得电动作，引起机车的紧急制动。机车制动缸控制塞门（.22）也在此模块中。制动缸控制气路原理如图 4-3-9 所示。

### 7. 轮缘润滑和鸣笛控制

轮缘润滑和鸣笛控制模块（Ⅰ端安装在微机柜背后，Ⅱ端安装在制动柜背后机车侧墙上）如图 4-3-10 所示。HXD$_{3C}$型电力机车采用油脂式轮缘润滑方式，通过电磁阀控制油脂的喷涂。机车两端均设有两个高音喇叭、一个低音喇叭，由电空阀控制，电空阀由司机操纵台面板上的喇叭按钮、操纵台下的喇叭脚踏开关分别控制。喇叭控制采用高、低音单独控制方式。

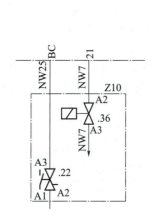

图 4-3-9  制动缸控制原理（F41）

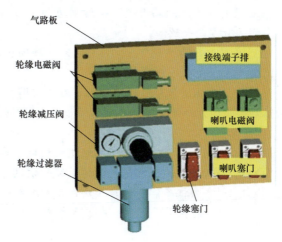

图 4-3-10  轮缘润滑和鸣笛控制模块

学习工作单与考核表

| 任 务 | HXD$_{3C}$型电力机车辅助管路系统 | | | |
|---|---|---|---|---|
| 学习小组 | | 姓名 | | |
| 学习工作任务 | 学习工作完成评价 | | | |
| 学习工作1：了解 HXD$_{3C}$型电力机车辅助管路系统的组成 | 自我评价 | 小组评价 | 教师评价 | |
| 学习工作2：掌握 HXD$_{3C}$型电力机车辅助管路系统中各个组成模块的作用 | 自我评价 | 小组评价 | 教师评价 | |
| 学习工作3：能够识读 HXD$_{3C}$型电力机车辅助管路系统的气路图 | 自我评价 | 小组评价 | 教师评价 | |

# 自测题

## 一、填空题

1. HXD<sub>3C</sub>型电力机车第1和第（　　）轴上安装有4个弹停装置。

2. HXD<sub>3C</sub>型电力机车，在机车退乘之前，应将升弓风缸内压缩空气充至（　　）Pa，然后关闭塞门U77，以备机车再次使用时的升弓操纵。

3. HXD<sub>3C</sub>型电力机车每个车轮的踏面清扫器配合制动单元的动作，清扫车轮圆周表面的杂物及油污，增加机车和钢轨的（　　）。

4. HXD<sub>3C</sub>型电力机车需要走车，通过操作司机室弹停旋钮，可使弹停脉冲电磁阀.03中的（　　）线圈得电，总风将通过上述通路进入走行部的弹簧停车制动缸，使得弹簧停车制动缸缓解。

5. 撒砂动作与司机脚踏开关、紧急制动、（　　）、防滑行等功能配合使用，撒砂方向与机车实际运行方向一致。

6. 当升弓风缸压力达到（　　）kPa时，辅助压缩机自动停止工作，此时断开升弓扳钮，再闭合一次，受电弓应升起。

7. （　　）风压进入弹停制动缸后，可以缓解部分弹簧压力，避免停车后或机车运行时制动缸产生的压力和弹停风缸产生的弹簧压力同时作用在制动盘上，造成制动盘的损伤。

## 二、简答题

1. HXD<sub>3C</sub>型电力机车辅助管路系统组成模块主要有哪些？

2. HXD<sub>3C</sub>型电力机车正常运行时的总风缸供风通路是怎样的？

3. HXD<sub>3C</sub>型电力机车弹簧停车模块制动缸缓解时的具体通路是怎样的？

4. 停放制动辅助装置（R30）模块的作用什么？

# 模块 5

# 机车转向架

转向架是电力机车的重要组成部分，其结构和性能对整台机车的运行速度、走行品质、安全性能起着决定性的作用。

## 任务 5.1　机车转向架概述

### 布置任务

1. 分析转向架的作用与分类；
2. 掌握转向架的组成结构特点；
3. 分析转向架力的传递过程。

### 相关资料

### 5.1.1　转向架的作用

传力：在轮轨接触点产生牵引力、制动力，并将其传给车钩。

承重：承担机车上部的重量，并把重量均匀分配给每个轮对。

转向：在钢轨的引导下，实现机车在线路上运行。

缓冲：缓和线路不平顺对机车的冲击，减少运行中的动作用力及其危害。

### 5.1.2　转向架的组成和分类

#### 1. 组成

转向架一般包括构架、轮对、轴箱、轴箱悬挂装置，牵引电动机及其悬挂、齿轮传动、基础制动装置等主要组成部分。各组成部分以构架为基础组装在一起，使转向架成为一个整体部件。

#### 2. 分类

按轴数分类，转向架可分为两轴转向架和三轴转向架。两轴转向架容易通过曲线，三轴转向架在平直线路上运行性能好，具体选择两轴转向架还是三轴转向架，应根据线路、机车功率、速度、轴重要求等因素综合确定。$SS_4$ 改型电力机车采用两轴转向架。

按传动方式分类，转向架可分为独立传动和组合传动两类。独立传动又叫单独传动或个别传动，每根轮轴有一台电机进行驱动，传动装置比较简单，运行可靠性也较好，是目前普遍采用的传动方式。组合传动又叫单电机传动，整台转向架只有一台电机，外形尺寸受转向架结构限制较小，能够增大电机功率，减轻转向架重量，降低制造成本，有利于机车黏着性能的改善。

### 5.1.3 DF₄型内燃机车转向架特点

DF₄型内燃机车转向架如图 5-1-1 所示。DF₄型内燃机车转向架主要由以下几部分组成。

（1）构架——转向架的骨架，承受和传递垂向力及水平力。

（2）弹簧装置——用来保证一定的轴荷分配，缓和线路不平顺对机车的冲击并保证机车垂向的运行平稳性。

（3）车架与转向架的连接装置——用以传递车体与转向架间的垂向力及水平力（包括纵向力如牵引力或制动力，横向力如通过曲线时的车体未平衡离心力等），使转向架在机车通过曲线时能相对于车体回转。在较高速度的机车上，车体与转向架间还设置横动装置，使车体在水平横向成为相对于转向架的簧上重量，提高机车在水平方向的运行平稳性。

（4）轮对和轴箱——轮对直接向钢轨传递机车重量，通过轮轨间的黏着产生牵引力或制动力，并通过轮对的回转实现机车在钢轨上的运行。轴箱是联系构架和轮对的活动关节，它除了保证轮对进行回转运动外，还能使轮对适应线路条件，相对于构架上、下、左、右，以及前、后活动。

（5）驱动机构——将机车动力装置的功率最后传递给轮对。电传动内燃机车的驱动机构，由减速齿轮箱等组成；液力传动内燃机的驱动机构，由万向轴、车轴齿轮箱等组成。

（6）基础制动装置——由制动缸传来的力，经杠杆系统增大若干倍后传给闸瓦，使其压紧车轮，对机车进行制动。

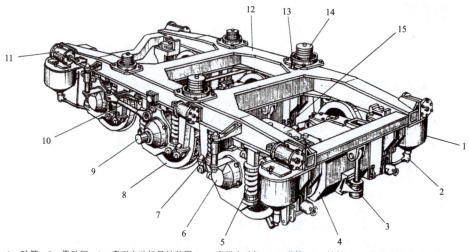

1—砂箱；2—撒砂阀；3—牵引电动机悬挂装置；4—牵引电动机；5—弹簧；6—轴箱；7—油压减振器；8—轮对；9—测速发电机；10—牵引杆装置；11—制动缸；12—构架；13—手制动装置提杆；14—旁承；15—齿轮罩

图 5-1-1　DF₄型内燃机车转向架

### 5.1.4 SS₄改型电力机车转向架特点

SS₄改型电力机车有 4 台相同的转向架，如图 5-1-2 所示。其特点如下。

（1）牵引力、制动力传递采用斜拉杆低位牵引方式。

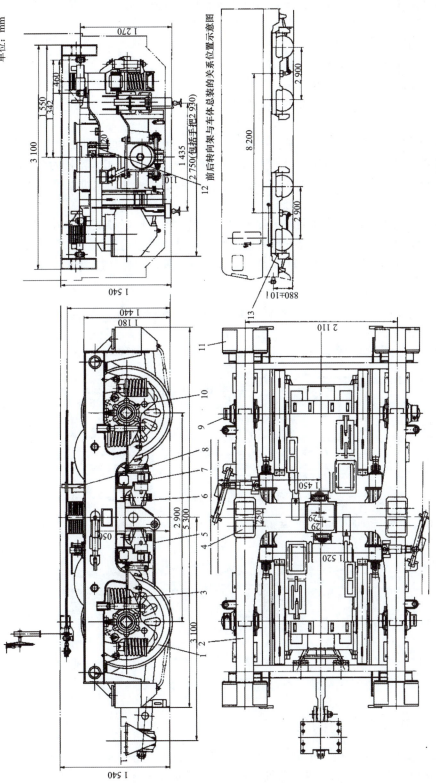

单位: mm

图 5-1-2　SS$_4$改型电力机车转向架

1—轮对电机驱动装置；2—构架；3—一系悬挂装置；4—二系悬挂装置；5—牵引装置；6—电机悬挂装置；7—基础制动装置；
8—手制动装置；9—防空转传感器；10—整体起吊连接装置；11—砂箱装置；12—限位装置；13—轮轨润滑装置

12　前后转向架与车体总装的关系位置示意图

（2）一系悬挂采用轴箱螺旋钢弹簧组与弹性拉杆定位的独立悬挂结构，并配置垂向油压减振器；二系悬挂采用全旁承橡胶堆加横向油压减振器和摩擦减振器的简单悬挂结构。

（3）轴箱采用能承受轴向力和径向力的圆柱滚子轴承。

（4）电机悬挂方式为刚性轴悬式。

（5）构架受力状态和结构合理，工艺性好。

（6）基础制动采用单边高摩合成闸瓦。

### 5.1.5　HXN₅型内燃机车转向架特点

HXN$_5$型内燃机车转向架主要实现牵引功能、支承和传递功能、直线和曲线导向功能、隔振和缓冲功能以及制动功能。HXN$_5$型内燃机车转向架轴列式为$C_0$—$C_0$，轮径为1 050 mm，轴距为2×1 850 mm，轴重为25 t，与车体采用三点支撑、中心销牵引，电机采用滚动抱轴悬挂。

单司机室HXN$_5$型内燃机车转向架为单独驱动的三根动轴、传统导框式轴箱定位、焊接构架、浮动中心销牵引的无摇枕转向架。转向架主要由轮对电机驱动装置、轴箱、构架、一系悬挂、二系悬挂、牵引装置、基础制动装置、轮缘润滑装置、附件（排障器、清扫器、撒砂装置）等组成，如图5-1-3所示。

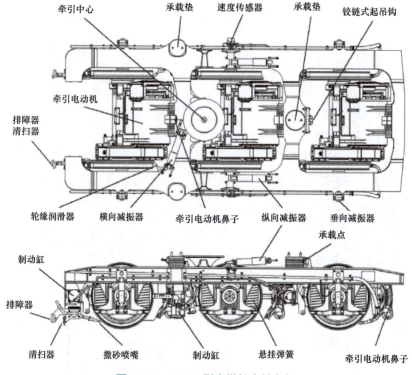

图 5-1-3　HXN₅型内燃机车转向架

### 5.1.6　HXD₃型电力机车转向架特点

HXD$_3$型电力机车是由大连机车车辆有限公司与日本东芝公司于2001年起合作研制的大功率交流传动货运电力机车。HXD$_3$型电力机车转向架结构如图5-1-4所示。

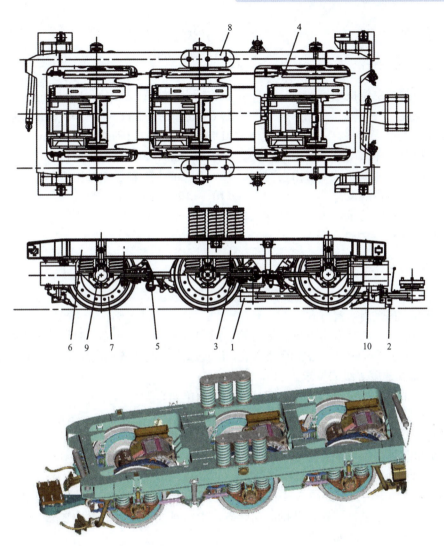

1—牵引装置；2—排石器装配；3—基础制动装置；4—轮缘润滑器；5—电动机悬挂装置；
6—构架装配；7—轮对装配；8—二系支承组成；9——系悬挂系统；10—砂箱装配

图 5-1-4　HXD₃型电力机车转向架结构

转向架主要技术参数如下。

| | |
|---|---|
| 轴式 | $C_0$—$C_0$ |
| 轴距 | 2 250 mm×2 000 mm |
| 轨距 | 1 435 mm |
| 构造速度 | 120 km/h |
| 轴重 | 23 t 或 25 t |
| 转向架总重 | 30.1 t |
| 每轴簧下重量 | 5.7 t |
| 轮径 | 1 250 mm（新造轮）、1 150 mm（磨耗轮） |
| 通过最小曲线半径 | 125 m |
| 二系支承横向中心距 | 2 050 mm |
| 牵引点距轨面高 | 230 mm（新造车轮时） |

| | |
|---|---|
| 牵引电机悬挂方式 | 滚动抱轴式半悬挂 |
| 传动比 | 101/21=4.809 5 |
| 齿轮模数 | 9 |
| 弹簧悬挂装置总静挠度 | 140.7 mm（轴重 23 t 时）、160.5 mm（轴重 25 t 时） |
| 一系静挠度 | 49.0 mm（轴重 23 t 时）、54.7 mm（轴重 25 t 时） |
| 二系静挠度 | 91.7 mm（轴重 23 t 时）、103.8 mm（轴重 25 t 时） |
| 转向架相对车体横动量（自由+弹性） | （20+5）mm（2 轴及 5 轴附近单边） |
| 转向架相对车体横动量（自由+弹性） | （99+5）mm（1 轴及 6 轴附近单边） |
| 构架相对轴箱横动量 | ±10—±10—±10 mm |
| 轮对相对轴箱横动量 | 0—±15—0 mm |
| 基础制动方式 | 轮盘制动 |

## 5.1.7　FXD3-J 型动车组转向架特点

FXD3-J 型动车组转向架的主要技术特点如下。

（1）牵引电机采用对置方式。

（2）驱动单元（包括牵引电机、齿轮箱总成和六连杆空心轴等）的悬挂采用弹性架悬。

（3）驱动系统采用轮对空心轴驱动方式，齿轮箱为承载式铸铝齿轮箱，轴承采用油润滑，以适应 200 km/h 速度等级的要求。

（4）轴箱轴承采用免维护的双列圆柱滚子轴承单元。

（5）一系悬挂系统采用单拉杆轴箱定位+螺旋弹簧方式，各均轴安装垂向减振器；二系悬挂系统采用高圆螺旋弹簧+橡胶垫结构，辅以各向减振器。

（6）牵引装置采用低位推挽牵引杆牵引，以提高动力车的黏着利用率。

（7）基础制动采用轮盘制动方式。

FXD3-J 型动车转向架如图 5-1-5 所示。该转向架主要由构架、一系悬挂装置、驱动装置、轮对装配、二系悬挂装置、基础制动装置、电机悬挂装置、牵引杆装配、轮缘润滑执行装置、配管装配及其他附属装置组成。

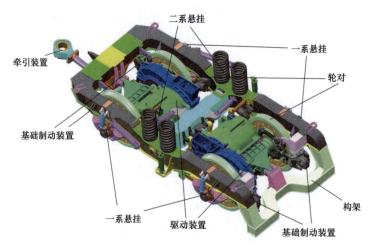

图 5-1-5　FXD3-J 型动车转向架

## 5.1.8　转向架力的传递

转向架在运行中，除承受垂向重力，纵向牵引力、制动力，横向钢轨对轮对的侧压力外，常常经受很严重的动作用力，如线路不平顺对轮对的冲击力等，受力十分复杂。下面以 $SS_4$ 改型电力机车为例，简述转向架力的传递过程，如图 5-1-6 所示。

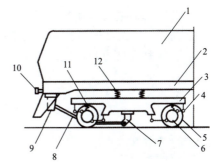

1—车体；2—车体底架；3—转向架构架；4—轴箱拉杆；
5—车轮；6—轴箱；7—构架牵引座；8—牵引拉杆；
9—底架牵引；10—车钩；11—轴箱弹簧悬挂装置；
12—车体支承装置

图 5-1-6　转向架力的传递

**1. 垂向力的传递（以重力为例）**

机车上部重量→车体支承装置→转向架构架→轴箱弹簧悬挂装置→轴箱→轮对→钢轨

**2. 纵向力的传递（以牵引力、制动力为例）**

轮轨接触点产生牵引力或制动力→轮对→轴箱→轴箱拉杆→转向架构架→牵引装置→车体底架→缓冲器→车钩

**3. 横向力的传递（以轮轨侧压力为例）**

钢轨对轮对的侧压力→轮对→轴箱→轴箱拉杆→转向架构架→车体支承装置→车体底架→机车上部

### 学习工作单与考核表

| 任务 | 机车转向架概述 | | | |
|---|---|---|---|---|
| 学习小组 | | | 姓名 | |
| 学习工作任务 | | 学习工作完成评价 | | |
| 学习工作 1：分析转向架的作用与分类 | | 自我评价 | 小组评价 | 教师评价 |
| | | | | |
| 学习工作 2：掌握转向架的组成结构特点 | | 自我评价 | 小组评价 | 教师评价 |
| | | | | |
| 学习工作 3：分析转向架力的传递过程 | | 自我评价 | 小组评价 | 教师评价 |
| | | | | |

# 自测题

**一、填空题**

1. 转向架的作用包括（　　　）、（　　　）、（　　　）、（　　　）。
2. 转向架一般包括构架、轮对、轴箱、（　　　）。
3. 按（　　　）分类，转向架可分为两轴转向架和三轴转向架。
4. 按传动方式分类，转向架可分为（　　　）和组合传动两类。
5. （　　　）是直流发电机和直流电动机的总称。
6. $SS_4$ 改型电力机车采用（　　　）转向架。

**二、简答题**

1. 简述转向架的作用。

2. 简述转向架的组成和分类。
3. 简述 $SS_4$ 改型电力机车转向架的特点。
4. 简述转向架力的传递。

# 任务 5.2　机车转向架构架的认知

## 布置任务

1. 分析转向架构架的作用；
2. 掌握转向架构架的组成；
3. 分析转向架构架的分类。

## 相关资料

### 5.2.1　构架的作用和要求

构架是转向架连接的基体，也是承载的基体。

机车运行中，构架除承受垂向重力，纵向的牵引力、制动力，以及横向的轮轨侧压力、离心力等力外，还经常受到严重的动作用力。此外电机悬挂、齿轮传动、轴箱定位、基础制动装置等工作时，使构架的受力更加复杂严重。因此要求转向架构架必须有足够的强度和刚度；各梁的尺寸、各种附件的组装位置必须精确；重量轻，结构紧凑；运行中还必须注意经常检查，特别是焊缝处，如产生裂纹，应及早发现，以免酿成更大的事故。

### 5.2.2　转向架构架的分类

（1）转向架构架按设计和制造工艺分为铸钢构架和焊接构架。焊接构架又可分为钢板焊接构架和压型钢板焊接构架。铸钢构架由于重量大，铸造工艺复杂，目前在电力机车上已很少采用；焊接构架重量轻，各梁皆为中空箱形构件，使用材料省，强度和刚度都能得到保证，所以得到了普遍的采用。尤其压型钢板焊接构架，各梁按等强度梁设计制造，其箱形截面的尺寸依各部位受力情况而大小不等，使各截面的应力相近，具有足够的强度，且重量轻，材料利用率高，但由于制作时必须具备 1 000 t 以上的大型水压机和大型加热炉，成本比一般钢板焊接构架高。

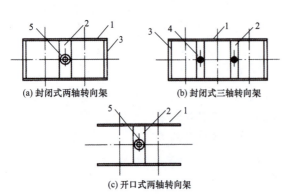

（a）封闭式两轴转向架　（b）封闭式三轴转向架

（c）开口式两轴转向架

1—侧梁；2—横梁；3—端梁；4—支承座；5—心盘

图 5-2-1　转向架构架的一般组成

（2）转向架构架按轴箱定位方式分为有导框式构架和无导框式构架。构架采用无导框定位方式，不需要开切口，可避免强度削弱，同时避免了构架与轴箱的摩擦副。近代干线电力机车，尤其是高速电力机车越来越广泛地采用无导框式钢板焊接的转向架构架。

（3）转向架构架按结构形式分为封闭式和开口式构架。封闭式构架又有"日"字形（两轴转向架）和"目"字形（三轴转向架）构架之分，如图 5-2-1 所示。

### 5.2.3　SS$_4$改型电力机车转向架构架

转向架构架主要由左右侧梁，一根或几根横梁及前后端梁组焊而成。有的转向架构架没有端梁，称为开口式或 H 形构架；有端梁的构架称为封闭式构架。

侧梁是构架的主要承载梁，是传递垂向力，纵向力和横向力的主要构件，侧梁还用来规定轮对位置。

横梁和端梁用来保证构架在水平面内的刚度，保持各轴的平行及承托牵引电动机。砂箱一般安装在前后端梁上。

SS$_4$改型电力机车转向架构架由两根侧梁，一根前端梁，一根后端梁，一根牵引梁和各种附加支座等组成，各梁焊装后，构架成"日"字形结构，如图 5-2-2 所示。

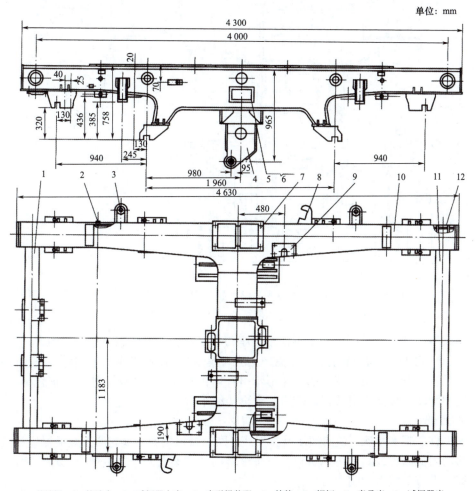

1—前端梁；2—接地台；3—减振器上座；4—牵引梁装配；5—铭牌；6—螺钉；7—旁承座；8—减振器座；
9—横向油压减振器座；10—侧梁装配；11—后端梁；12—端盖

图 5-2-2　SS$_4$改型电力机车构架

#### 1. 侧梁

SS$_4$改型电力机车侧梁是钢板焊接箱形封闭截面，左右各一根，形状为倒"凸"形梁，梁体上焊装有弹簧座、圆弹簧拉杆座、拉杆座、定位块、吊座和端板等零部件。

### 2. 前后端梁

前端梁上有端梁体和牵引装置三角形撑杆固定上支座,端梁体为无缝钢管,支座为普通铸钢件。后端梁采用一根无缝钢管,无其他部件。

### 3. 牵引梁

SS₄改型电力机车牵引梁为蝶形箱式梁体。它由上下盖板、定位销、防落框、电机悬挂吊座、筋板、隔板、立板和套等焊接而成,如图 5-2-3 所示。

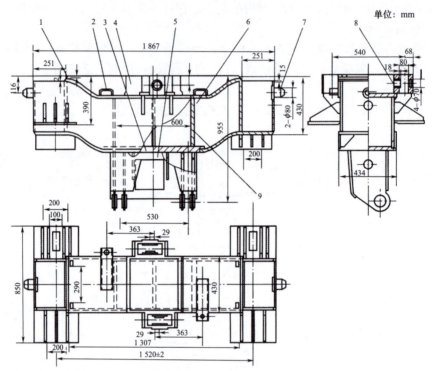

1—上盖板;2—防落框;3—下盖板;4—电机悬挂吊座;5—牵引座;6—立板;7—定位销;8—套;9—隔板

**图 5-2-3   SS₄改型电力机车构架牵引梁**

牵引梁下部焊装牵引座,为了不使牵引座和焊缝在受力的状态下应力集中,一方面采用宽焊角,另一方面对焊缝进行打磨,以免产生应力集中源。在牵引座的下部有 4 个直径 60 mm 的孔,并配置销套,牵引装置中的三角形牵引杆用销与此孔相连接,通过它把转向架上产生的牵引力和制动力传给牵引装置,牵引装置再传给车体。

### 4. 附属部件

附属部件包括旁承座、横向油压减振器座、摩擦减振器座、垂向油压减振器座和接地台。各座材料均为低碳钢或普通铸钢材料。在每个转向架构架左侧梁立板处有一块铭牌,上方是制造厂家,下方是编号和制造日期。

### 5. 构架组装

当侧梁各定位板和前后端梁孔,牵引梁定位孔加工好;牵引梁两端面、制动器座面、牵销安装孔和电机悬挂座各孔加工好后,可以进行构架组焊。

## 5.2.4   DF₄型内燃机车转向架构架

图 5-2-4 所示为 DF₄型内燃机车转向架构架。该构架为采用钢板组成的箱形焊接结构,

因此强度大，刚性好，重量轻。构架由左、右侧梁，前、后端梁，以及前、后横梁组成。

DF₄ 型内燃机车转向架由于采用无心盘及无导框式轴箱结构，取消了牵引梁及轴箱导框，使构架重量得以减轻。

为消除焊接内应力，构架组焊后需进行回火。回火温度为 500～550 ℃，在炉内保温 3.5 h，降温至 200 ℃后，取出自然冷却。

现代机车转向架构架有铸造和焊接两种形式。

铸钢构架的特点是：在铅垂和水

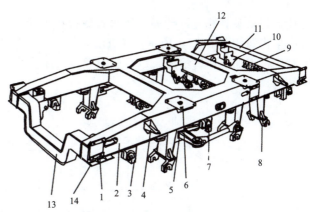

1—制动缸座；2—侧架；3—上拉杆座；4—减振器座；5—拐臂座；6—旁承座；7—轴箱止挡；8—下拉杆座；9—电动机挂座；10—制动座；11—后端梁；12—横梁；13—前端梁；14—砂箱座

图 5-2-4　DF₄ 型内燃机车转向架构架

平面内抗弯、抗扭强度和刚度都较大；机械加工量小；材料利用较好等优点，但有对铸造工艺要求较高，需要大型铸造设备；设计时必须符合铸钢要求，壁厚至少 20 mm，不可能很轻；造价较高；加工往往需要专门的机床等缺点。

我国内燃机车转向架采用焊接构架。焊接构架，特别是钢板压型焊接构架，与其他构架相比，具有质量轻、使用材料经济，有足够强度和刚度等优点。

## 5.2.5　HXN₅型内燃机车转向架构架

牵引电动机和牵引电动机鼻悬挂在牵引操作时，牵引电动机将电能转换为机械扭矩来转动机车车轮，在动力制动操作时，牵引电动机将机械扭矩转换为电能来制动机车车轮。牵引电动机编号从 1 号至 6 号，1 号转向架前端起是 1 号牵引电动机。牵引电动机鼻悬挂装置在牵引电动机和转向架构架之间提供了支撑。每台牵引电动机都有一个鼻悬挂装置连接牵引电动机的鼻子与转向架构架。AC 牵引电动机鼻悬挂装置是一个实体钢棒，两端插有橡胶衬套。

3 个负荷支承点将机车车架的重量传递至转向架构架，同时减轻了转向架构架向车架传递的振动。每个负荷支承点都是橡胶—钢复合结构，如图 5-2-5 所示。

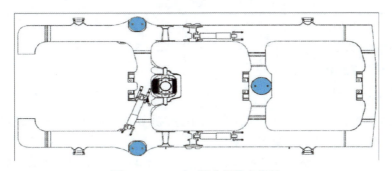

图 5-2-5　HXN₅型内燃机车构架

## 5.2.6　HXD₃型电力机车转向架构架

构架是转向架众多部件联结的基体，也是承载和传力的基体。通过它，轴箱拉杆和一系悬挂与传动装置相连，传递车体垂直载荷和承受从轮对上传来的作用力。HXD$_3$型电力机车转向架构架如图5-2-6所示，HXD$_3$型电力机车构架由左右侧梁、前后端梁、横梁、牵引横梁和各种附加支座等组成。每个梁组焊成封闭式的箱形结构，构架组焊后成框架式"目"字形结构。

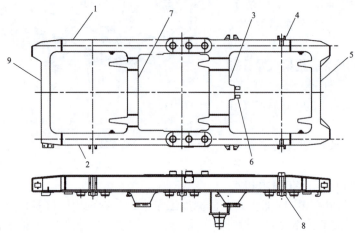

1—左侧梁；2—右侧梁；3—牵引横梁；4—减振器座；5—前端梁；6—电机吊杆座；7—横梁；8—轴箱止挡；9—后端梁

图5-2-6　HXD$_3$型电力机车转向架构架

学习工作单与考核表

| 任务 | 转向架构架认知 | | | |
|---|---|---|---|---|
| 学习小组 | | 姓名 | | |
| 学习工作任务 | | 学习工作完成评价 | | |
| 学习工作1：分析转向架构架的作用 | | 自我评价 | 小组评价 | 教师评价 |
| 学习工作2：掌握转向架构架的组成 | | 自我评价 | 小组评价 | 教师评价 |
| 学习工作3：分析转向架构架的分类 | | 自我评价 | 小组评价 | 教师评价 |

# 自测题

## 一、填空题

1. 在机车运行过程中，构架除承受垂向重力，纵向的牵引力、制动力及横向的轮轨侧压力、离心力等力外，还经常受到严重的（　　　　）。

2. 电机悬挂、齿轮传动、轴箱定位、（　　　　）等工作时，使构架的受力更加复杂。

3. 要求转向架构架必须有足够的强度和（　　　　）。

4. 转向架构架按设计和制造工艺分为铸钢构架和（　　　　）。

5. 转向架构架按轴箱定位方式分为有导框式构架和（　　　　）。

6. 转向架构架按结构形式分为封闭式和（　　　　）。

二、简答题

1. 简述转向架构架的作用。
2. 简述转向架构架的组成和分类。
3. 简述 $SS_4$ 改型电力机车转向架构架的特点。
4. 对转向架构架的要求有哪些?

# 任务 5.3　机车轮对的认知

## 布置任务

1. 分析机车轮对的组成;
2. 掌握机车轮对的结构特点;
3. 掌握机车轮对的主要技术参数。

## 相关资料

轮对是机车走行部中最重要的部件之一。机车的全部重量都通过轮对传给钢轨;牵引电动机的转矩通过轮对作用于钢轨,产生牵引力;当轮对沿着钢轨运动,在通过钢轨接头、道岔、辙叉及线路的各种不平顺处时,刚性地承受冲击力;轮对组装时,会产生很大的组装应力。重力、动作用力、组装应力共同作用在轮对上,使轮对的受力既复杂又严重。轮对是簧下质量,为了减轻它对线路的作用力,还应该尽可能地减轻它本身的质量,这一点对高速机车尤为重要。因此,对于轮对的制造、维护应特别重视,适当地选择轮对部件的材料,保证轮对的正确形状和良好的状态,这是机车安全运行的必要条件。

轮对一般由车轴、车轮和传动大齿轮组成,车轮又分为轮箍和轮心。

## 5.3.1　$SS_4$ 改型电力机车轮对

$SS_4$ 改型电力机车轮对由一根车轴、左右两个轮心、两个轮箍及两个大齿轮组成,如图 5-3-1 所示。

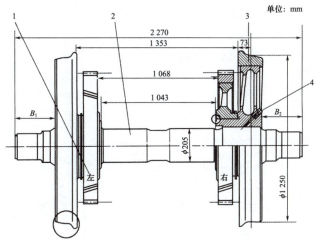

1—大齿轮;2—车轴;3—车轮;4—油堵

图 5-3-1　$SS_4$ 改型电力机车轮对

车轴用 JZ 车轴钢锻制而成。SS$_4$ 改型电力机车车轴分为轴颈、防尘座、轮座、抱轴颈和中间轴身等部分，加工后其圆弧部分和直径 228 mm 及直径 205 mm 处表面均通过滚压强化处理，如图 5-3-2 所示。

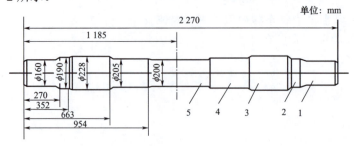

1—轴颈；2—防尘座；3—轮座；4—抱轴颈；5—中央部（轴身）

图 5-3-2　SS$_4$ 改型电力机车车轴

SS$_4$ 改型电力机车轮心为辐板式长毂轮心，材料为 ZG230-450，质量为 370 kg，如图 5-3-3 所示。SS$_4$ 改型电力机车轮箍由轮箍钢轧制而成。SS$_4$ 改型电力机车轮箍如图 5-3-4 所示。

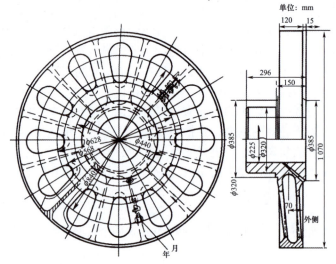

图 5-3-3　SS$_4$ 改型电力机车轮心

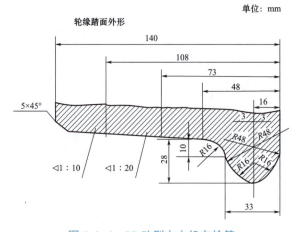

图 5-3-4　SS$_4$ 改型电力机车轮箍

轮对各部件之间都采用过盈配合，用热套装、冷压装或注油压装的方式紧紧地装在一起。不同型号的机车，轮对组装工艺有所不同。有的机车，大齿轮直接装在车轴上，有的机车大齿轮装在轮心加长的轮毂部分，与车轮一起装在车轴上。车轮和车轴的装配工艺，有先套轮箍后压装车轴或先压装车轴后套轮箍两种，一般都采用后者。大齿轮和轮心、轮心和车轴的组装，由于直径较小，一般采用直接冷压装的方法；而轮箍和轮心的组装，由于直径大，一般采用把轮箍加热后套装在轮心上，冷却后自然收缩抱紧的热套装方法。

　　轮心和车轴的组装，国外采用热套装工艺比较普遍，而我国近来常采用注油压装工艺。热套装易于保证装配质量和装配尺寸，生产效率高。在采用热套装后必须进行反压试验，以检查套装质量，即将车轴在压力机上向退出轮心方向试压一定吨位的压力，轮轴不发生相对移动者为合格。

　　注油压装工艺，是在轮心上设有注油油孔和与油孔相连的注油槽，当压装或退轮时，可用高压油泵向油孔内注入高压油，使轮心与轴配合表面渗满高压油，再用压力机施加压力，将车轴压入或退出轮心的组装工艺。这种工艺，不但可降低压入或退出吨位，更主要的是可避免配合表面被拉伤，保证了产品质量。

　　过盈配合的过盈量是决定组装后配合压力大小是否合适的关键。过盈量太小，则组装配合压力不足，容易造成松缓甚至脱落，发生重大事故；过盈量太大，则组装后配合压力太大，部件会因内应力过大而发生崩裂，过盈量大小是否合适，还可由冷压装时的压装吨位或热套装时的加热温度或注油压装时的油压大小来反映。冷压装时的压装吨位过大或热套装时的加热温度过高或注油压装时的油压太大，说明过盈量太大；反之，说明过盈量太小。所以各部件加工时的过盈量、组装时的压装力、加热温度、油压大小，都有严格的要求。一般过盈量为配合直径的1‰～1.5‰。

　　SS$_4$改型机车电力轮对组装时，先把大齿轮冷压装到轮心上（长轮毂部分），再把轮心注油压装到车轴上，最后把轮箍热套装到轮心上。

## 5.3.2　DF$_4$型内燃机车轮对

　　DF$_4$型内燃机车轮对由车轴、轮心及轮箍组成，如图 5-3-5 所示，DF$_4$型内燃机车轮对装配如图 5-3-6 所示。

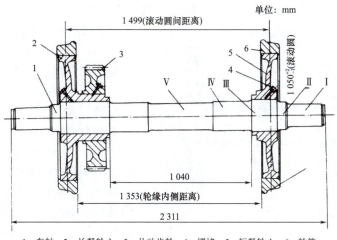

1—车轴；2—长毂轮心；3—从动齿轮；4—螺堵；5—短毂轮心；6—轮箍
Ⅰ—轴颈；Ⅱ—防尘座；Ⅲ—轮座；Ⅳ—抱轴颈；Ⅴ—轴身

图 5-3-5　DF$_4$型内燃机车轮对

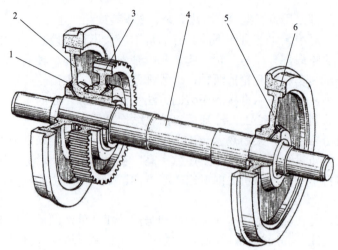

1—螺堵；2—长毂轮心；3—从动齿轮；4—车轴；5—短毂轮心；6—轮箍

图 5-3-6　DF₄型内燃机车轮对装配

　　轮对的主要作用是：机车全部重量通过轮对支承在钢轨上；通过轮对钢轨的黏着产生牵引力或制动力；通过轮对滚动使机车前进。轮对在机车运行中的受载情况比较繁重，当车轮行经钢轨接头、道岔等线路不平顺处时，轮对直接承受全部垂向和侧向的冲击。

　　轮箍热套在轮心上与车轴压装在轮心内，都在车轮内部引起组装应力。

　　轮对承受很大的静载荷、动作用力和组装应力，闸瓦制动时还产生热应力。因此要求它有足够的强度。另外，由于轮对是簧下重量，为了减轻它对线路的动作用力，还要求尽可能减小它的质量。

### 5.3.3　HXD₃型电力机车轮对

#### 1. 轮对的构成

　　轮对是转向架最重要的关键部件之一。机车绝大部分载荷均通过它传递给钢轨，牵引电动机所产生的扭矩也是通过它传至钢轨产生牵引力。机车运行时，它还承受钢轨接头、道岔、曲线通过和线路不平顺时的垂向和水平作用力。

　　轮对装配由车轴、车轮装配、驱动装置组成。图 5-3-7 为 HXD₃型电力机车轮对装配。

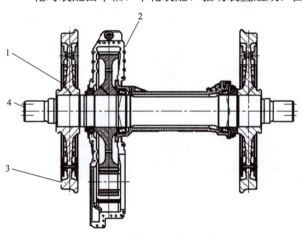

1—注油螺堵；2—驱动装置；4—车轮及制动盘；5—车轴

图 5-3-7　HXD₃型电力机车轮对装配

#### 2. 轮对保养的要求

　　（1）在运用中，检查轮对状态，确保踏面无剥离，轮缘无裂纹。

　　（2）检查车轮踏面磨耗状态，轮缘垂直磨耗高度不超过 18 mm，轮缘厚度在距踏面滚动圆向上 10 mm 处测量不小于 23 mm。踏面擦伤深度不大于 0.7 mm；踏面磨耗深度不大于 7 mm。当磨耗达到限度时，车轮踏面应重新镟轮。加工后，确保车轮内侧距为 $1\,353^{+0.5}_{-1}$ mm，车轮端面对车轴中心线的跳动不大于 0.5 mm，同一轴上两车轮滚动圆直径之差不大于 0.5 mm，同一转向架不大于 4 mm。踏面轮廓应用样板检查，踏面与样板间的间隙，沿滚动圆表面允差 0.5 mm，沿轮缘高度允差 1 mm，沿轮缘厚度允差 0.5 mm，检查时样板应紧贴车轮内侧面。

（3）当车轮滚动圆直径达到 $\phi$ 1 150 mm 时，必须报废。

### 5.3.4　车轴的受力及破坏

车轴承受的载荷相当复杂：有由于垂直载荷而引起的弯矩；有曲线运动时轮轨侧压力引起的弯矩；有齿轮传动时引起的扭矩；有某侧车轮发生滑行时引起的扭矩；有线路的冲击，簧上部分的振动，制动力作用等，都要产生附加载荷。所以，车轴的工作条件十分恶劣，不仅受弯，而且受扭，不仅有交变载荷，而且常常有突加载荷。

由于车轴所受的主要应力都是交变的，所以多数车轴的折损是由于疲劳裂纹引起的。实践证明，车轴的断裂，多发生在以下 3 个区域：轴颈的圆根部、轮座的内侧、抱轴颈的圆根部。车轴的其他破坏，如轴颈烧损、拉伤；轮座部分擦伤；磨耗到限度，一般不会引起重大事故，而且可以修复。疲劳裂纹和折断，是车轴各种破坏中后果最严重的破坏。

为了减少车轴的疲劳破坏，可采取以下列措施。

锻造车轴钢坯应进行人工时效或自然时效处理，待内应力消除后再进行机械加工。

加工成形的车轴表面应有高的表面粗糙度。

不同直径的过渡部分，要有尽可能大的过渡圆弧，以减小应力集中，车轴正火热处理后进行试样检查。

对车轴表面进行滚压强化处理，使表层金属材料更加密致，提高抗疲劳能力等。

### 5.3.5　FXD3-J 型动力车轮对

轮对是转向架最重要的关键部件之一。动力车绝大部分载荷通过轮对传递给钢轨，牵引电动机所产生的扭矩也是通过它传至钢轨产生牵引力。动力车运行时，它还承受钢轨接头、道岔、曲线通过和线路不平顺时的垂向和水平作用力。

FXD3-J 型动力车轮对主要由车轴、车轮、制动盘等组成。车轮为整体辗钢车轮，材料采用符合 TJ/JW038-2014 的 ER9 合金钢，踏面为 JM3 踏面，减少轮缘磨耗，提高车轮的使用寿命，车轮与车轴过盈配合，配合过盈量为 0.225～0.295 mm。车轮残余静不平衡值应不大于 50 g·m。制动盘采用铸钢盘。车轴材料采用符合 EN13261 的 EA4T。轮对装配如图 5-3-8 所示，其中车轮（一）与空心轴传动装置连接。

1—车轮（一）；2—车轴；
3—KNORR 制动盘；4—车轮（二）

图 5-3-8　轮对装配

### 5.3.6　轮心各部分名称及分类

轮心是车轮的主体，它的外周装设轮箍，中心安设车轴。不论何种形式的轮心，都由下列部分组成。

轮心上和车轴压装的部分，称为轮毂；

轮心上和轮箍套装的部分，称为轮辋；

轮毂和轮辋之间的部分，称为轮辐。

轮心一般用优质钢铸成整体，在铸件铸成后，要用退火和正火等热处理方法消除内应力。

根据轮辐部分形式的不同，轮心可以分为辐板式轮心、辐条式轮心和箱式轮心。

　　辐板式轮心，具有重量轻、弹性好等优点，但强度较差；辐条式轮心质量大，铸造时内应力大，运用中易发生辐条断裂，目前已基本淘汰；箱式轮心采用了薄壁中空夹层的结构形式，其重量轻，强度大，还具有一定的弹性，可以适当减轻动作用力的危害，是目前大功率电力机车普遍采用的形式。

　　根据轮心上是否压装传动大齿轮，轮心又可分为长毂轮心和短毂轮心两种，在长轮毂部分压装传动大齿轮，这种组装方法可以减小车轴应力，避免压装时拉伤车轴，但轮对的重量必须有所增加。目前长毂轮心在国外已经少见，原因就在于高速机车追求减轻轮对的重量。

## 5.3.7　轮箍

　　轮箍是车轮直接在钢轨上滚动运行的部分。它用热套法套在轮心上，俗称"红套"。套装过紧会引起轮箍崩裂，特别是冬季气温低，材质脆性大，更易发生崩裂。套装过松，就很容易弛缓，尤其是在长大下坡道，连续施行空气制动时，轮箍发热，容易发生弛缓。

　　为了检查轮箍是否发生了弛缓，用黄色油漆在轮箍轮心结合处画一条径向宽线，可以通过观察它有无错位来判断是否发生了弛缓现象。轮箍在机车运用中，必须定期旋修，旋修或磨耗到限后必须更换新的轮箍。

### 1. 轮箍的外形

　　轮箍的外形，是一个带凸缘的圆环，它是与钢轨直接接触的部分，由轮缘和踏面组成。其外表面与钢轨顶面接触的部分，称为踏面；与钢轨内侧面（轨肩）接触的凸缘部分，称为轮缘。

　　轮缘起着导向和防止脱轨的重要作用。

　　轮箍的外形和尺寸，各国不尽一致，各有其标准。我国按相关标准加工轮缘和踏面。加工后用标准样板进行以下检查。

　　轮缘高度为 28 mm。

　　轮缘厚度（从距轮缘顶部 18 mm 处测量）为 33 mm。

　　轮缘外侧面与水平面成 65°，称为轮缘角。

　　轮缘内侧有 $R=16$ mm 的倒角，以便引导车轮顺利通过护轮轨。

　　踏面有 1:20 及 1:10 两段斜面。

　　整个轮箍宽度为 140 mm，距内侧面 73 mm 处的圆周，称为车轮的名义直径。SS$_4$ 改型电力机车车轮直径为 1 250 mm（新轮），1 200 mm（半磨耗）。

　　踏面制成 1:20 和 1:10 斜度而成圆锥形的理由如下。

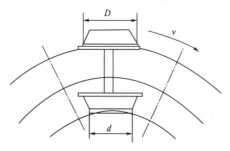

图 5-3-9　轮踏面锥度避免曲线上车轮的滑行

　　（1）机车在曲线上运行时，外轮沿外轨走行的距离大于内轮沿内轨走行的距离。由于内外轮装在同一轴上，如果两轮的踏面为圆柱形，势必引起内轮向后，外轮向前的滑行。如果踏面具有锥度，曲线通过时轮对因离心力的作用贴靠外轨运行，外轮与外轨接触的直径 $D$ 必然大于内轮与内轨接触处的直径 $d$，这样就能显著地减少滑行，有利于充分发挥轮周牵引力，减少轮轨磨耗，如图 5-3-9 所示。因此踏面成锥形是机车曲线通过的需要。

　　（2）踏面具有锥度后，轮对在直线上运动时，会因两轮以不同直径的圆周滚动，产生轮对自动滑向轨道中心的倾向，形成轮对的蛇行运动。这种运动对于防止轮缘单靠，降低轮缘与轨肩的磨耗，使整个踏面均匀磨耗，都有积极的意义。

（3）斜度 1:20 的一段踏面，是经常与钢轨顶面接触的，因而磨耗较快。

1:10 斜度的踏面，接触轨面的概率较少，仅在进入道岔或小半径曲线上运行时，才可能接触轨面。如果没有 1:10 斜面，磨耗将使踏面凹陷严重，在进入道岔或小曲径曲线时，可能产生剧烈的跳动，甚至会引起出轨事故。有了 1:10 斜度的踏面，可以减轻磨耗凹陷的严重程度，如图 5-3-10 所示。这样就可以减小机车进入道岔或小半径曲线时的跳动，确保行车安全。

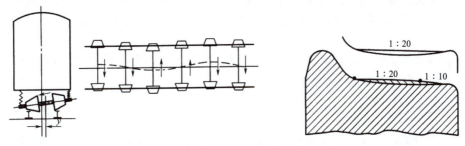

图 5-3-10　踏面锥度引起轮对蛇行运动

### 2. 关于低斜度锥形踏面及磨耗形踏面

踏面具有斜度，会引起转向架的蛇行运动，随着机车运行速度的提高，这种蛇行运动会引起机车横向振动的加剧，使机车运行品质恶化，影响机车的横向稳定性和平稳性。因此近20 年来，业界对踏面外形做了大量研究，低斜度锥形踏面及磨耗形踏面得到了应用。

日本和法国的高速列车把 1:20 斜度的锥形踏面改为 1:40 斜度，提高了机车的蛇形临界速度，但应注意，踏面磨耗后，斜率显著增大，需及时旋轮，尽量保持原有外形。

一般情况下，锥形踏面与钢轨接触范围很窄，在这狭小的接触面积上产生局部磨耗，使踏面呈现凹形。但踏面达到某种凹形程度后，外形便相对稳定，磨耗变慢。如果把踏面外形设计成磨耗形（凹形），则轮轨接触一开始就比较稳定，磨耗较慢，这就是近年来世界各国广泛采用我国定型的磨耗形踏面——JM 踏面外形。我国机车磨耗形踏面——JM 踏面外形如图 5-3-11 所示。

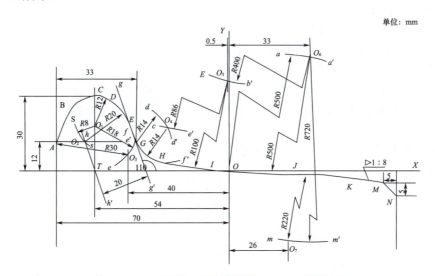

图 5-3-11　我国机车磨耗形踏面——JM 踏面外形

磨耗形踏面与锥形踏面相比较，在外形上的主要特点如下。

（1）直线踏面与圆弧形轨头接触不是锥形而是圆弧形的凹面，轨头表面圆弧半径通常为 $R300$，踏面圆弧半径宜为 $R500$ 左右。

（2）轮缘根部与踏面连接处有一段小圆弧 $R14 \sim R16$，磨耗形踏面在此小圆弧与踏面连接处加了一段过渡圆弧，通常为 $R100$ 左右。正是这段过渡圆弧避免了踏面和轮缘与钢轨的两点接触。

优点：延长了旋轮里程，减少了旋轮时的车削量；在同样的轴重下，接触面积增大，接触应力较小；在同样的接触应力下容许更大的轴重；减少了曲线运行时的轮缘磨耗；减少了踏面磨耗。

缺点：等效斜率较大，对机车运行稳定性不利。对于速度较高的机车，必须采取相应的措施来保证机车具有足够的运行稳定性。

## 5.3.8　整体辗钢车轮

为了降低检修运用成本，传统的机车轮对多采用轮箍与轮心组合的轮对，但目前一些国家生产的电力机车多倾向于取消轮箍，采用整体辗钢车轮，其原因如下。

（1）随着机车运行速度的大幅度提高，车轮高速转动产生的离心力（此力随圆周速度的平方增加）对轮箍产生的应力往往有可能破坏轮箍的结合强度。因此，不能采用冷缩轮箍，有必要改用整体车轮。

（2）随着塑料闸瓦的使用推广，闸瓦传热散热不良将引起制动时轮箍温升过高。为了防止发生弛缓事故，有必要改用整体车轮。

（3）对某些采用空心轴传动的电机全悬挂机车，轮心辐板要开设穿入连杆轴销或空心轴拐臂的孔，辐板强度被削弱，难以保证轮箍与轮心的配合强度。为此，有必要改用整体车轮。目前，我国也已研制出了整体辗钢车轮。

## 5.3.9　《铁路技术管理规程》对轮对的规定

轮对内侧距离为 1 353 mm，容许差度不得超过±3 mm。

轮箍或轮毂不松弛。

轮箍、轮毂、辐板（辐条）、轮辋无裂纹。

轮缘的垂直磨耗高度不超过 18 mm，并无碾堆。

车轮踏面擦伤深度不超过 0.7 mm。

车轮踏面上的缺陷或剥离长度不超过 40 mm，深度不超过 1 mm。

轮缘厚度在距踏面基线向上 $H$ 距离处测量应符合相关的规定（轮缘原设计厚度在 2 mm 及其以下，由铁路局规定）。

车轮踏面磨耗深度不超过 7 mm，采用轮缘高度为 25 mm 的磨耗形踏面时，其磨耗深度不超过 10 mm。

学习工作单与考核表

| 任务 | 机车轮对的认知 | | | |
|---|---|---|---|---|
| 学习小组 | | | 姓名 | |
| 学习工作任务 | | 学习工作完成评价 | | |
| 学习工作 1：分析机车轮对的组成 | | 自我评价 | 小组评价 | 教师评价 |
| | | | | |
| 学习工作 2：掌握机车轮对的结构特点 | | 自我评价 | 小组评价 | 教师评价 |
| | | | | |
| 学习工作 3：掌握机车轮对的主要技术参数 | | 自我评价 | 小组评价 | 教师评价 |
| | | | | |

# 自 测 题

## 一、填空题

1. 机车的全部重量都通过（　　）传给钢轨。

2. 轮对一般由车轴、车轮和传动（　　）组成。

3. 轮对各部件之间都采用（　　）配合，用热套装、冷压装或注油压装的方式紧紧地装在一起。

4. 在采用热套装后必须进行（　　）试验。

5. 锻造车轴钢坯应进行人工时效或（　　）时效处理。

6. 轮心是车轮的主体，它的外周装设（　　）。

## 二、简答题

1. 简述轮对的组成。

2. 简述轮对组装工艺。

3. 轮心各部分的名称是什么？

4. 简述《铁路技术管理规程》对轮对的规定。

# 任务 5.4　机车轴箱的认知

## 布置任务

1. 分析机车轴箱的功用；

2. 分析机车拉杆的功用；

3. 掌握机车轴箱、拉杆的结构。

相关资料

轴箱装设在车轴两端的轴颈上，用来安设轴承，并将全部簧上载荷，包括垂直方向的动载荷传给车轴；将来自轮对的牵引力或制动力传到转向架构架上。此外，它还传递轮对与构架间的横向作用力和纵向动作用力。

## 5.4.1 轴箱定位的方式

### 1. 轴箱定位的概念

轴箱与转向架构架的连接方式，称为轴箱定位。轴箱定位的结构、性能对机车的运行品质有很大的影响。由于轴箱位置决定了轮对的位置，所以轴箱定位起到了固定轴距和限制轮对活动范围的作用。

轴箱相对于构架应是个活动关节，在不同的方向有不同的位移。对轴箱定位的要求是：应保证轴箱能够相对于转向架构架在机车运行中做垂向跳动，以保证弹簧装置能够充分发挥其缓和冲击的作用；在机车通过曲线时，轴箱应当能够相对于转向架构架做小量的横动，有利于机车几何曲线通过；在机车纵向则要求有较大的刚度，保证牵引力、制动力的传递（对普通转向架而言）。

由上可知，轴箱定位不仅意味着固定轴箱的位置，而且要保证轴箱按运行的需要进行恰当的位移，在不同的方向，位移的数值有不同的要求。所以，轴箱定位往往又被称为轴箱导向方式。

### 2. 轴箱定位方式的分类

轴箱定位分为有导框定位和无导框定位两大类，导框定位曾经是机车、客货车辆轴箱定位的唯一方式，现在仍在一些机车，尤其是车辆上大量沿用。随着橡胶工业的发展和转向架技术的进步，取消了转向架上的轴箱导框，而采用无导框轴箱定位。无导框轴箱定位在结构形式上又有多种，目前通常采用的有：轴箱拉杆定位和八字形橡胶堆式轴箱定位。

（1）有导框轴箱定位。

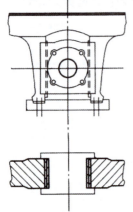

在构架的侧梁下面设轴箱导框，在轴箱体的前后两侧设有导槽，轴箱上的导槽与构架上的导框配合滑动，组成导框定位。轴箱在导框内沿导框上下移动，也可以在导框与导槽间隙允许的范围内适当横动，使轮对有一定的横动量。为了加固轴箱导框，并防止轴箱脱出，在导框下面，安装轴箱托板。为了便于检修，在构架导框与轴箱导槽的摩擦面上，装设耐磨的衬板，并且经常加注润滑油，磨耗到限的衬板，应及时予以更换，如图5-4-1所示。

图5-4-1　有导框轴箱定位

有导框定位方式的缺点是：存在摩擦面，磨耗严重，增加了检修工作量和检修成本；运用中需经常补给润滑油，维修保养比较困难，磨耗松旷后产生打夯；横向位移没有弹性，不利于降低轮轨之间的动作用力，动力曲线通过性能不好，等等。

（2）八字形橡胶堆式轴箱定位。

八字形橡胶堆式轴箱定位装置，也称人字形橡胶弹簧轴箱定位，是在瑞典Rc系列电力机车上发展起来的轴箱弹簧装置。同时具有轴箱定位装置的功能，如图5-4-2所示。

这种轴箱定位方式，在每一轴箱的前后侧各装一个金属橡胶夹层弹簧（俗称"三明治"橡胶金属结构），一端与转向架构架固结，另一端与轴箱体固结。这种装置不仅支承上部重量，起轴箱弹簧的作用，而且还可以弹性地传递纵向力和横向力。改变夹层钢板的形状、数量和弹簧的安装角度，可使弹簧在各个方向达到所需要的不同刚度，适应承载和轴箱定位的需要。

这种轴箱定位的优点是：重量轻，结构简单，能吸收音频振动，运行中没有噪声，不存在磨耗等。

这种装置取代了传统的一系弹簧悬挂装置，而橡胶弹簧目前还存在性能不够稳定，受温度影响大，制造工艺复杂等问题，所以只在一部分国家得到应用。

（3）拉杆式轴箱定位。

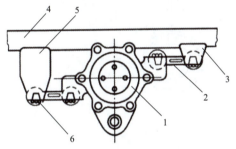

a—轴箱；b—金属夹层；c—橡胶元件

图 5-4-2　八字形橡胶堆式轴箱定位

1—轴箱；2—拉杆；3—构架拉杆座；
4—构架侧梁；5—构架拉杆座；6—螺栓

图 5-4-3　拉杆式轴箱定位

拉杆式轴箱定位，是目前各国认为比较先进可靠、采用较普遍的一种无导框轴箱定位方式。它最早由法国阿尔斯通公司设计制造出来，所以又称为阿尔斯通式轴箱定位，如图 5-4-3 所示。

在轴箱体的前后两侧，伸出高低不同的两个轴箱耳，各连接一根轴箱拉杆。通过轴箱拉杆，将轴箱与转向架侧梁下焊装的轴箱拉杆座连接起来。轴箱拉杆两端处装有橡胶套，销子两端有橡胶垫。

采用这种带有橡胶关节的轴箱拉杆定位方式，轴箱可以依靠橡胶关节的径向、轴向及扭转弹性变形，实现各方向的弹性位移，使轮对与构架的联系成为弹性联系。适当选择它的横向刚度和纵向刚度，可以显著地改善机车运行的稳定性。

一般这种拉杆定位的纵向刚度比八字形橡胶堆式定位的纵向刚度大，更适合传递牵引力、制动力等纵向力的需要。

两个轴箱拉杆的位置高低不同，这种形式叫作双扭动式拉杆机构。其目的是满足轴箱垂向位移的需要。因为拉杆在纵向上刚度很大，伸缩较小，如果将两个拉杆设在同一高度，轴箱的垂向位移势必因拉杆长度不能变化而受到极大的限制。把两个轴箱拉杆安排得一高一低，就可以在拉杆长度不变的条件下允许轴箱上下跳动。不过应注意，在轴箱上下位移时还伴随一定角度的转动，但这种转动是完全无碍的，如图 5-4-4 所示。

这种轴箱定位的优点是：没有磨耗件，不需要润滑，减少了保养工作量；有一定的横向度，轮对不能自由横动，有利于改善运行中的蛇行运动，轮缘磨耗较小；轴箱与构架的弹性连接具有缓和冲击和隔音作用；橡胶件起到了降低动作用力，提高运行平稳性的作用，运行中没有噪声；不影响一系弹簧悬挂的单独设计，更易得到

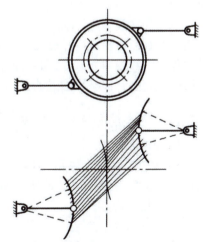

图 5-4-4　双扭动式轴箱拉杆
定位轴箱垂向运动的规律

推广，但是采用这种方式定位，由于拉杆的约束，使一系弹簧悬挂的刚度有所增加。

## 5.4.2　机车轴箱拉杆

SS$_4$改型电力机车轴箱均采用双扭动式弹性拉杆定位装置。

SS$_4$改型电力机车轴箱拉杆由连杆体、长拉杆、短拉杆、橡胶圈、端盖、橡胶端垫组成，如图5-4-5所示。连杆体为ZG230-450铸钢件，呈双筒形，中间连接部分呈工字形。

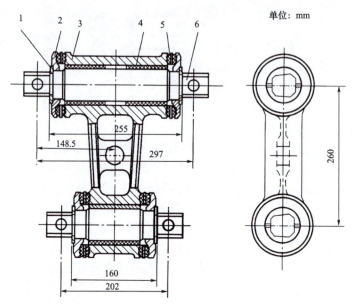

1—止块；2—端盖；3—连杠体；4—橡胶圈；5—橡胶端垫；6—拉杆

**图5-4-5　SS$_4$改型电力机车轴箱拉杆**

长短拉杆为45号锻钢。拉杆中间为圆柱形，两端成八字形，八字形凸面与轴箱体和构架拉杆座凹八字形面相配合，并用螺栓紧固。橡胶圈为橡胶元件，长拉杆处有两个，短拉杆处有一个。

为增加橡胶端垫的刚度和强度，在其中部加 2 mm 厚的钢板金属夹层。端盖用半圆卡环固定，组合后的轴箱拉杆形成一个整体弹性组件，它承受传递各种负荷（牵引力、制动力、冲击作用力和横向力），缓和衰减各种振动，改善机车性能，但橡胶件本身易老化，运用一段时间后对其进行外观和性能检查，不合格的元件应及时更换。

## 5.4.3　SS$_4$改型电力机车轴箱

### 1. 组成和形式

SS$_4$改型电力机车轴箱采用独立悬挂、弹性定位拉杆式结构，主要由前、后盖，轴箱体，圆柱滚子轴承，密封环，接地棒，轴圈、轴承内圈、轴承外圈和挡板等组成，如图5-4-6所示。

### 2. 轴箱结构

#### 1）前、后盖

前、后盖均为 ZG230-450 铸钢件，它用螺栓与轴箱体连接在一起。其突缘紧压短圆柱滚子轴承外圈，以防轴承外圈左右移动，也起到了传递轴向力、防尘和保护轴箱内部零件的作用。

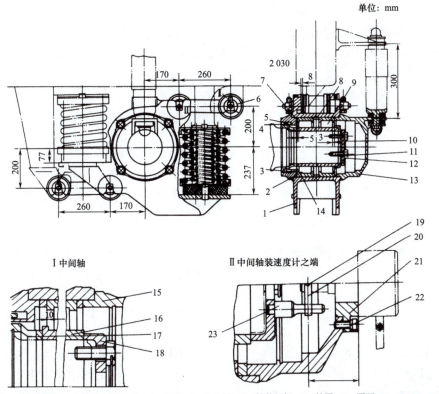

1—轴箱体；2—橡胶圈；3—552732QT 轴承；4—后盖；5—防尘圈；6—轴箱拉杆；7—挡圈；8—隔环；9—752732QT 轴承；
10—锁紧钢丝；11、22—螺栓；12、18—压盖；13、15—端盖；14、17—隔圈；16—652732QT 轴承；
19—铆钉；20—拨杆；21—外盖；23—拨销

图 5-4-6　SS₄ 改型电力机车轴箱

### 2）轴箱体

轴箱体为 ZG230-450 铸钢件，中间呈圆筒形，内孔与轴承外圈为动配合。左上方和右下方设有八字形切口，与轴箱拉杆相连接。两边还伸出弹簧座，一系弹簧就坐落在弹簧座上。

### 3）轴承

为了改善构架受力状态，SS₄ 改型电力机车轴箱轴承在同一轮对上采用左右轴箱能同时承受轴向力和径向力的单列向心短圆柱滚子轴承。每组轴箱采用两种轴承，其内侧采用 552732QTK 轴承，其外侧采用 752732QTK 轴承，组装后轴箱单边横动量为 0.75 mm。

在组装轴箱前，应清洗轴颈、轴承和轴箱配件。轴圈加热温度在 200 ℃ 以下。轴承内圈加热温度在 150 ℃ 以下。轴承内应加相当于轴承室总容量 1/3～1/2 的 3 号锂基脂。

### 4）密封环

为了防止油污、水和灰尘进入轴箱内，在轴箱后盖与挡圈之间装设有两个橡胶密封环。

### 5）接地棒和接地电刷

每根车轴的一个轴箱内设置有一套接地棒和接地电刷装置，以防止轴箱滚动轴承电蚀，改善机车导电性能。

### 6）挡板

挡板有两种，一种是与接地棒相连接的圆孔挡板；另一种是方孔挡板。方孔与测速传感器和防空转防滑传感器的方轴相配合，形成车轴与传感器的连接装置。

**7）吊耳**

当车体起吊或转向架起吊时，为防止一系减振器超出行程而破坏，在轴箱与构架之间设置了吊耳。其限位为 30 mm，它起到了转向架整体起吊和保护一系减振器的作用。

**3. 力的传递**

垂向力（以重力为例）：

转向架构架→轴箱弹簧→轴箱体→轴承→轴颈→车轴→车轮→钢轨

纵向力（以牵引力为例）：

轮轨接触点产生牵引力→车轮→车轴→轴颈→轴承→轴箱体→轴箱拉杆→构架

横向力（以轮轨侧压力为例）：

钢轨对轮对侧压力→车轮→车轴→轴承→前后盖→轴箱体→轴箱拉杆→构架

## 5.4.4　DF₄型内燃机车轴箱

$DF_4$ 型内燃机车轴箱主要由轴箱体、前端盖、后端盖、四列向心短圆柱轴承和缓冲支承装置等组成，如图 5-4-7 所示。

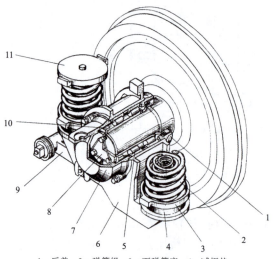

1—后盖；2—弹簧组；3—下弹簧座；4—减振垫；
5—滚动轴承；6—轴箱体；7—端盖；8—压盖；
9—轴箱拉杆；10—挡圈；11—上弹簧座

**图 5-4-7　轴箱装配**

轴箱体为铸钢件，在其两侧有两个拉杆座和两个弹簧座，其位置在轴箱体中心线上，下斜对称的地方，轴箱顶部设有轴箱止挡，用以限制轴箱的最大横动量不得超过 8 mm。

机车上所使用的滚动轴承主要有三种形式：球面滚柱式、圆锥滚柱式和圆柱滚柱式。$DF_4$ 型内燃机车采用 972832T 型四列圆柱滚动轴承，轴承内圈宽度大于外圈宽度。内圈与车轴轴颈过盈配合，它与防尘圈都采用油预热套装。而轴承的外圈与箱体采用动配合，以防偏磨。

轴箱密封是防止轴箱体内储存的润滑油向外泄漏和外面灰尘进入轴箱体内引起润滑油污染，以免滚动轴承过早损坏。在 $DF_4$ 型内燃机车上，轴箱前端用前盖安全密封，后端盖在轴箱体内并装有防尘圈，填充软脂油，形成迷宫式油封，以防尘土侵入轴箱。

装在轴箱内的圆柱轴承，仅能承受径向载荷，轴向载荷则由弹性轴挡来承受。为了控制轮对的蛇行，便于机车通过曲线，以及缓和机车过道岔、进入曲线时产生的轮对对轨的横向冲击，在转向架前、后两段的轴箱中，在轴挡与外盖之间设有缓冲支承装置。该装置包括轴挡、支承座、橡胶堆、止推轴承等。轴挡与外盖用两根传动销连接，使缓冲支承装置随车轴转动。橡胶支承组装时，橡胶受到 2 mm 的预压缩量，产生 2 kN 的预紧力。也就是说，只有作用在轴挡上的轴向力大于 2 kN 时，橡胶才能继续压缩变形，在轮对与轴箱间产生相对位移。橡胶堆的允许压缩量为 5 mm。

转向架中间轴箱不设橡胶支承，而在轴端与轴挡间留有 12 mm 的间隙，使轮对相对于轴箱有 12 mm 的自由横动量。

## 5.4.5　HXN₅型内燃机车轴箱

　　HXN₅型内燃机车轴箱有 2 个轴头轴承，车轴两端一边一个。这些滚动轴承使车轴在承担转向架构架部分重量时可以转动。每个车轴轴承上安装有 1 个轴箱，轴箱还提供一个托住螺旋弹簧的平台。

　　底座衬垫插在轴箱与转向架构架之间，此尼龙塑料衬垫阻隔轴箱与转向架构架之间的摩擦，属于磨耗件且容易更换。每个轴箱有 2 个衬垫，一边一个，如图 5-4-8 所示。

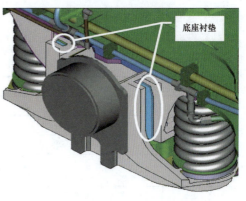

图 5-4-8　HXN₅型内燃机车轴箱

## 5.4.6　HXD₃型电力机车轴箱

　　如图 5-4-9 所示，HXD₃型电力机车一系悬挂系统中共有四种轴箱，四种轴箱的结构基本相同。不同的是：轴箱（一）另外装有接地装置和垂向减振器；轴箱（二）另外装有接地装置。

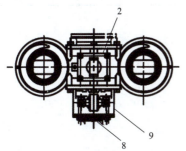

　　另外两个轴箱装有速度传感器和垂向减振器。轴箱与转向架的构架弹性相连，把机车簧上部分的重量传递给轮对，同时将来自轮对的牵引力、制动力、横向力等传递到构架上。轴箱采用独立悬挂，轴箱相对构架的上、下和横向移动，靠弹簧、橡胶元件的弹性变形来获得。

## 5.4.7　轴箱的维护及保养

　　轴箱内的轴承润滑，采用 3 号锂基脂润滑。加脂量应相当于轴承室总容量的 1/3～1/2，过多或不足都有可能造成轴箱发热严重（油脂过多散热不良引起发热）。

　　运行中必须注意零件的紧固状态，不应使任何处所有漏脂现象。

　　运行中，轴箱允许温升为 30 ℃，可以用手触摸轴箱的外部，依据感觉来判断。

　　机车每走行（8～10）×10⁴ km，要对轴箱进行一次中检。中检时应检查前盖和后盖的紧固情况。取下各轴箱的前盖，检查轴端挡板螺栓的紧固情况及轴承状态，并对润滑油脂进行化验分析，测定油脂的酸性、黏度及闪点，如果发现油脂质量不良，要清洗

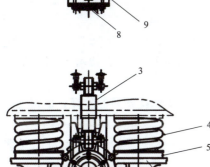

1—轴箱体；2—吊钩；3—垂向减振器；4—轴箱弹簧；
5—减振垫；6—调整垫（一）；7—调整垫（二）；
8—接地装置；9—端盖

图 5-4-9　轴箱外形结构图

轴箱，重新填充油脂。

　　机车每走行（40～50）×10⁴ km 时，要更换轴箱内的全部油脂，并分解轴箱，进行一次全面性的检查，对轴承及其他零件进行清洗；检查轴承有无裂纹、磨蚀和其他不良现象；对轴颈进行电磁探伤。

　　对于长期停放的机车，应定期（最好每月两次）将机车移动一下，以改变滚柱轴承的接触点，防止轴承的腐蚀。

　　在对轴箱进行技术检查时，应注意螺栓的紧固情况及轴箱的发热程度。分析轴箱发热原

因。引起轴箱发热的原因一般有以下几种：润滑油脂不足或过多；滑脂变质；砂、污物或其他颗粒性杂质掉入轴箱内，油脂过脏；轴承组装间隙太小；轴头与轴挡的接触不平等。

学习工作单与考核表

| 任务 | 机车轴箱的认知 | | | |
|---|---|---|---|---|
| 学习小组 | | 姓名 | | |
| 学习工作任务 | | 学习工作完成评价 | | |
| 学习工作 1：分析机车轴箱的功用 | | 自我评价 | 小组评价 | 教师评价 |
| | | | | |
| 学习工作 2：分析机车拉杆的功用 | | 自我评价 | 小组评价 | 教师评价 |
| | | | | |
| 学习工作 3：掌握机车轴箱、拉杆的结构 | | 自我评价 | 小组评价 | 教师评价 |
| | | | | |

# 自 测 题

## 一、填空题

1. 轴箱与转向架构架的连接方式，称为（　　　）。
2. 轴箱定位起到了固定轴距和（　　　　　）活动范围的作用。
3. 轴箱定位分为有导框定位和（　　　　）定位两大类。
4. 轴箱内的轴承润滑，采用 3 号锂基脂润滑。加脂量应相当于轴承室总容量的（　　　　　）。
5. 运行中，轴箱允许温升为（　　　　　）℃，可以用手触摸轴箱的外部，依据感觉来判断。
6. 对于长期停放的机车，应定期［最好每月（　　　　）次］将机车移动一下，以改变滚柱轴承的接触点，防止轴承被腐蚀。

## 二、简答题

1. 简述轴箱拉杆的作用。
2. 简述轴箱定位方式。
3. 简述轴箱定位方式的分类。
4. 简述轴箱的维护及保养。

# 任务 5.5　机车弹簧装置的认知

## 布置任务

1. 了解机车弹簧装置的功用；
2. 了解机车弹簧装置的分类；
3. 了解机车弹簧装置的工作原理。

📖 **相关资料**

　　弹簧装置也称悬挂装置，包括弹性元件及减振器。机车动力性能的好坏，与悬挂装置的结构形式及参数选择密切相关。良好的弹簧装置，能使机车运行平稳，振动减小；保护车内设备免于振松、振裂、振坏；有助于减轻乘务人员的疲劳，对行车安全有积极意义。对线路来说，由于弹簧装置的缓冲作用，也可减轻机车簧上部分振动对线路的冲击破坏作用。

　　现代电力机车都采用两系悬挂装置，如图 5-5-1 所示。一系悬挂，又称主悬挂，设置在机车转向架构架与轴箱之间。二系悬挂，又称次悬挂，设置在车体底架与转向架构架之间。

　　采用两系弹簧悬挂，可以减小整个机车弹簧装置的合成刚度，增大机车的总静挠度，改善机车在铅垂方向的运动平稳性，减少机车对线路的动作用力。

　　对于速度较低的机车（$V_{max} \leqslant 100$ km/h），要求具有良好的黏着性能，其悬挂装置的特点是：一系

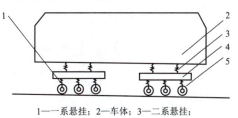

1——一系悬挂；2——车体；3——二系悬挂；
4——转向架构架；5——轴箱

图 5-5-1　机车两系弹簧悬挂示意图

软，二系硬（能使轴重转移减少），总的静挠度不大（主要由一系来提供）。例如 SS$_4$ 改型电力机车，一系静挠度为 139 mm，二系静挠度为 6 mm，总的静挠度为 145 mm。

　　对于速度较高的机车，机车振动加剧，运行的平稳性和稳定性是主要问题，因此悬挂装置的特点是：一系硬，二系软，总的静挠度较大（主要由二系来提供）。二系软，可显著减小车体的振动加速度，有利于机车的高速平稳运行。例如 SS$_4$ 型电力机车，最高运用速度为 170 km/h，一系静挠度为 54 mm，二系静挠度为 110 mm，总的静挠度为 164 mm。

　　我们常常把一系悬挂以上的重量，称为"簧上重量"；一系悬挂以下的重量，称为"簧下重量"，或称为"死重量"，包括轴箱、轮对的重量（轴悬式电机悬挂转向架还包括部分电机重量）。簧下重量对线路产生较大的动作用力，危害很大，必须设法减轻，尤其是速度较高的机车。这就是为什么速度大于 140~160 km/h 的机车必须采用架悬式电机悬挂方式的主要原因。

## 5.5.1　弹簧元件的性能特点

　　机车上常用的弹性元件有板弹簧、圆弹簧和橡胶弹簧 3 种。不论采用何种弹簧元件，它们的共同作用原理是：利用弹性元件受附加载荷时产生的弹性变形，将振动冲击能量转化为元件变形的位能，然后将位能释放出来，形成元件及簧上部分的振动，在振动过程中，冲击能量转化为热量散发掉，使振动加速度和动作用力大大降低。

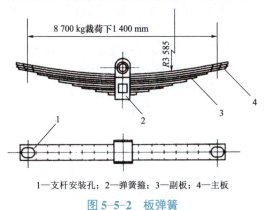

1—支杆安装孔；2—弹簧箍；3—副板；4—主板

图 5-5-2　板弹簧

### 1. 板弹簧

　　板弹簧又称为叠板弹簧或弓形弹簧，是用一片片预先弯成一定弧形的弹簧钢片叠装而成的，中间用簧箍固紧。最上面的簧片，也就是最大的簧片称为主板，其余各簧片称为副板。由于一般板弹簧是根据等强度梁的原理设计的，所以副板的长度逐片减小。弹簧箍是用热套装法装配的。将簧箍加热到一定温度，套在叠好的弹簧片上，用压力机压紧，待冷却后即抱紧簧片。主板两端有销孔或卷耳，用来安装；所有各板中部，冲压出圆形突起，使各簧片互相卡住，防止纵向错动。板弹簧如图 5-5-2 所示。

板弹簧在增减载时的变形为簧片的弯曲变形。增载时每个簧片上部纤维受拉伸长，下部纤维受压缩短；减载时与增载时相反。机车振动时簧片的变形量周期性地发生变化，在片和片之间不断产生摩擦，把动能变为热能，使振动迅速衰减。

板弹簧的优点：不仅具有一般弹簧应起的缓冲作用，而且还因片间摩擦，具有良好的衰减振动的性能，即吸振性好。板弹簧的缺点：重量大，体积大，高频振动很不敏感，往往直接传递，所以灵敏性差。另外，板弹簧变形范围较小，进一步增大挠度有困难，因此，目前电力机车上很少采用。

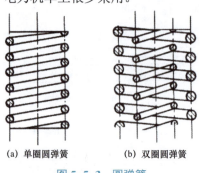

(a) 单圈圆弹簧　　(b) 双圈圆弹簧

图 5-5-3　圆弹簧

### 2. 圆弹簧

圆弹簧又名螺旋弹簧，由弹簧钢条（一般为圆形断面）加热卷绕而成，其外形有圆柱形、圆锥形等形状。机车上应用的一般都是圆柱形弹簧。为了增加弹簧的刚度，常将不同外径的圆弹簧套在一起，组成实质上是并联的双圈或三圈圆弹簧组。

凡是采用多圈弹簧的弹簧组，其紧挨的两层簧的螺旋方向必须相反，一个左旋，一个右旋，以免偏歪时互相卡住，同时避免振动中弹簧组的转动，如图 5-5-3 所示。

圆弹簧在增减载时，整个弹簧的高度发生变化，弹簧丝发生扭曲变形。在正常载荷下，不允许发生簧圈互相接触的"压死"现象。圆弹簧的优点是：结构简单，重量轻，形体小，制造修理比较容易，成本低，工作灵敏性好，静挠度一般较大。缺点是：几乎无吸振能力，振动衰减慢。因此，机车上用圆弹簧组成悬挂系统时，一般要和减振器配合使用。

### 3. 橡胶弹簧

随着现代橡胶工业和橡胶金属黏结工艺的发展，橡胶弹簧在机车上的应用已很普遍。在一系悬挂中，有些国家采用橡胶制成的轴箱弹簧（八字形橡胶堆式轴箱弹簧）；在二系悬挂中，橡胶堆旁承应用很广，如图 5-5-4 所示。

橡胶弹簧受载时的弹性变形，既有压缩变形，也有剪切变形，但不论在何种情况下，橡胶弹簧不宜受拉伸。

橡胶元件变形时，产生内摩擦，形成阻尼，起到明显缓冲和衰减振动的作用。这种内摩擦阻力和板弹簧的片摩擦阻力不同，板弹簧片间摩擦阻力基本上是个恒量，而橡

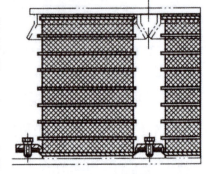

图 5-5-4　橡胶弹簧

胶元件的内摩擦阻力随变形的增大而增大，所以振动弱时阻力小，振动强时阻力大，这种减振性能是很理想的。

橡胶弹簧的优点是：有良好的减振性能，吸收高频振动的能力强，灵敏性好，重量轻，形体小，不会突然折损，运行中无需经常检查。缺点是：橡胶的强度较小，制造工艺复杂，性能误差大，性能受温度的影响大，橡胶弹簧的刚度随温度变化，高温时易老化，低温时易变脆。

## 5.5.2　油压减振器

减振器的作用是衰减振动。它将振动冲击能量通过各种阻尼形式变为热量散发掉，从而使振动衰减，达到平稳运行的目的。机车应用的减振器主要有两大类：具有摩擦阻尼的摩擦减振器和具有黏滞阻尼的油压减振器。另外，橡胶元件的减振效果也是很明显的，各种形式的橡胶件，一般都具有减振的作用。下面扼要介绍油压减振器的工作原理和结构。

### 1. 作用原理

油压减振器是利用油液的黏滞性形成阻尼，吸收振动冲击能量。油压减振器作用原理如图 5-5-5 所示。

油压减振器实质上是一个密封的充满油液的油缸。油缸内有一活塞，把油缸分为 A、B 上下两个腔，活塞上有小孔称为节流孔。将活塞和油缸分别固定在产生相对位移的两部件上（如构架和轴箱上，构架和车体底架上），两部件产生相对运动时，活塞和油缸产生相对位移。

当活塞上移时，A 腔容积缩小，B 腔容积加大。由于油缸是密封的，所以 A 腔油压升高，B 腔油压降低，A 腔的油通过活塞节流孔流入 B 腔，油压得以均衡，当油液流过细小的节流孔时，必然因黏滞产生阻尼。

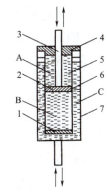

1—进油孔；2—节流孔；3—活塞杆；
4—盖；5—油缸；6—活塞；7—储油筒

图 5-5-5 油压减振器作用原理

当活塞下移时，情况与上述相反，油液由 B 腔经节流孔流入 A 腔，产生阻尼。

由于活塞杆占据了一定的 A 腔容积，活塞杆上下移动时，A 腔和 B 腔容积的变化必然不一致；活塞杆上移时，B 腔容积增大的数值大于 A 腔容积减小的数值；活塞下移时，A 腔容积增大数值小于 B 腔容积减小的数值。这样减振器的正常工作必然受到影响。为了保证减振器的正常工作，在减振器的油缸外，增设一个储油筒，在油缸底部设一进油孔，当减振器工作时，多余的油储存在储油筒中，不足的油液由储油筒补充。设储油筒为 C 腔，则活塞上移时，A 腔的油流入 C 腔，C 腔经进油孔向口腔补充一定数量的油，活塞下移时口腔的油流入 A 腔，也有一部分油液经进油孔流回 C 腔。

由上可知，无论活塞上移（拉伸行程）还是下移（压缩行程），油液都要经节流孔和进油孔流动，其流动阻力大小决定了减振器的减振性能。

### 2. 性能特点

由于油液流动的阻力，即为减振器的阻尼，所以凡影响油液流动阻力的因素，都将影响减振器的减振性能。

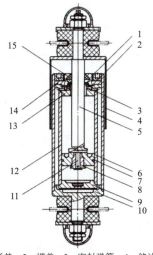

1—托垫；2—螺盖；3—密封弹簧；4—储油缸；
5—活塞杆；6—活塞；7—密封涨圈；8—套阀；
9—缸底和油阀；10—下端头；11—心阀；
12—缸筒；13—缸端；14—油封圈；15—密封圈

图 5-5-6 SFK1 型油压减振器构造

活塞运动速度：速度越大、阻力越大；速度越小，阻力越小。当振动频率高、振幅大，即振动强时，活塞速度大，阻力也大。

节流孔的大小：孔径越大，阻力越小；孔径越小，阻力越大。活塞中部装有心阀，可以人为调整节流孔大小，调整减振器的阻尼值。

油液的黏度：油的黏度越大，阻力越大；油的黏度越小，阻力越小。选用黏度合适的油液对减振器的性能有重要意义。

由上可知，油压减振器有良好的减振性能，当振动强烈时减振性能相应增强；当振动微弱时减振性能相应减弱。这一点非常可贵：既保持机车低速运行时，弹簧装置的灵敏性，又能在高速运行时充分发挥减振的作用。

### 3. SFK1 型油压减振器构造

SFK1 型油压减振器构造如图 5-5-6 所示。

减振器由活塞部（包括心阀）、进油阀部、密封部、缸端和连接部组成。

减振器的活塞部是产生阻尼的主要部分，它由活塞、心阀、心阀弹簧、阀座和套阀等组成。活塞部如图 5-5-7 所示。

心阀两侧开有节流孔，组装后，节流孔的下部露出阀套。节流孔露出部分称为初始节流孔，减振器的阻尼主要决定于初始节流孔的大小。

为调整减振器的阻尼，在心阀、套阀和阀底部还设有 0.2 mm 的调整垫。

在缸体的下端是进油阀部。它由阀体、阀瓣和锁环等组成，如图 5-5-8 所示。

进油阀部的主要作用是：在减振器工作时，从此处压出或补充工作油，其开关决定于活塞下腔油液压力的变化。

缸筒的上部是密封部。其作用是对活塞杆的上下移动作导向，并防止工作油泄漏和进入尘土。密封部的结构包括缸端、油封圈、密封弹簧、托垫和密封圈。这种结构的密封性能决定活塞杆与导向套的间隙以及密封圈的刮油性能。活塞与导向套的间隙越小，密封性能越好，但间隙过小容易造成磨损。导向套安设在活塞杆与缸端之间，由锡青铜制成，可减轻活塞的磨损。密封圈的作用是把少量的漏泄油液从活塞杆上刮下来，经缸端上的回油孔流回到储油缸。

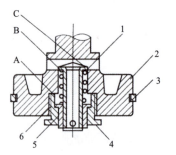

1—心阀弹簧；2—活塞；3—涨圈；4—套阀；5—心阀；6—阀座；
A、B、C—加调整垫处

图 5-5-7　活塞部

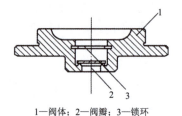

1—阀体；2—阀瓣；3—锁环；

图 5-5-8　进油阀部

减振器的上、下两端是连接部，上端通过减振器座与构架连接，下端直接与轴箱连接。在减振器两端与座相连接处各装有一个橡胶垫，起弹性关节作用。

减振器所用的油液对减振阻力和使用耐久性都有重要作用。通常采用变压器油和透平油各占 50% 的混合油，也可使用仪表油。

目前，SFK1 型油压减振器在我国产电力机车上得到了广泛应用，其他型号的油压减振器在结构、工作原理等方面与 SFK1 型减振器大同小异，这里不再赘述。

### 5.5.3　SS₄ 改型电力机车轴箱悬挂装置

SS₄ 改型电力机车每台转向架有四组完全相同的轴箱独立悬挂装置。每个悬挂装置由两组完全相同的弹簧组、上下压盖及一个上座和一个垂向油压减振器等组成。SS₄ 改型电力机车一系悬挂装置如图 5-5-9 所示。上述结构具有结构简单，独立性强，维修方便，能克服上下压盖歪斜，无磨耗和调一系弹簧容易等优点。

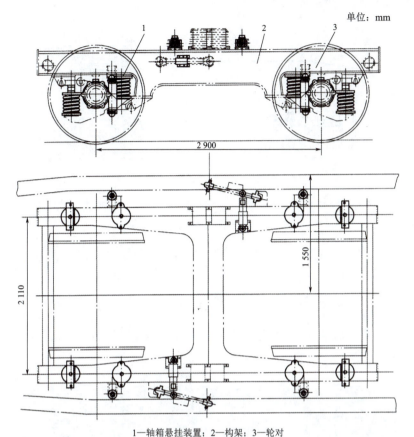

1—轴箱悬挂装置；2—构架；3—轮对

图 5-5-9　SS₄改型电力机车一系悬挂装置

### 1. 弹簧

每个轴箱设置了两个弹簧组，SS₄改型电力机车每个弹簧组有内外 3 个弹簧，除中间弹簧左旋外其余内外两个弹簧均为右旋弹簧，材料为 60Si2Mn 或 55Si2Mn。

为了使内、中、外弹簧组合后受力均匀，应对其进行选配，使它们在各自工作负荷下内、中、外单个弹簧高度差≤3 mm，然后配成弹簧组，并对配成组的弹簧组进行工作负荷下的工作高度测定，做好记录，在弹簧组上做好标记，以便机车调簧之用。

### 2. 弹簧附属部件

附属部件由上下压盖、上座、定位销等组成。弹簧组靠上下压盖，弹簧座定位组装在一起。

### 3. 垂向油压减振器

SS₄改型电力机车转向架采用独立悬挂方式的螺旋弹簧组，单纯应用螺旋弹簧组时振动太大，会加速机车各零件的磨损和疲劳损坏。配合减振器可以达到既衰减振动，又能保持弹簧装置正常工作的目的。

## 5.5.4　DF₄型内燃机车轴箱悬挂装置

弹簧装置有两个作用：第一个作用是给机车各轴以一定的重量分配，并使所分配的重量在车轮行经不平线路时不致发生显著变化；第二个作用是当机车车轮行经线路不平顺处或因车轮不圆而发生冲击时，弹簧装置可缓和其对机车的冲击。

DF₄B型机车弹簧装置如图 5-5-10 所示。

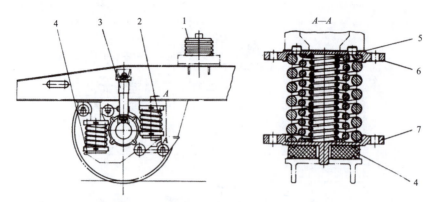

1—橡胶弹簧；2—圆弹簧；3—油压减振器；4—橡胶垫；5—调整垫；6—上弹簧座；7—下弹簧座

图 5-5-10　DF₄ᵦ型机车弹簧装置

DF₄ᵦ型内燃机车上作用第二系弹簧的橡胶弹簧，具有橡胶与钢板的夹层结构，钢板主要起散热作用。

## 5.5.5　HXN₅型内燃机车和HXD₃型电力机车轴箱悬挂装置

HXN₅型内燃机车轴箱悬挂装置由初级减振器（垂向减振器）和螺旋弹簧组成，如图 5-5-11 所示。

图 5-5-11　初级减振器和螺旋弹簧示意图

初级减振器用于减小车轴与转向架构架之间的位移和振动。每台转向架配有 4 个初级减振器。

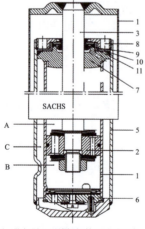

1—工作缸；2—带复原及压缩阀门的可移动活塞；3—活塞杆；4—防尘罩；5—带焊接底的外筒；6—带有压力及补油阀的底阀；7—在工作缸端的活塞杆导向器；8—螺纹环；9—杆密封件；10—工作缸密封件；11—阀片
A—高压腔；B—低压腔；C—储油缸

图 5-5-12　垂向减振器结构

螺旋弹簧用于传递来自转向架构架的重量到车轮和车轴上，缓冲冲击载荷，以及改进走行品质。每个轴箱上有 2 个螺旋弹簧。

HXD₃型电力机车轴箱悬挂装置介绍如下。

### 1. 一系垂向减振器

**1）结构**

一系垂向减振器采用萨克斯铁路减振器，如图 5-5-12 所示。

**2）工作原理**

工作缸由活塞分隔为一个高压腔（A）和一个低压腔（B），在回弹阶段和活塞杆被拉伸时，同样在压缩阶段，活塞上下的工作腔 A、B 的压力分别产生了阻尼力。工作腔中压强随活塞速度和通过活塞（2）和底阀（6）的流动阻力自动调整。

在活塞运动期间，有一个补油油量流入或流出储油腔，此腔上部是空气，下部是工作油。

在减振器工作时，活塞杆的移动产生了泵油过程，此过程由底阀控制。在拉伸期间（回弹阶段），相当于活塞杆消失体积的一部分油，通过底阀（6）上的补油阀从储油缸（C）内抽入。同样，在压缩过程相当于活塞杆出现体积的一部分油通过底阀上压力阀被压进储油缸。这样，底阀上压力阀在车辆任何状态下显示出比活塞上压力阀更大的阻力控制。由于始终是工作上腔（A）的压力大于储油缸压力，所以从活塞杆与杆导向间隙中抽入空气现象被避免了。

### 3）阻尼力

减振器阻尼力基于活塞速度（活塞增加的速度），阻尼力的增加是依赖于已设置的各阀所确定的阻力特性。在组装时，每一个减振器必须经过十分细心的调试及测试，只有通过测量才能精确控制减振器产生的阻尼力。在专用测试机上测试期间，减振器中活塞在预设速度下往复运动，产生的各个阻尼力以示功图方式记录。在相同测试行程 50 mm 下的不同速度通过改变测试机转速来获得。

### 2. 二系横向抗蛇行减振器

二系横向抗蛇行减振器结构如图 5-5-13 所示，其组成为：在缸筒（1）内往复运动的连杆（3）、活塞（2）以及与连杆（3）焊接在一起的上部安装；导油管（4）；螺纹连接防尘罩（5）；焊有底盖的外筒（6）；有回油阀的底阀（7）；拉伸和压缩阻尼调整阀（8）；导向器（9）；螺纹环（10）；油封（11）；储油缸密封（12）；支承垫片（13）以及上下安装连接（上下安装连接部分图上没有绘制，因为其内部结构和作用都是一样的，与安装连接方式无关）。

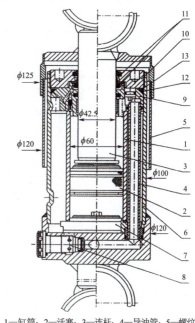

1—缸筒；2—活塞；3—连杆；4—导油管；5—螺纹连接防尘罩；6—焊有底盖的外筒；7—有回油阀的底阀；8—拉伸和压缩阻尼调整阀；9—导向器；10—螺纹环；11—油封；12—储油缸密封；13—支承垫片

图 5-5-13　二系横向抗蛇行减振器结构

### 3. 二系垂向减振器

二系垂向减振器的基本结构及工作原理与一系垂向减振器相同，在此不再赘述。

## 5.5.6　弹簧调整

### 1. 弹簧调整的目的

弹簧调整（包括一系、二系悬挂）的主要目的，是要调整机车的轴重。通过调整车体支承重量的分配和转向架弹簧的受力情况，使车体、转向架保持水平状态，各轴轴重符合规定要求，以保证机车安全运行并发挥最大牵引力。

### 2. 弹簧调整的要求

在静态时，假如线路水平，轮径差符合限度规定，弹簧调整后，根据国家标准的规定应达到下列要求：

（1）同一机车每个动轴的实际轴重，与该机车平均轴重之差，不应超过平均轴重的±2%。

（2）每个车轮轮重与该轴两轮平均轮重之差，不超过该轴两轮平均轮重的±4%。

（3）构架上平面至轨面距离为（1 180±10）mm；同一侧侧梁前后端及同一端左右侧梁实际测量数据之差小于等于 5 mm。

（4）经过在工作负荷下测试过的弹簧组应在标准范围内 262$_{-6}^{+3}$ mm，然后用加垫的方法调整其工作高度，使整台机车在工作负荷下弹簧高度之差小于等于 2 mm。

### 3. 弹簧调整的基本方法

弹簧调整是一个相当复杂的问题。因为影响因素很多，如果影响因素同时发生不良，就会使分析及调整变得十分困难。必须仔细地进行测量，冷静地进行分析，准确地进行判断，抓住主要的影响因素，针对性地进行调整。在弹簧下面加减垫块，是弹簧调整的有效方法。对于个别过硬或过软的弹簧，损坏的弹簧必须更换。

学习工作单与考核表

| 任务 | 机车弹簧装置的认知 | | | |
|---|---|---|---|---|
| 学习小组 | | 姓名 | | |
| 学习工作任务 | 学习工作完成评价 | | | |
| 学习工作 1：了解机车弹簧装置的功用 | 自我评价 | 小组评价 | 教师评价 | |
| | | | | |
| 学习工作 2：了解机车弹簧装置的分类 | 自我评价 | 小组评价 | 教师评价 | |
| | | | | |
| 学习工作 3：了解机车弹簧装置的工作原理 | 自我评价 | 小组评价 | 教师评价 | |
| | | | | |

# 自 测 题

## 一、填空题

1. 弹簧装置也称悬挂装置，包括弹性元件及（　　　　　　）。
2. 现代电力机车都采用（　　　　　　）装置。
3. 机车上常用的弹性元件有板弹簧、圆弹簧和（　　　　　　）3 种。
4. 板弹簧又称为叠板弹簧或（　　　　　　）。
5. 凡是采用多圈弹簧的弹簧组，其紧挨的两层簧的螺旋方向必须相反，（　　　　　　），一个右旋。
6. 机车应用的减振器主要有两大类：具有摩擦阻尼的摩擦减振器和（　　　　　　）。

## 二、简答题

1. 简述垂向油压减振器的作用。
2. 简述弹簧调整的目的。
3. 简述弹簧调整的要求。
4. 简述油压减振器的原理。

# 任务 5.6　传动及电机悬挂装置

## 布置任务

1. 分析机车传动装置的功用与结构；
2. 掌握牵引电动机悬挂方式；
3. 分析牵引电动机悬挂装置结构。

## 相关资料

牵引电动机在机车上的安装，一般都采用弹簧悬挂的安装方法，以减小动作用力对电机线路的破坏作用。所以通常把牵引电动机在机车上的安装称为电机悬挂。

牵引电动机输出的功率和转矩，必须传递到机车的轮轴上，才能发挥其牵引作用。传动装置就是实现电机到轮轴功率、转矩传递的装置。

电机悬挂方式和传动装置有着不可分割的关系。不同的电机悬挂方式，传动装置也不同。牵引电动机的悬挂方式大致可分为轴悬式、架悬式、体悬式三大类。轴悬式又称为半悬挂式，可分为刚性轴悬式和弹性轴悬式两类。架悬式和体悬挂又称为全悬挂式。

齿轮传动几乎是现代电力机车传动装置的唯一形式。

### 5.6.1　齿轮传动的分类和比较

（1）齿轮传动可分为单侧齿轮传动和双侧齿轮传动。单侧齿轮传动又叫单边齿轮传动，双侧齿轮传动又叫双边齿轮传动，如图 5-6-1 所示。单侧齿轮传动的优点是牵引电动机的轴向尺寸可以加大，结构也较简单，制造成本低；缺点是传动时轮对受到偏于一侧的驱动力，左右轮子的受力不同。双侧齿轮传动的优点是轮对受力均衡，左右轮子同时受到相同的驱动力，有利于提高运行品质；缺点是牵引电动机的轴向尺寸受到限制，结构复杂，制造成本增加。

（2）根据齿轮种类，齿轮传动可分为斜齿圆柱齿轮传动和直齿圆柱齿轮传动。单侧齿轮传动，一般用直齿轮，不用斜齿轮；双侧齿轮传动，一般用斜齿轮，不用直齿轮，而且双侧齿轮的齿斜相反。这是因为直齿轮在啮合传动时，其啮合力作用在齿轮的切向；斜齿轮在啮合传动时，其啮合力是垂直于齿斜方向的，不仅有切向分力，而且有较大的轴向分力，如图 5-6-2 所示。

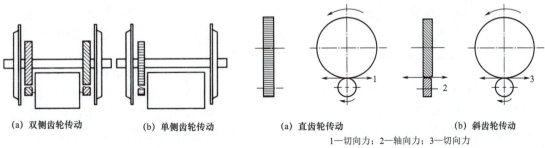

(a) 双侧齿轮传动　　　　(b) 单侧齿轮传动

(a) 直齿轮传动　　　　(b) 斜齿轮传动

1—切向力；2—轴向力；3—切向力

图 5-6-1　齿轮传动示意图　　　　　　图 5-6-2　齿轮啮合力示意图

单侧齿轮传动如果采用斜齿轮，其轴向力将可能引起轮对贴靠一侧钢轨运行；双侧齿轮传动如果用直齿轮，在轮对组装时必须保证双侧大小齿轮形对应的精确性。否则必然引起齿轮不能同时啮合，或双侧齿轮啮合力不等的问题。采用斜齿轮，而且双侧齿斜相反，则轴向力也相反，齿轮安装的误差，可由轴向力差值引起的轮对微小横动来得到纠正，保证了双侧齿轮传动转矩的均匀性。

（3）根据大齿轮轮心的结构，可分为弹性齿轮传动和刚性齿轮传动。大齿轮分为齿圈和齿轮心两部分，互相用弹簧或橡胶弹性地组装在一起，则成为弹性齿轮传动；大齿轮心如果制成刚性结构，则为刚性齿轮传动。至于小齿轮，一般都是刚性的。

弹性齿轮传动的优点是：改善了沿齿宽方向的应力分布；缓和来自钢轨的冲击，啮合力的传递比较柔和；改善了牵引电动机的工作条件。其缺点是增加了齿轮结构的复杂性，增加了制造成本。

刚性齿轮传动的优点是：结构简单，制造维修成本低。其缺点是啮合条件差，齿轮磨损大，传动冲击大，对牵引电动机不利。

（4）传动比是从动齿轮齿数与主动齿轮齿数之比。由于牵引电动机转速高，轮对的转速低，所以齿轮传动在电力机车上都是减速齿轮传动。减速齿轮传动，既可以保持牵引电动机在高效率的转速范围内工作，又可以加大轮对的转矩，使机车在相同速度下充分发挥牵引力。因小齿轮强度、最小齿数及机车车辆限界对大齿轮的限制，一般电力机车齿轮传动比小于 5。

在选择齿轮的齿数和传动比时，必须力求轮齿的工作能均匀协调。在电力机车上，齿轮圆周作用力是经常变化不定的，而且主、从动齿轮轮齿材质不同，表面硬化程度不同，因此，所选择的传动比的数值应当尽可能是个无理数，即无限不循环小数，或者是个无限循环的有理数。这样，一个齿轮上的每个轮齿将有机会同另一个齿轮上所有的轮齿啮合，以使轮齿得以均匀磨损。例如：$SS_4$ 型电力机车齿轮传动比为 88/19；$SS_4$ 改型机车齿轮传动比为 88/21；$SS_8$ 型电力机车齿轮传动比为 77/31，都是这样有意安排的。

一般高速客运电力机车的传动比取值偏低，货运电力机车传动比取值偏高。

## 5.6.2 电机悬挂的分类和比较

### 1. 刚性轴悬式电机悬挂

牵引电动机的一端经抱轴瓦或滚动轴承刚性地支承在车轴的抱轴颈上—抱轴端；另一端弹性地悬挂在转向架构架横梁上—悬挂端，如图 5-6-3 所示。

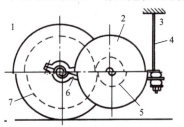

1—车轮；2—电机；3—构架；4—吊杆；
5—小齿轮；6—抱轴端；7—大齿轮

**图 5-6-3　刚性轴悬式电机悬挂示意图**

这种悬挂方式结构简单，检修容易，拆装方便，在不起吊机车车体的情况下，牵引电动机可以在落轮坑内卸下，工作可靠，制造容易，成本低廉，广泛应用于国内外电力机车上。

其缺点主要有两点：一是簧下质量大（牵引电动机约一半的质量，属于簧下死质量），轮轨动载荷大；二是来自线路的冲击，直接传至牵引电动机，电机垂向加速度大，影响其工作可靠性及使用寿命。这一点在高速机车上尤其严重。通常认为，机车最大运用速度超过 140～160 km/h，就应该采用牵引电动机全悬挂。

随着机车速度的提高，刚性轴悬式电机悬挂机车，车轮垂向加速度及冲击增大，牵引齿轮副及牵引电动机工作条件更为恶化，为改善这种情况，可采取两种措施：滚动抱轴承及弹性大齿轮。

滚动抱轴承与滑动轴承相比，轴承的径向间隙小，改善了牵引齿轮的啮合条件，延长齿轮的使用寿命，提高轴承的工作可靠性，减少了维修工作量和维修成本。

把牵引大齿轮改为弹性大齿轮，可以缓和来自线路的冲击，改善牵引齿轮副的接触状况，减小了牵引齿轮的磨耗，降低牵引电动机故障率。其缺点是：结构复杂，制造成本高，橡胶弹性元件有一定使用期限，必须定期检查更换。

### 2. 弹性轴悬式电机悬挂

弹性轴悬式的结构与刚性抱轴式相似。弹性轴悬式电机悬挂如图 5-6-4 所示。

牵引电动机的一端悬挂在转向架构架上，另一端仍通过抱轴承支承，但抱轴承不是直接支承在车轴上，而是支承在车轴外面套装的空心轴上，从动大齿轮也是固装在空心轴的端部。空心轴的两端再通过弹性元件支承在轮上。牵引电动机传至齿轮的力矩通过空心轴、弹性元件传至轮对。空心轴随车轴一同旋转。因此，装在轮心上的弹性元件既要支承牵引电动机约

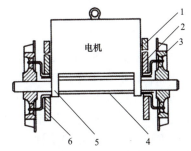

1—小齿轮；2—大齿轮；3—橡胶件；4—空心轴；
5—抱轴承；6—驱动件

图 5-6-4　弹性轴悬式电机悬挂

一半的重量及空心轴和大齿轮重量，还要传递牵引电动机传来的力矩。

由于牵引电动机的一半质量还是支承在轮对上，但中间经过了弹性元件，故称为弹性轴悬式。

这种悬挂方式的优点是：减轻了动作用力的危害，有利于延长电机寿命和齿轮的正常啮合，也有利于提高机车的黏着性能。

### 3. 架悬式电机悬挂

架悬式的牵引电动机全部悬挂在转向架构架上，因此牵引电动机全部质量属于簧上部分，这就大大减小了簧下死质量，适应了高速运行的需要。同时，因线路不平顺和冲击所引起的轮对垂向和横向加速度，不会直接传到牵引电动机和牵引齿轮副，电机和齿轮副的工作条件大为改善，故障率减少，工作寿命延长。

架悬式悬挂的技术难题，是如何可靠地解决齿轮传动的啮合问题。因为牵引电动机布置在转向架构架上，它的振动规律和轮对的振动规律不一致，而大齿轮又必须装在轮轴上，在这种情况下怎样保证齿轮啮合的可靠性，的确是件困难的事。

解决架悬式电机悬挂的齿轮传动问题，各国采用的结构方案很多。按驱动装置中弹簧联轴器的布置位置，架悬式驱动装置可分为三大类。

（1）轮对空心轴一级弹性驱动装置〔见图 5-6-5（a）〕。

弹性联轴器置于空心轴与轮对之间，空心轴包在车轴外面，大齿轮直接固装在空心轴上，大齿轮的扭矩由空心轴两端经弹性联轴器传至左右轮对。

（2）轮对空心轴两级弹性驱动装置〔见图 5-6-5（b）〕。

一个弹性联轴器联结大齿轮轮心与空心轴端部，另一个弹性联轴器置于空心轴的另一端与车轮轮心之间。大齿轮的扭矩经弹性联轴器驱动空心轴，空心轴的另一端又经弹性联轴器把扭矩传给该侧车轮，再通过车轴传至另一侧车轮。

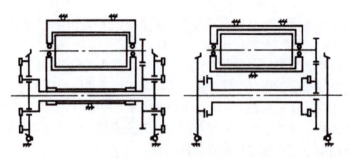

（a）轮对空心轴一级弹性驱动装置　（b）轮对空心轴两级弹性驱动装置

图 5-6-5　架悬式驱动装置分类

（3）电动机空心轴驱动装置。

弹性联轴器布置在扭轴端部与小齿轮之间，扭轴伸在空心的电枢轴内，扭轴内端通过齿轮联轴器与空心电枢轴相联。牵引电动机产生的扭矩经过空心电枢轴、齿轮联轴器、扭轴、橡胶联轴器、小齿轮、大齿轮、传给轮对。

由上可知，不论采用哪种方案，都不可避免地带来了传动结构复杂，工艺要求高，制造和维修困难增加，成本加大等问题。

#### 4. 牵引电动机体悬挂

体悬式的牵引电动机全部或大部悬挂在车体上。

高速机车的最大运行速度超过 200 km/h 时，为了进一步改善机车的动力学性能，通常把牵引电动机悬挂在车体的底部，使其成为二系弹簧以上的重量。转向架的重量、转动惯量就大为减小，更容易保持转向架高速时的蛇行稳定性，对减轻轮轨的垂向及横向动载荷也有所帮助。

图 5-6-6 为法国 TGV 动力车的驱动装置。牵引电动机悬挂在车体上，其扭矩通过齿轮箱（装在车体上）、万向轴、小齿轮、大齿轮传至轮对。

1—动轮；2—齿轮箱；3—牵引电动机；
4—关节联轴器；5—齿轮箱

图 5-6-6　法国 TGV 动力车的驱动装置

### 5.6.3　SS4 改型电力机车齿轮传动装置

SS4 改型电力机车齿轮传动装置采用双边刚性斜齿轮传动，包括大齿轮（从动齿轮）、小齿轮（主动齿轮）和齿轮箱。它的作用是将牵引电动机产生的转矩通过大小齿轮啮合传递给轮对，产生牵引力或制动力（电气制动工况）。

#### 1. 小齿轮

小齿轮安装在牵引电动机电枢轴两端。为了便于拆装和防止电机轴拉伤，电机轴和小齿轮内孔用 1:10 的锥度通过过盈配合连接在一起。

拆卸小齿轮时将专用油泵油嘴旋入电机轴端面带有大倒角的螺孔内，用螺栓加挡板挡住小齿轮，以免小齿轮脱开时碰伤或发生伤人事故，然后压动油泵便可把小齿轮自动退下。

#### 2. 大齿轮

大齿轮由齿圈和齿轮心组合而成。齿轮心材质为 ZG230-450 铸钢件。齿圈和齿轮心为过盈紧配合，其过盈量为 0.8～0.9 mm。

在装配时，应注意两者配合面的锥度必须同向，齿圈和齿轮心组装时，把齿圈加热至

200 ℃以下，套在齿轮心上，然后再加工，滚齿、倒角、中频表面淬火、磨齿、检查。

大齿轮与轮心轮毂组装为过盈紧配合，在冷态下压装到轮毂上，压装过盈量为 0.37～0.40 mm，压力值为 500～800 kN。

### 3. 齿轮箱

为了对齿轮进行润滑以及防止尘土、砂石等污物对齿轮的侵袭，将大小齿轮密闭在齿轮齿内。

齿轮箱由上箱和下箱组成。箱体均为低碳钢焊接结构，侧板厚为 5 mm，盖板厚为 3 mm。为了使齿轮副在工作时箱体内压力和外部大气压力相平衡，在齿轮箱上箱盖板上焊装手把形状的气管两个，同时该件还可用于吊装齿轮箱体，在下箱底部和内侧部安装有螺堵和验油阀，旋开下部放油螺堵可放油；验油阀上部设置可以开启的密封性能良好的阀盖，打开阀盖可观察油位和加润滑油，如图 5-6-7 所示。

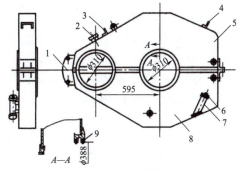

1—连接座；2—排气孔；3—手把；4—手把；5—上半部；6—油尺；7—油嘴；8—下半部；9—毛毡

图 5-6-7　机车齿轮箱

为了防止上下箱合口处漏油，在上箱侧板四周焊装内外挡板，在大领圈处焊装两个挡油槽，上下箱组装前在内外挡板中间加聚氨酯密封垫和 NJYA-2 聚氨酯胶黏剂。齿轮箱两个直径为 310 mm 和一个直径为 389 mm 的孔为上下箱组装后整体加工而成，以防上下两半圆形领圈错位，引起漏油。两个直径为 310 mm 的孔与电机外壳组装时用橡胶圈进行密封，直径 389 mm 孔与大齿轮轮毂相配合处用聚氨酯毛毡条进行密封，这种材料黏结性能好，耐油，固化后具有较好的弹性、耐磨性和抗老化性，并具有一定的抗拉强度，可防箱体外的水、灰尘等污物进入箱体内。上下箱组合成整体时用 4 根 M20×75 mm 的螺栓固定在电机端部外壳上，使两者之间固定连接，不产生相对位移。

## 5.6.4　SS₄ 改型电力机车电动机悬挂装置

SS₄ 改型电力机车牵引电动机为抱轴式半悬挂（刚性轴悬式）。一端通过抱轴承刚性地支承在轴上，另一端靠电动机悬挂装置吊在构架牵引梁电动机悬挂座上，如图 5-6-8 所示。

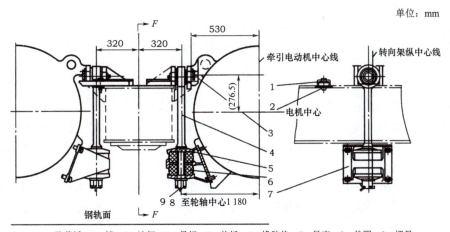

1—防落板；2—销；3—油杯；4—吊杆；5—垫板；6—橡胶垫；7—吊座；8—垫圈；9—螺母

图 5-6-8　SS₄ 改型电力机车电动机悬挂装置

电动机悬挂装置一方面能承受电机静载荷（约为电机重量的一半），另一方面能承受电机工作时产生的反力，同时在电机工作过程中，它可随电机纵向和横向自由摆动，并可缓和电机与构架间的振动。电机悬挂装置主要由防落板、销、吊杆、垫板、吊座、橡胶垫、螺母等零件组成。

　　吊座为 ZG230−450 铸钢件，用 5 个 M24×55 mm 的螺栓紧固在牵引电机下方的槽形安装座上。吊座上下圆盘内安放两个橡胶垫，在橡胶垫上下安放垫板。然后插入电机吊杆，在吊杆下部用 M52×3 mm 的花螺母紧固，使橡胶垫有 30 kN 的预压力，然后插入 10×100 mm 的开口销，以防螺母脱落，吊杆上部内装关节球轴承，用销与构架上的电机悬挂吊座相连，为防止销窜动，用卡板固定。

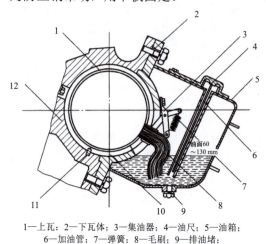

1—上瓦；2—下瓦体；3—集器；4—油尺；5—油箱；
6—加油管；7—弹簧；8—毛刷；9—排油堵；
10—下瓦；11—键；12—电机体

**图 5−6−9　SS₄改型电力机车牵引电动机
抱轴承及润滑装置**

　　组装完电机悬挂装置后，在吊杆销套和球轴承间注入润滑油脂，落车后还要确认防落板上平面与牵引电机外壳吊耳下平面的垂向间隙大于等于 20 mm，防落板端部与电机外壳间的间隙大于等于 10 mm，且与吊耳的纵向搭接量大于等于 20 mm。

　　抱轴箱通过左右两个抱轴承刚性地支承在车辆两端的抱轴颈上，SS₄改型电力机车牵引电动机抱轴承及润滑装置如图 5−6−9 所示。

　　抱轴承为剖分式，采用滑动轴承，每个半瓦由铜瓦背和巴氏合金组成（约为 3 mm 厚）。

　　在每副抱轴承下轴瓦及油箱底座开有方孔，集油器毛刷上的毛线可以穿过方孔压在抱轴颈上，以便对轴承进行润滑。油箱内储存有润滑油，油箱盖上有油尺，用它检查存油量的多少。润滑

油靠毛细管作用被毛线吸上去，润滑轴颈表面。为了保证毛线贴靠车轴轴颈，装设了集油器，利用杠杆机构将其压紧。润滑油在润滑轴颈后，仍然流回油室内。在油箱底部设有排油堵，可定期排出污油，更换新油。

　　为了保证瓦面有一定量的油膜，不至于产生热轴或烧损巴氏合金，保证齿轮的正常啮合，轴瓦与车轴轴颈间的间隙要求在 0.25～0.4 mm 之间。随着机车运行，轴瓦逐渐磨耗，间隙也越来越大，当轴瓦间隙大于 1 mm 时，必须重新挂合金或换瓦。

## 5.6.5　DF₄型内燃机车电机悬挂装置

　　牵引电动机的一端由两个抱轴轴承钢性地支承在车轴的抱轴颈上，另一端弹性地悬挂在转向架构架上。轴悬式驱动机构结构简单，检修容易、拆装方便，在不起吊车体的情况下，牵引电动机可以在落轮坑内卸下，各轮对的牵引电动机可以互换安装。DF₄型内燃机车的牵引电动机采用了这种方式（DF₄型内燃机车牵引电动机悬挂装置见图 5−6−10）。

　　减速齿轮箱是剖分式的，用三点固定在电动机的外壳上。箱下部盛放齿轮油，采用飞溅润滑。

　　齿轮一般为单侧驱动。由于齿轮强度、小齿轮最小齿数以及机车限界等的限制，齿轮传动比小于 5。模数通常为 10～12 mm。

　　抱轴悬挂基本上能保持齿轮中心距不变和电枢中心线与轮轴中心线平行，以保证齿轮的正常啮合。由于抱轴轴承与车轴间存在间隙、电枢轴的弯曲、轴箱载荷引起的车轴变形等原因，往往引起齿轮接触不良。

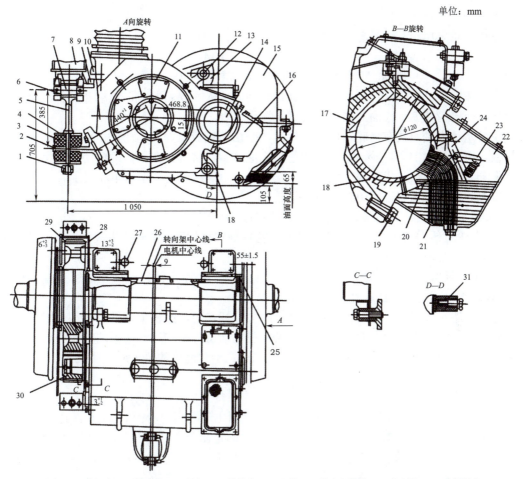

1—螺母；2—吊杆座；3—橡胶垫；4—吊杆；5—橡胶套；6—心轴；7—吊杆座；8—转向架横梁；9—安全托；10—电机托座；11—牵引电动机；12、19—螺堵；13—座；14—动轴；15—齿轮箱；16—抱轴轴承；17—抱轴瓦；18—键；20—刷架框；21—毛线垫；22—抱轴轴承盖；23—弹簧；24—刷架；25—密封圈；26—防尘垫；27—油杯；28—齿轮箱下箱体；29—大齿轮；30—小齿轮；31—调整垫片

**图 5-6-10　DF₄型内燃机车牵引电动机悬挂装置**

DF₄型内燃机车牵引电动机悬挂装置主要由电机吊杆、橡胶垫、螺母等组成。

牵引电动机的一侧通过抱轴轴承中的抱轴瓦支承在动轴上，抱轴轴承为剖分式，抱轴轴承盖是抱轴瓦的润滑油箱，内装有刷架框、侧架、弹簧、毛线垫等。

抱轴瓦的瓦背用锡青铜制成，瓦表面挂有 GuSnSb11-6 牌号的白合金。在下瓦中部 45°夹角处开有孔口，以使毛线垫与车轴接触，起到润滑作用。油杯起注油和检查油位的作用。在运用中要保持一定油位的润滑油，否则易导致漏油或轴瓦碾片，甚至烧损。

抱轴瓦正常工作时，轴的径向间隙为 0.2～0.4 mm（在运用中此游隙最大不应大于0.75 mm）。左、右抱轴瓦的游隙差不超过 0.2 mm。抱轴瓦轴向间隙为 0.1～2.6 mm，使用中最大间隙不应大于 4.0 mm。为防止轴瓦端部漏油，在轴瓦的瓦肩上设有两道密封圈。

牵引电动机的另一侧通过吊杆悬挂在转向架横梁上。悬吊装置由吊杆座、橡胶垫和与轴箱拉杆相同的轴芯等组成。橡胶垫自由高度为 93 mm，组装时预压缩 14 mm，预压缩力为29.4 kN，以保证下橡胶垫在电动机自重和最大牵引力矩作用下继续受压，以免在工作时因有间隙而产生冲击。为防止悬挂吊杆折损造成电机脱落的严重事故，在构架横梁（或端梁）上加装了安全托。

牵引齿轮采用渐开线齿廓。其模数 $M$ 及传动比 $K$ 为：

货运机车 $M=12$ $K=63/14=4.5$

客运机车 $M=10$ $K=71/21=3.38$

主动齿轮用 20CrMo 材料制成，从动齿轮用 42CrMo 材料制成，齿廓和芯部经热处理后均要保证一定的硬度，齿面磨削加工后进行探伤检查。

主、从动齿轮组装在齿轮箱内。齿轮罩，是由薄钢板组焊成的箱形结构。上箱体上焊有密封板，组装时涂上密封胶，密封板槽内填充泡沫塑料带，并在罩体两侧用拉紧螺栓拉紧，以确保分箱面不漏油。齿轮罩上设有四个安全座，用螺栓固定在牵引电动机上。

轴悬式驱动机构在运用中存在以下问题。

① 簧下重量大，对线路上部建筑有较高的动力作用。

② 向轮对传递扭矩不均匀，这会导致车轮轮箍磨损加剧、钢轨产生波形磨损、机车黏着性能可能大大下降。

③ 抱轴瓦吸收了轮对通过道岔、钢轨接头和其他不平顺线路时产生的所有碰撞和冲击（牵引电动机机体的振动加速度高达 25g）。

这些问题不仅对牵引电动机的零部件会产生破坏作用，给机车走行部特别是牵引电动机的检修带来较大的工作量，而且要扣车更换牵引电动机，影响运输任务的完成，因此，轴悬式驱动机构一般认为适用于 120 km/h 以下的机车，大于此速度的机车应采用架悬式驱动机构。

## 5.6.6 HXN₅ 型内燃机车电机悬挂装置

转向架包含 3 根轴及其轮对。每根轴由一台牵引电动机驱动，牵引电动机通过 U 型管组件和减速齿轮装置与轴连接。U 型管组件包在轴上并固定在牵引电动机上。U 型管内有两个滚动轴承组，使轴能自由转动。减速齿轮装置包括 1 个小齿轮和 1 个大齿轮。固定在牵引电动机上的齿轮箱，罩着小齿轮和大齿轮，防止灰尘、潮气侵蚀以及容纳必需的齿轮润滑油。当提供电能给牵引电动机时，牵引电动机轴上的部件——小齿轮转动大齿轮，大齿轮压装在车轴上，转动车轴，驱动车轮转动。每个牵引电动机的一侧通过电机鼻悬挂装置与转向架构架物理地固定在一起。转向架构架通过 2 个螺旋弹簧、1 个轴箱（轴头箱）和 1 个车轴轴承（轴头轴承）支撑在每根轴的两端。轴承压装在轴头上。轴箱罩着轴承，托着 2 个螺旋弹簧。螺旋弹簧的另一端托着转向架构架。4 个初级减振器布置在转向架两侧以吸收垂向振动，如图 5-6-11 所示。

转向架与机车车架之间的力通过转向架上的牵引销轴承组件与车架上的牵引销来传递。3 个负荷支承点支撑着机车的垂向载荷，并允许车架和转向架构架之间产生横向位移，不需要的位移通过初级减振器、横向减振器和纵向减振器来约束。最后，制动缸、基础制动装置和闸瓦在 6 个转向架车轮两侧提供制动力。该机车是一种交流电传动内燃机车，配备了 2 台三轴高黏着型转向架。所有的轮对都配置有抱轴式鼻悬挂电动机。轮对通过密封的锥形滚动轴承安装在转向架构架上，轴承位于轴箱内，轴箱通过非金属垫板受到导框的横向与纵向约束。

牵引中心作为中心销支承组件的一部分，夹在 2 个橡胶—金属层弹簧（牵引缓冲器）中间，固定在转向架构架中。中心销支承组件传递机车下面的中心销与转向架构架之间的牵引力。作为牵引中心的一部分，牵引缓冲器允许机车下面的转向架在横向和纵向上有一定的位移。安装在转向架构架和中心销之间的水平液压减振器协助阻滞机车在转向架上方的横向位移。

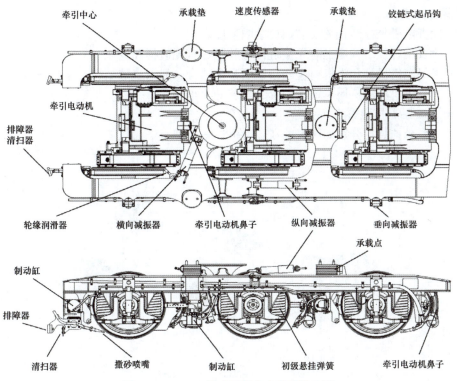

图 5-6-11　HX<sub>5</sub>型内燃机车电机悬挂装置

## 5.6.7　HXD₃型电力机车电机悬挂装置

### 1. 电机悬挂装置的组成

电动机悬挂装置采用轴悬式。一端通过滚动抱轴箱支承在车轴上，另一端通过两端带橡胶关节的吊杆弹性悬挂在构架的横梁和后端梁上。轮对上的从动齿轮由电机输出轴端的小齿轮驱动使车轮旋转。主、从动齿轮由齿轮箱罩住并获得油浴式润滑。齿轮箱通过三个螺栓连接到电机壳体和滚动抱轴箱体上。

电动机悬挂装置由牵引电动机、吊杆等组成，电动机悬挂装置如图 5-6-12 所示。

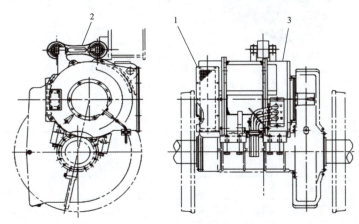

1—牵引电动机通风道；2—吊杆装配；3—牵引电动机

图 5-6-12　电动机悬挂装置

**2. 保养要求**

（1）检查电机悬挂装置的安装螺栓紧固程度。

（2）检查吊杆及吊杆座上有无裂缝，橡胶垫片有无破损和老化。

（3）确保电机吊杆和电机电座的接触面紧密结合、局部缝隙不超过 0.2 mm。

（4）检查牵引电动机通风道橡胶套的安装是否牢固。

**3. 一、二系悬挂装置**

一、二系悬挂装置分别如图 5-6-13 和图 5-6-14 所示。

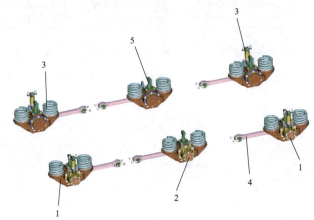

1—轴箱（一）；2—轴箱（二）；3—轴箱（三）；4—轴箱拉杆；5—轴箱（四）

图 5-6-13 一系悬挂装置

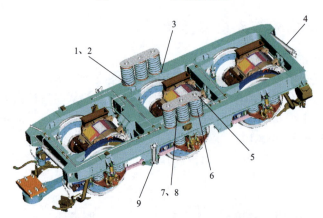

1、2—调整弹簧垫片；3—减振垫；4—抗蛇行减振器；5—连接座组成；
6—高圆弹簧；7、8—调整垫片；9—垂向减振器

图 5-6-14 二系悬挂装置

学习工作单与考核表

| 任务 | 传动及电机装置 | | | |
|---|---|---|---|---|
| 学习小组 | | | 姓名 | |
| 学习工作任务 | | 学习工作完成评价 | | |
| 学习工作 1：分析机车传动装置的功用与结构 | | 自我评价 | 小组评价 | 教师评价 |
| | | | | |

续表

| 学习工作 2：掌握牵引电动机悬挂方式 | 自我评价 | 小组评价 | 教师评价 |
|---|---|---|---|
|  |  |  |  |
| 学习工作 3：分析牵引电动机悬挂装置结构 | 自我评价 | 小组评价 | 教师评价 |
|  |  |  |  |

## 自测题

### 一、填空题

1. 齿轮箱由上箱和下箱组成。箱体均为低碳钢（　　　）结构。
2. 架悬式的牵引电动机全部悬挂在转向架（　　　）上。
3. 牵引电动机全部质量属于（　　　），这就大大减小了簧下死质量，适应了高速运行的需要。
4. 传动比是从动齿轮齿数与（　　　）齿轮齿数之比。
5. 牵引电动机的一端经抱轴瓦或滚动轴承刚性地支承在车轴的（　　　）上。
6. 牵引电动机另一端弹性地悬挂在转向架构架（　　　）上。

### 二、简答题

1. 简述机车传动装置的功用。
2. 简述牵引电动机的悬挂方式。
3. 简述机车传动装置结构。
4. 简述牵引电动机悬挂装置结构。

## 任务 5.7　机车基础制动装置的认知

### 布置任务

1. 分析机车基础制动装置的功用；
2. 分析机车基础制动装置的组成；
3. 掌握单元制动器的构造与工作原理。

### 相关资料

制动装置一般包括 3 个部分，即制动机、基础制动装置和停车制动装置。

制动机分为机车制动机和车辆制动机，一般认为它是制动装置中可直接受司机操纵控制及产生制动原力（制动缸活塞上所产生的推力）的部分。

基础制动装置分为闸瓦制动和盘形制动两大类，闸瓦制动的基础制动装置由制动缸活塞推杆、闸瓦及一系列传动部分所组成。它的作用是把制动原力放大若干倍后均匀地传递到各个闸瓦，使之压紧车轮，产生制动作用。基础制动装置的任务如下：

（1）传递制动原力至各个闸瓦；

（2）将制动原力放大一定倍数；

（3）保证各闸瓦有较一致的闸瓦压力。

停车制动装置是机车车辆在无压缩空气时，用以代替空气制动机的作用，带动基础制动装置，使闸瓦压紧车轮的一种制动装置。停车制动装置一般包括手制动机和蓄能制动器（弹簧止轮器）。手制动机靠人力操纵并产生制动原力，而蓄能制动器则是靠蓄能弹簧产生制动原力。

## 5.7.1　基础制动装置的组成

基础制动装置由制动缸、制动传动装置、闸瓦装置及闸瓦间隙调整装置组成。

制动缸俗称闸缸，是产生制动原力的部件，它受制动缸压力和空气压力变化的控制而进行动作。制动缸的种类很多，但其构造基本相同，主要由缸体、活塞、活塞杆及缓解弹簧等组成。

制动传动装置应用杠杆原理，将制动缸产生的制动原力放大一定的倍数后均衡地传递给各个闸瓦。

闸瓦装置用于安装闸瓦，并调整闸瓦与车轮踏面间的工作角度。闸瓦装置包括闸瓦、闸瓦托及闸瓦定位装置等。

闸瓦间隙调整装置用于自动调整闸瓦与车轮踏面之间的间隙，使闸瓦间隙保持在规定的范围内，以确保制动作用的可靠性。

## 5.7.2　基础制动装置的布置形式

### 1. 按闸瓦的布置情况分类

基础制动装置按照闸瓦的布置情况，可分为单侧制动式和双侧制动式。

单侧制动式也称单侧闸瓦式，即只在车轮的一侧设有闸瓦，如 SS₄ 改型电力机车的基础制动装置（见图 5-7-1）。单侧闸瓦式基础制动装置的构造较为简单，适用于速度不高、吨位不大的车辆和有其他制动形式的机车，但这种制动装置在制动时使轴箱单侧受力，轴瓦易于偏磨；而且闸瓦单位面积上的压力较大，闸瓦磨耗量大，制动效果较差。

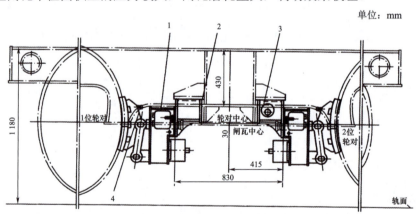

1—制动器；2—安装座（一）；3—安装座（二）

**图 5-7-1　SS₄ 改型电力机车的基础制动装置**

双侧制动式也称双侧闸瓦式，即在车轮的两侧都设有闸瓦，如 209T 转向架的基础制动装置。双侧闸瓦式基础制动装置结构比较复杂，但由于制动时闸瓦单位面积上所受的压力较小，因而摩擦系数较高，制动效果较好，闸瓦磨耗量也小，因此对缩短制动距离、提高运行速度都是有利的。

目前我国货车和 DF₄ 型内燃机车、部分电力机车采用单侧制动，客车和部分型号的内燃、电力机车采用双侧制动。随着列车运行速度的提高，大吨位货车也有采用双侧式基础制动装置的必要。SS 系列电力机车除 SS₁、SS₃、SS₇ 型机车采用双侧制动外，其他车型均采用单侧制动。

**2. 按制动缸的控制对象分类**

基础制动装置按照制动缸的控制对象，可分为组合式和单独式。

组合式基础制动装置是由一个制动缸为若干个闸瓦装置提供制动原力，209T 转向架的基础制动装置如图 5-7-2 所示。其工作原理如下。

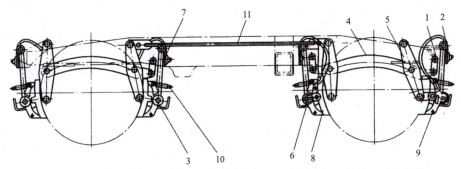

1—拉杆吊；2—缓解弹簧；3—制动梁；4—移动杠杆拉杆；5—移动杠杆；6—拉环；7—闸瓦托吊；
8—闸瓦；9—闸瓦托；10—闸瓦托弹簧；11—移动杠杆上拉杆

图 5-7-2　209T 转向架的基础制动装置

当空气制动机起制动作用时，制动缸活塞推动制动缸前的杠杆系统，并通过制动拉杆（又称上拉杆，图中未示出）拉动第一个移动杠杆 5 的上端右移，第一个移动杠杆以中间的圆销为中心产生转动，并通过下端的圆销和拉环把制动梁推向车轮。制动梁朝向轮对移动时直接带动闸瓦托和闸瓦移向轮对，直到闸瓦贴靠车轮踏面。当制动拉杆继续拉动第一个移动杠杆 5 的上端右移时，第一个移动杠杆由于下端相对固定，便以下端的圆销为中心产生转动，通过它的中间圆销拉动移动杠杆拉杆 4 和第二个移动杠杆的中间圆销，使第二个移动杠杆绕它的上部圆销转动，于是第二个闸瓦便贴靠第一个车轮踏面的另一侧。此后，在制动力的继续作用下，第二个移动杠杆又绕下部圆销转动，它的上端圆销拉动移动杠杆上拉杆 11 和第三个移动杠杆的上端，其作用与第一个移动杠杆开始动作时一样，直到第三个和第四个闸瓦贴靠第二个车轮的两侧踏面为止。第四个移动杠杆由于上端有固定支点又称为固定杠杆，其上端用圆销固定在转向架构架的固定杠杆支点座上。

当制动机缓解时，制动装置靠八个缓解弹簧 2 的作用恢复原位。

单独式基础制动装置又称独立式，一个制动缸单独为一个闸瓦装置提供制动原力。

目前，国产 SS 系列电力机车和大多数内燃机车、装用盘形制动的客车均采用单独式基础制动装置，货车和大多数客车采用组合式基础制动装置。

## 5.7.3　机车单元制动器

SS 系列电力机车的基础制动装置均采用独立箱式单元制动器，它是以制动器箱体为基础，将制动缸、制动传动装置和闸瓦间隙调整装置安装于箱体内部，闸瓦装置安装于箱体外侧的一种基础制动装置，因而又称为单缸制动器。其主要由制动缸、杠杆传动系统、闸瓦间隙自动调整器和闸瓦装置组成。其特点是将制动单元各部件分别安装于箱体内外，对精密部件实行全密封，以提高可靠性。无论采用单侧制动，还是双侧制动，组装好的制动器作为一个独立单元吊装在转向架构架的制动器安装座上，用螺栓连接，此外还采用了其他的稳定措施。SS 系列电力机车所使用的单缸制动器的主要参数如表 5-7-1 所示。

表 5-7-1  SS 系列电力机车所使用的单缸制动器的主要参数

| 制动器技术参数 | $SS_{3B}$ | $SS_4$ 改 | $SS_7$ | $SS_8$ | $SS_9$ |
|---|---|---|---|---|---|
| 制动缸直径/mm | 178 | 178 | 190 | 203 | 190 |
| 缓解弹簧反力/N | 347 | 347 | 327 | 307 | 307 |
| 制动倍率 | 2.85 | 2.85 | 4 | 3.5 | 4 |
| 传动效率 | 0.95 | 0.85 | 0.8 | 0.85 | 0.85 |
| 闸瓦压力（紧制）/N | 32 650 | 25 560 | 21 850 | 46 600 | 43 000 |
| 每台转向架制动缸数 | 6 | 4 | 12 | 4 | 6 |
| 闸瓦间隙/mm | 6～9 | 6～9 | 8±1 | 6～9 | 5～8 |
| 闸瓦材料 | 高摩合成 | 高摩合成 | 中磷铸铁 | 粉末冶金 | 粉末冶金 |

注：制动缸直径 203 mm 相当于 8 英寸，178 mm 相当于 7 英寸。

SS 系列电力机车基础制动装置的结构原理基本相同，只是 $SS_7$、$SS_9$ 型电力机车的闸瓦自动调整器与其他车型不同。下面分别以 $SS_4$ 改型和 $SS_9$ 型电力机车单元制动器为例，介绍其构造和作用原理。

## 5.7.4  $SS_4$ 改型电力机车单元制动器

$SS_4$ 改型电力机车单元制动器如图 5-7-3 所示。它主要由箱体、制动缸、制动杠杆、闸瓦间隙自动调整器和闸瓦装置等组成。

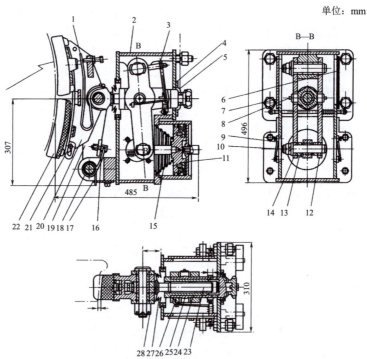

1—闸瓦定位弹簧；2—箱体；3—棘钩；4—压环；5—密封套；6—门组装（左）；7—门组装（右）；8 油杯；9—护罩；10—滤尘网；11—制动缸；12—杠杆；13—隔套；14—杠杆；15—圆锥弹簧；16—扭簧卡；17—扭簧止板；18—扭转弹簧；19—闸瓦托杆；20—闸瓦托；21—闸瓦签；22—闸瓦；23—传动螺杆；24—传动螺母；25—滑套；26—条簧；27—密封罩；28—螺母

图 5-7-3  $SS_4$ 改型电力机车单元制动器

**1. 箱体**

箱体为钢板电焊结构，将制动各单元件分别安装于箱体内外。箱体内安装制动杠杆和闸瓦间隙自动调整器；箱体外安装制动缸、闸瓦托及闸瓦。

**2. 制动缸**

制动缸为产生制动原力的部分，它采用活塞式结构，其上安装有制动缸管，为压力空气进出制动缸的管路。缸内装有带橡皮碗的活塞及活塞杆，活塞与箱体之间装有圆锥缓解弹簧，活塞杆的一端连在制动杠杆的下端。

**3. 制动杠杆**

制动杠杆用于传递、放大制动缸产生的制动原力。制动杠杆为两片，用销子吊装在箱体内上方的支点座上。杠杆中部孔吊装闸瓦间隙自动调整器。在外片制动杠杆的上端侧面焊装一个关节肘销，吊装棘钩。在外片制动杠杆上卡着的条簧将棘钩紧压在闸瓦间隙自动调整器的棘轮齿槽内，此条簧为"J"形。

**4. 闸瓦装置**

闸瓦装置是基础制动装置中的最后一部分，它主要由闸瓦、闸瓦托、闸瓦托杆等组成。闸瓦托杆下端以销装在箱体下方的支点座上，上端安装闸瓦与托，并与传动螺杆相连。闸瓦托上装两块闸瓦，以闸瓦签串定。

**5. 闸瓦间隙自动调整器**

闸瓦间隙自动调整器为使闸瓦与车轮踏面保持一定间隙而设。SS 系列电力机车除 $SS_7$ 型、$SS_9$ 型外，均采用单向自动式闸瓦间隙调整器，即自动减小过大的闸瓦间隙，而增大闸瓦间隙则需人工调整。它吊装在制动杠杆上部，两端伸出箱体孔部分设密封装置，防止灰尘进入箱体内。伸出箱体一端是调整手轮，一端是传动螺杆，连在闸瓦托与闸瓦托杆上。闸瓦间隙自动调整器由传动螺杆与传动螺母（左旋螺纹结合）、滑套、棘轮、棘钩及调整手轮等组成。传动螺母套装在滑套中可转动，传动螺母尾部露出滑套部分有右旋螺纹，其上拧装棘轮与调整手轮。滑套上有两耳轴销，是为吊装在制动杠杆之间而设。箱体上部有脱钩机构，主要由脱钩杠杆及棘钩组成。撬起脱钩杠杆的长臂，压迫脱钩销可使棘钩绕关节肘销转动离开棘轮齿槽，以便反向旋转调整手轮使闸瓦离开车轮踏面，进行闸瓦更换。

1）工作原理

如图 5-7-3 所示，当制动缸充气时，活塞带动活塞杆左移（活塞同时压缩了圆锥缓解弹簧），推制动杠杆下端并以上螺销为支点向左摆动，制动杠杆带动与它相连的滑套，使传动螺母与传动螺杆推动闸瓦托，使闸瓦压在车轮踏面上实现制动作用。当制动缸排气时，活塞和活塞杆在缓解弹簧的推动下，使上述各传动零件做反方向运动，闸瓦即离开踏面而缓解。

2）闸瓦间隙的自动调整

在运行过程中，由于闸瓦磨耗等原因，闸瓦与车轮踏面之间的间隙越来越大。为了消除增大的间隙，保证制动力的正常发挥，在基础制动装置中设置了闸瓦间隙自动调整器。当闸瓦间隙过大时，闸瓦间隙调整器将自动减小过大的闸瓦间隙。

当施行制动，制动杠杆绕上轴销摆动时，通过焊在制动杠杆上端的关节肘销使棘钩也随之摆动相同角度。棘钩在水平方向移动时，其钩尖不会落到棘轮齿槽外边，棘钩向下移动量之大小与杠杆摆角有关，摆角越大，向下移动量也越大。杠杆的摆角随闸瓦间隙而变。若闸瓦间隙大于正常值时，杠杆的摆动幅度将使钩尖下移动的距离等于或大于棘轮齿的一个齿距。待缓解时，棘钩随杠杆回摆上移，同时钩住新达到位置的一个棘轮齿，使棘轮转动一个角度，与棘轮紧固在一起的传动螺母随着转动。传动螺母的转动使具有左旋螺纹的传动螺杆做直线移动而外伸，由此即可达到调整闸瓦间隙的目的。

SS$_1$型、SS$_3$型和SS$_4$改型电力机车的棘轮齿数为30，而SS$_{3B}$型、SS$_8$型电力机车的棘轮齿数为27，因此其单齿调整量分别为6/27=0.22 mm和6/30=0.2 mm。

### 3）闸瓦间隙的人工调整

在需要手动调整闸瓦间隙或更换闸瓦时，可拧动手轮。右旋为调小闸瓦间隙，不需脱钩手续；而左旋为调大闸瓦间隙，必须拉动（或推动）设置在箱体上的脱钩杠杆，使棘钩离开棘轮后方能转动手轮。

更换闸瓦或落车时，应先使闸瓦退到最大间隙位置。待更换闸瓦或落车后，顺时针方向转动手轮，使闸瓦紧贴车轮踏面，然后再向相反方向旋动手轮一周，此时，闸瓦间隙即为要求的正常间隙6 mm。

为了使闸瓦上、下端与车轮踏面之间保持均匀的间隙，可通过调整闸瓦定位装置的调整螺栓来实现。在调整好闸瓦间隙后，一定要将调整螺栓上的锁紧螺母锁紧，以防机车运行过程中因调整螺栓松动，而导致闸瓦上、下端间隙不均。

## 5.7.5  DF$_4$型内燃机车基础制动装置

DF$_4$型内燃机车基础制动装置采用独立作用式、单侧制动，由制动缸、闸瓦间隙调整器、杠杆机构、瓦托及闸瓦等组成，如图5-7-4所示。每个车轮有一个制动单元。制动时，压缩空气推动活塞，并通过杠杆机构使闸瓦抱紧车轮产生制动作用。

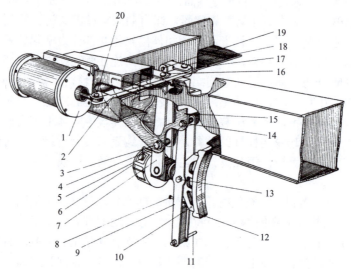

1—制动缸；2—横杆；3—销；4—摆杆；5—连杆；6—闸瓦间隙调整器；7—竖杆；8—调整螺栓；9—吊杆；10—闸瓦托；11—拉杆；12—闸瓦；13、14、16、18、19、20—销；15—支座；17—叉杆

图5-7-4  DF$_4$型内燃机车基础制动装置

闸瓦间隙的调整包括人工调整和自动调整两种。装新闸瓦时须人工调整到6～8 mm间隙。此后便可利用闸瓦间隙调整器自动调整，直到闸瓦磨耗到限为止。

制动时，制动缸活塞通过杠杆、叉杆推动竖杆向左移动，吊杆以一个销为支点、另一个销为吊挂点，推动闸瓦压向车轮，施行制动。此时，闸瓦间隙调整器不起作用，摆杆通过连杆、转盘，带动棘爪沿棘轮空转。若闸瓦磨耗超过0.2 mm，即闸瓦间隙超过了6.2～8.2 mm时，闸瓦间隙调整器在缓解过程中开始作用。此时，竖杆向离开车轮的方向移动，并通过摆杆、连杆、转盘、棘爪带动棘轮和螺套旋转，从而推动螺杆和与之相连的闸瓦向车轮方向移动，使闸瓦间隙恢复到规定的 6～8 mm。若闸瓦磨耗不足 0.2 mm，则棘爪沿棘轮滑动不到一个齿，间隙调整器也就不起作用。由于这套装置是一个单向间隙自动调整器，它只能将间隙自动调小，不能自动调大，所以换新闸瓦时，需要人工将间隙调大。

独立作用式基础制动装置的优点是：结构简单、质量小、运用和检修方便，特别是构架下部空间大，给闸瓦的更换和调整带来方便，但这种装置需配置较多的制动缸。

### 5.7.6　HXD₃型电力机车基础制动装置

HXD₃型电力机车基础制动装置采用的是轮盘制动方式，每个车轮安装一套独立的单元制动器，其中每个转向架装有一套单元制动器带弹簧停车储能制动，安装在第一轴车轮上。当机车制动时，制动单元得到压缩空气，通过制动缸活塞推动卡钳，通过闸瓦，将压力作用到安装在车轮辐板的摩擦盘上，使闸瓦与摩擦盘间产生摩擦，消耗功率，将动能转变为热能散发掉，从而使机车达到减速或停车的目的。

盘式制动单元如图 5-7-9 所示。

| | |
|---|---|
| 最高运行速度/（km/h） | 120 |
| 机车轴数 | 6 |
| 车轮宽度/mm | 140 |
| 紧急制动制动缸压力/kPa | 450±10 |
| 机车每轴制动缸个数 | 2 |
| 机车常用单元制动缸个数 | 8 |
| 机车带停放单元制动缸个数 | 4 |
| 制动盘摩擦半径/mm | 448 |
| 最高运行速度下平均摩擦系数 $\varphi$ | 0.33 |

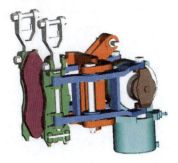

（a）不带停放制动　　　　　　　（b）带停放制动

图 5-7-5　盘式制动单元

| | |
|---|---|
| 每轴制动盘个数 | 4 |
| 每轴闸片个数 | 4 |
| 制动盘内/外直径/mm | $\phi740/\phi1\,040$ |
| 制动盘安装厚度/mm | 52.5 |
| 闸片厚度/mm | 24 |

### 5.7.7　停车制动装置

现在我国的机车车辆，除了极个别的特种车辆无法安装外，都必须安装停车制动装置。

停车制动装置包括手制动机和蓄能制动器（弹簧止轮器）。

停车制动装置的用途如下。

（1）调车作业时，用以调速或停车，提高调车效率，保证调车作业安全。

（2）在运行途中，当空气制动机发生故障失去作用时，用以代替空气制动机，继续慢行到前方站，以免停留途中，妨碍运输。

（3）当车列或车辆停在有坡道的线路上时，用以防止其发生溜车引起事故。

$SS_7$ 型、$SS_8$ 型、$SS_9$ 型电力机车的停车制动装置采用蓄能制动器，而此前的 SS 系列电力机车均采用手制动机。下面分别以 $SS_4$ 改型和 $SS_9$ 型电力机车停车制动装置为例，介绍其构造和作用原理。

$SS_4$ 改型电力机车手制动机的结构如图 5-7-6 所示。当摇动设置在司机室后墙上的手制动手轮时，带动小链轮、链条、大链轮、丝杆、横杠杆、拉杆至竖杠杆，竖杠杆上端左移，下端右移作用于第二位轮对上的制动器手轮上，手轮推动螺杆，螺杆推动闸瓦托使闸瓦制动。

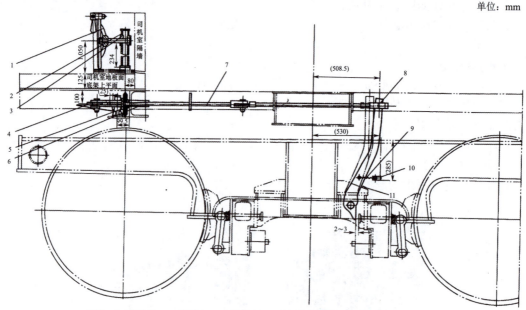

单位：mm

1—手轮；2—链轮箱；3—滚子链；4—横杠杆；5—大链轮装置；6—丝杆组成；7—拉杆组成；
8—竖杠杆；9—拉伸弹簧；10—拉簧支板；11—定位板

图 5-7-6　$SS_4$ 改型电力机车手制动机

### 1. 主要技术条件

在焊装各托板时，丝杆、横杠杆、拉杆应处于水平位置。

各部件组装完毕后应对下列项目进行检查。

（1）转动手轮时，各部件应灵活，无卡滞现象。

（2）拉杆环应对竖杠杆。

手制动竖杠杆与制动器手轮之间的间隙应在 2～3 mm 之内。

各部件摩擦面应注润滑剂。

当手制动手轮作用力为 500 N 时，机车手制动率为 27%。

### 2. $SS_9$ 型电力机车停车制动装置

1）停车制动装置的组成

$SS_9$ 型电力机车在每台转向架第三位轮对处设置两套停车制动装置，如图 5-7-7 所示。

每套停车制动装置由蓄能制动器 1、调整螺母 2、拉杆 3、水平杠杆 4、连杆 5、竖杠杆 6 等组成。

蓄能制动器所产生的制动力依次通过拉杆、水平杠杆、竖杠杆和连杆传递到制动器闸瓦上，以实现车轮踏面制动。

**2）主要技术参数**

| | |
|---|---|
| 杠杆倍率 | 4 |
| 蓄能制动缸制动倍率 | 2.456 |
| 制动时主弹簧反力 | 14 100 N |
| 复原弹簧反力 | 300 N |
| 制动效率 | 85% |
| 蓄能制动器重量 | 46 kg |

**3）蓄能制动器**

蓄能制动器的结构如图 5-7-8 所示，它通过螺栓直接安装在转向架构架上，机车停车后通过蓄能制动器的弹簧力来对车轮踏面进行制动。蓄能制动器主要由缸体 10、主压缩弹簧 5、压缩弹簧 6、锁紧机构 3、棘轮机构、导向机构、丝杆 12、调整螺母 13、导向套筒 14、套筒 15 等部件组成。活塞 9 与套筒 15 焊在一起，套筒 15 内有止推轴承、内卡圈、弹簧 11 等，靠这些将调整螺母 13 的头部夹在中间。调整螺母 13 的内部有非自锁螺纹与丝杆 12 连接。对称位置有两条通长的滑槽，导向套筒 14 的右端有两个凸块插在滑槽中，导向套筒 14 的左端为一棘轮，受棘爪 4 的钳制。

蓄能制动器有运行缓解、停车制动、手动缓解三种状态，分别用来对机车进行制动与缓解。

（1）运行状态（缓解状态）。

机车正常运行时，蓄能制动器应处在缓解位。当总风缸的压缩空气（600 kPa）充入蓄能制动器的制动缸内时，压缩空气将活塞 9 推向左端，弹簧 5、6 受压缩，丝杆 12 处于伸出位置，不起制动作用。

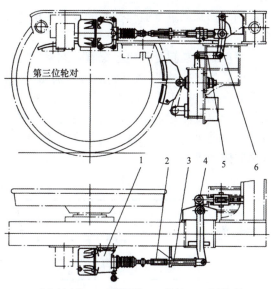

1—蓄能制动器；2—调整螺母；3—拉杆；4—水平杠杆；
5—连杆；6—竖杠杆；

**图 5-7-7　SS₃型电力机车停车制动装置**

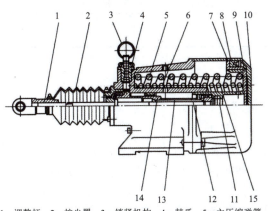

1—调整杆；2—护尘罩；3—锁紧机构；4—棘爪；5—主压缩弹簧；
6—压缩弹簧；7—导向环；8—皮碗；9—活塞；10—缸体；
11—弹簧；12—丝杆；13—调整螺母；14—导向套筒；15—套筒；

**图 5-7-8　蓄能制动器的结构**

（2）制动状态。

当制动缸排气到压缩空气低于 300 kPa 时，由于弹簧 5、6 的伸张，活塞 9 带动套筒 15 及调整螺母 13 向右移动。由于棘轮机构有反锁作用，锁住导向套筒 14 和调整螺母不能在丝杆上转动，因此也带动丝杆向右移动，拉动杠杆产生制动作用。

（3）手动缓解状态。

机车在停车时要移动而又无司机操纵时，只需拉动蓄能制动缸上的手动拉环就可进行缓解。蓄能制动缸在制动时其弹簧并没有全部伸长，拉动拉环后棘爪提起，导向套筒和调整螺母可在丝杆上自由旋转，由于弹簧的伸张，推动活塞连同套筒向右移动直至尽头；另一方面踏面制动器制动缸复原弹簧等的反力作用将丝杆向左拉，使调整螺母、导向套筒绕丝杆旋转至完全缓解。

蓄能制动装置处于完全缓解状态要实行制动时，必须先对制动缸充气，使之恢复运行状态（缓解状态），然后放气就能转入制动状态。一旦充气压力下降到 300 kPa 以下，蓄能制动器就会自动进行工作。随着充气压力的减小，加在闸瓦上的压力也就会越来越大。所以，在运行时一定要注意风压。在无气的情况下移动机车一定要检查蓄能制动器是否处于缓解位。若处于制动位，可拉动蓄能制动器上的拉环，使机车处于缓解位方能移动机车，以防发生轮缘踏面擦伤等事故。

学习工作单与考核表

| 任务 | 机车基础制动装置的认知 | | | |
|---|---|---|---|---|
| 学习小组 | | 姓名 | | |
| 学习工作任务 | 学习工作完成评价 | | | |
| 学习工作 1：分析基础制动装置的功用 | 自我评价 | 小组评价 | 教师评价 | |
| 学习工作 2：分析基础制动装置的组成 | 自我评价 | 小组评价 | 教师评价 | |
| 学习工作 3：掌握单元制动器的构造与工作原理 | 自我评价 | 小组评价 | 教师评价 | |

# 自测题

## 一、填空题

1. 基础制动装置由制动缸、制动传动装置、闸瓦装置及（　　　）组成。

2. 制动缸俗称（　　　），是产生制动原力的部件，它受（　　　）变化的控制而进行动作。

3. 制动缸的种类很多，但其构造基本相同，主要由缸体、活塞、活塞杆及（　　　）等组成。

4. 制动传动装置应用（　　　）原理，将制动缸产生的制动原力放大一定的倍数后均衡地传递给各个闸瓦。

5. （　　　）用于安装闸瓦，并调整闸瓦与车轮踏面间的工作角度。

6. 制动缸为产生制动原力的部分，它采用（　　　）结构，其上安装有制动缸管，为压力空气进出制动缸的管路。

## 二、简答题

1. 根据基础制动装置图说明其功用。
2. 根据基础制动装置图说明其组成。
3. 简述单元制动器的构造。
4. 简述单元制动器的工作原理。

# 模块 6

# 牵引装置及牵引缓冲装置

牵引装置是连接机车车体与转向架构架的重要组成部分，其主要作用是传递机车的牵引力和制动力。机车运行时要求其不应该存在着对运动的约束，且能适应机车车体与转向架之间的各种相对运动。

车钩缓冲装置，包括车钩及缓冲器，电力机车上还设有车钩复原装置，它们都安装在车体底架两端的牵引梁内，共同完成列车连挂，传递牵引力、制动力，以及吸收连挂和运行时产生的纵向冲击振动的任务。

## 任务 6.1　牵引装置

### 布置任务

1. 了解牵引装置的作用；
2. 掌握牵引装置的类型、构成和特点；
3. 对比分析不同牵引装置的优缺点。

### 相关资料

### 6.1.1　牵引装置的作用

**1. 传递重力**

传递车体及其内部设备的重量，并按设计要求进行重量分配，保证各转向架载荷均等，各轴重符合规定要求。

**2. 传递纵向力和横向力**

传递转向架所产生的牵引力、制动力及机车在运行中转向架与车体受到的各种横向作用力。

**3. 改善机车的动力学性能**

改善机车在振动、曲线通过时的动力学性能，特别是横向动力学性能。

**4. 保证机车的灵活性和稳定性**

保证机车在曲线通过时的灵活性和稳定性，并使车体相对转向架经常处于平衡位置。

**5. 缓和钢轨对机车的冲击和振动，改善部件的工作可靠性和乘务员的舒适度**

由于机车在线路上运行时，受到来自钢轨的冲击，同时机车本身又产生各种形式的振动，所以现代电力机车大多采用弹性的支承装置，这样，既可缓和传到车体上的冲击，又可增加机车总的静挠度；还因为隔离了机车的振动质量，因而降低了车体的自振频率，提高了机车运行的平稳性。

## 6.1.2 牵引装置的类型

车体与转向架的连接装置的类型很多，主要包括有心盘（或中心销）的连接装置和无心盘的连接装置两大类。

### 1. 有心盘（或中心销）的连接装置

在转向架的转动中心，设置心盘。它既是传递重力及水平力的装置，又是转向架绕车体回转时的转轴。机车曲线运行时，转向架绕心盘回转。为了承担机车部分垂直重量，防止车体侧倾，使车体保持稳定，一般除心盘外，在转向架两侧还安设旁承，即为心盘—旁承共同承载的支承装置 [见图 6-1-1（a）]。有的机车的垂直重量全部由旁承承担，把心盘简化为中心销。中心销作为转向架相对车体的回转中心，同时传递水平载荷，如牵引力、制动力和横向力，但不承担垂直重量。中心销—旁承的支承装置如图 6-1-1（b）所示，在中心销周围的转向架构架上，安设了 4 个旁承。旁承可以是刚性旁承，也可以是弹性旁承。

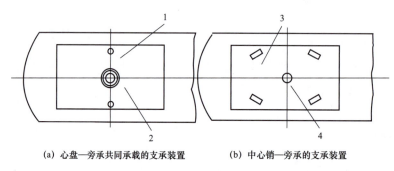

(a) 心盘—旁承共同承载的支承装置　　(b) 中心销—旁承的支承装置

1—旁承；2—心盘；3—旁承；4—中心销

图 6-1-1　有心盘（或中心销）的连接装置

无论哪种旁承，都必须能适应转向架相对车体的偏转。旁承在机车转向架构架上的位置，取决于重量分配的需要，一般要求左右对称，前后则不一定对称分布。

当车体发生侧倾时，一侧旁承增载，另一侧旁承减载，这样，旁承和悬挂弹簧会发生反力矩，促使车体恢复正常状态。

有心盘或中心销的连接装置，转向架有明确的回转中心；水平载荷由心盘或中心销传递；垂直载荷可由心盘集中承载，也可由心盘和旁承共同承载。

有心盘（或中心销）的连接装置实物如图 6-1-2 所示。

（a）心盘—旁承支承装置　　　　　　（b）中心销—旁承支承装置

图 6-1-2　有心盘（或中心销）的连接装置实物

这类连接装置，只能允许转向架相对车体绕定点回转，不允许转向架相对车体横向位移，所以机车运行时的横向刚度大，转向架中部被心盘装置占去了一定空间，有时会妨碍其他部件的布置。

**2. 无心盘的连接装置**

无心盘的连接装置，不设心盘，也没有中心销。转向架没有明确的回转中心，只能绕一个假想的回转中心回转，还可以相对车体进行适当的横移。转向架假想的回转中心在一定的范围内变动，而不是一个确定的点。现有的铁道机车车体与转向架连接装置的结构都不尽相同，但其主要结构大都使用牵引杆连接部件。

## 6.1.3　SS₄改型牵引杆装置的组成与布置

SS₄改型电力机车车体与转向架的连接装置由橡胶弹簧（橡胶堆）、摩擦减振器、横向油压减振器和牵引装置组成，如图 6-1-3 所示。

**1. 橡胶弹簧**

橡胶弹簧（见图 6-1-4），又称为橡胶堆，由两块端板、7 块隔板和橡胶硫化成整体。橡胶弹簧的弹性变形，既有压缩变形，也有剪切变形，因而橡胶弹簧具有较大的垂向刚度和一定的横向剪切刚度，当其变形时，内部产生摩擦吸收机械能。

橡胶元件变形时，产生内摩擦，形成阻尼，起到缓冲和衰减振动的作用。这种内摩擦阻力和板弹簧的片摩擦阻力不同，板弹簧片间摩擦阻力基本上是个恒量，而橡胶元件的内摩擦阻力随变形的增大而增大，所以振动弱时阻力小，振动强时阻力大，这种减振性能是很理想的。

橡胶弹簧的优点是：有良好的减振性能，吸收高频振动的能力强，灵敏性好，重量轻，形体小，不会突然折损，运行中无需经常检查。其缺点是：橡胶的强度较小，制造工艺复杂，性能误差大，性能受温度的影响大，橡胶弹簧的刚度随温度变化，高温时易老化，低温时易变脆。

**2. 摩擦减振器**

1）纵向摩擦减振器的作用

纵向摩擦减振器一端连接车体，另一端连接转向架构架，如图 6-1-5 所示。当转向架蛇行振动时，构架与车体产生相对位移，使组装在这两者之间的摩擦减振器也相对滑动产生阻尼力，消耗振动能量，达到阻止蛇行振动的目的。

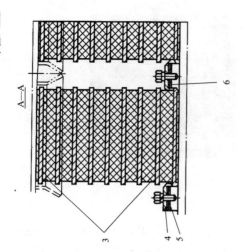

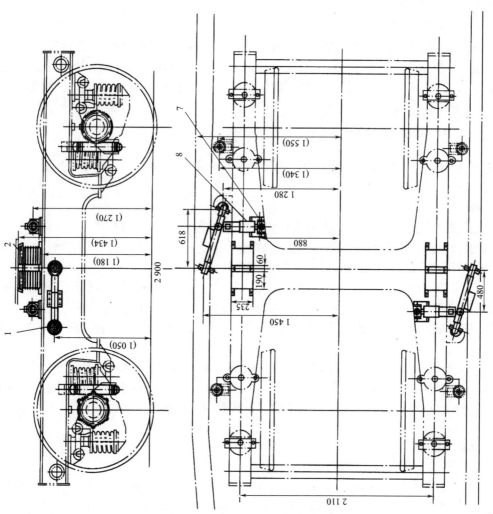

单位: mm

1—摩擦减振器; 2—橡胶弹簧; 3—垫板; 4—单卡板; 5—垫板; 6—双卡板; 7—安装座; 8—横向油压减振器

图 6-1-3 SS$_4$ 改型电力机车车体与转向架的连接装置

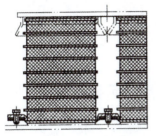

图 6-1-4　橡胶弹簧

图 6-1-5　纵向摩擦减振器

**2）纵向摩擦减振器组成结构**

纵向摩擦减振器主要由两个弹性球铰、三角形杆、弹簧外罩、两个弹簧、3 块摩擦片和定位板等组成，如图 6-1-6 所示。

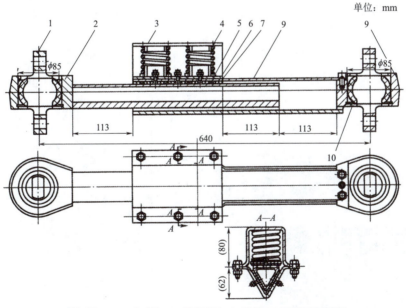

1—弹性球铰；2—三角形杆；3—弹簧外罩；4—弹簧；5—弹簧压力调整片；
6—弹簧支座；7—摩擦片；8—定位板；9—导槽杆；10—挡圈

图 6-1-6　摩擦减振器

（1）弹性球铰。

弹性球铰是连接车体或构架的弹性元件，它是由外套、心轴和橡胶硫化成一体的弹性体。心轴中间为球形体，两端成扁平，并有两个孔，以便组装摩擦减振器用。外套分两半，内为球形，外为圆柱形，橡胶填在外套内孔和心轴球形体之间。

（2）三角形杆。

杆分三角形杆和导槽杆，三角形杆为摩擦工作表面，导槽杆上组装两块摩擦片，它与三角形杆形成摩擦副。

（3）弹簧外罩。

弹簧外罩与定位板用于固定弹簧和摩擦片，使弹簧的压力通过定位板传给摩擦片，摩擦片与三角杆产生压力，当摩擦时产生阻尼力。

（4）弹簧。

弹簧是产生摩擦力的来源，只要调整弹簧调整片即可调整摩擦力。

（5）摩擦片。

采用 3 块 180 mm×50 mm×5 mm 的 HZ-91 石棉橡胶刹车带。它具有以下特点：耐磨、耐热、强度高、与钢摩擦系数大，与三角杆的 3 个摩擦面相接触。

3）纵向摩擦减振器的运用保养

纵向摩擦减振器阻力的大小，可用弹簧调整片调整弹簧压力来调节。

在机车运行过程中，由于摩擦片和三角形杆不断磨耗，三角形杆表面越来越光滑，弹簧压力也相应减少，摩擦系数也相应变小。所以要定期维修，测定摩擦阻尼力，当下降 10% 以下时应进行调整。

**3. 横向油压减振器**

SS$_4$ 改型电力机车转向架与车体之间在水平方向还布置了型号为 SFK 的横向油压减振器，如图 6-1-7 所示。每台转向架斜对称布置了两个减振器，横向油压减振器结构如图 6-1-8 所示。横向油压减振器的储油筒上有一个储油包，安装时储油包应向上，其他结构与垂向油压减振器相同，其原理也相同。

图 6-1-7　横向油压减振器

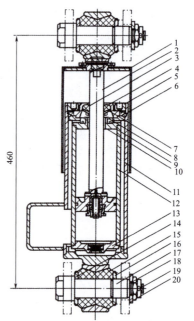

1—防尘罩；2—活塞；3—密封圈；4—密封盖；5—螺盖；6—油封圈；
7—密封托垫；8—密封弹簧；9—缸盖；10—导向套；11—储油筒；
12—缸筒；13—进油阀；14—垫板；15—橡胶套；16—垫板；
17—连接销；18—螺母；19—开口销；20—垫圈

图 6-1-8　横向油压减振器结构

#### 4. 牵引装置

SS₄ 改型电力机车的牵引装置结构形式为中央斜单杆推挽式牵引杆，如图 6-1-9 所示。牵引杆一端通过牵引座与车体底架牵引梁相连，另一端通过销与三角撑杆相连，三角撑杆通过销与三角架相连，三角架通过销与构架牵引梁相连。

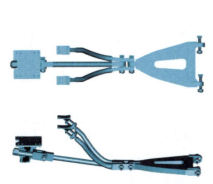

图 6-1-9　中央斜单杆推挽式牵引杆

牵引装置主要作用是将转向架上的牵引力和制动力传递到车体上，并在机车通过曲线或上下振动时，使转向架与车体之间能自由回转和摆动。其牵引点距轨面的高度为 12 mm，降低了机车牵引点的高度，从而可减小转向架的轴重转移，提高机车的黏着牵引力。中央斜单杆推挽式牵引装置的主要部件有：牵引座、牵引橡胶垫、压盖、牵引叉头、牵引杆、三角撑杆、三角架等，中央斜单杆推挽式牵引杆结构如图 6-1-10 所示。

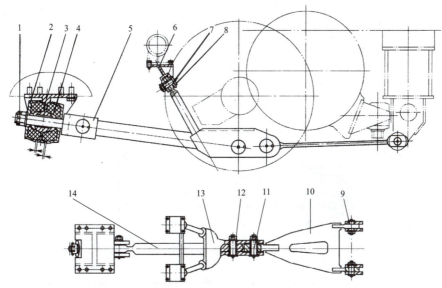

1—六角开槽螺母；2—压盖；3—牵引座；4—牵引橡胶垫；5—牵引叉头；6—三角撑杆座；7—关节轴承；
8—销Ⅰ；9—销Ⅱ；10—三角架；11—销Ⅲ；12—关节轴承；13—三角撑杆；14—牵引杆

图 6-1-10　中央斜单杆推挽式牵引杆结构

#### 1）主要组成部件

（1）牵引座。

牵引座是一个焊接件，它用 8 个 M36 的螺栓安装在车体牵引梁下方。由底板、立板和球形体焊接而成，焊装后必须进行电磁探伤检查，不允许有裂纹等缺陷存在，探伤后进行去应力退火。

（2）牵引橡胶垫。

牵引橡胶垫用来缓和牵引和制动过程中力的冲击，保证各部件之间的良好作用。

（3）压盖。

压盖为一个碗形的容器，底部开有孔，以便牵引叉头穿过。该件为铸件，材料为ZG230-450。

（4）牵引叉头。

牵引叉头为锻钢件，材料为45钢，是连接牵引杆和牵引座的重要部件，其受力大，要求进行调质处理并经探伤检查。

以上四部件用六角槽形螺母连接成一个整体后，安装在车体牵引梁下方。

（5）牵引杆。

牵引杆由牵引杆体和端头焊接而成，牵引杆体的材料为无缝钢管，端头材料为45钢。牵引杆是传递机车牵引力和制动力的关键部件，要求用不低于母材性能的焊条焊接，焊后焊缝进行电磁探伤，不允许存在任何裂纹等缺陷，并进行去应力退火。

（6）三角撑杆。

三角撑杆为铸、锻焊接件且受力状态相当复杂，为保证其内在质量，在其加工处内部用超声波探伤。

（7）三角架。

三角架分别与构架牵引梁和三角撑杆相连构成一个稳定的三角形结构，传递机车的牵引力和制动力。

#### 2）牵引力和制动力的传递

来自轮轨黏着产生的牵引力或制动力的传递过程为：构架牵引梁→三角架、三角撑杆座和三角撑杆→牵引杆→牵引叉头→压盖、牵引橡胶垫→牵引座→车体。

### 6.1.4 HXD$_{3C}$型电力机车的牵引装置

HXD$_{3C}$型电力机车牵引装置结构形式为推挽式中央平拉杆，主要部件包括：牵引销装配、橡胶关节、托板、牵引杆体等，牵引装置外形结构如图6-1-11所示。牵引装置与车体连接部分如图6-1-12所示。

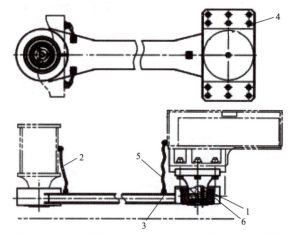

1—橡胶关节；2、5—钢丝绳；3—安全索座；4—牵引杆体；6—牵引销装配

图6-1-11　牵引装置外形结构

保养要求如下。

（1）检查各紧固件螺栓等，应无松动现象。

（2）确认牵引销、橡胶关节及托板等状态良好。

（3）检查橡胶垫、O 形圈等，不得磨损，磨耗不得超限。

（4）检查牵引装置离轨面的最小距离，不得超限。

牵引力和制动力的传递，即来自轮轨黏着产生的牵引力或制动力的传递过程为：

图 6-1-12　牵引装置与车体连接部分

转向架牵引座→橡胶关节→牵引杆→牵引杆销装配→车体牵引底座→车体

## 6.1.5　DF₄ᴮ型内燃机车的牵引装置

DF₄ᴮ型内燃机车采用牵引杆装置传递水平载荷。牵引杆装置由与转向架纵中心线呈对称的 2 根牵引杆、2 个拐臂、1 根连接杆、球面关节轴承及牵引销等组成，如图 6-1-13 所示。

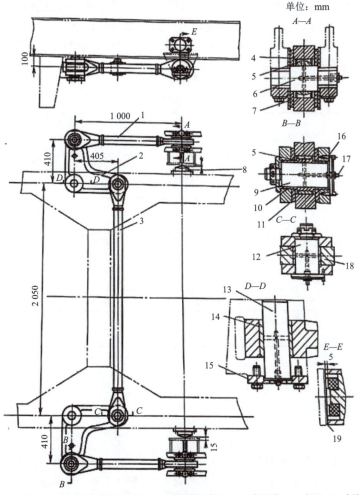

1—牵引杆；2—拐臂；3—连接杆；4—球面关节轴承外套；5—球面关节轴承；6—牵引销；7—卡环；8—侧挡；9—牵引杆销；10、14、18—套；11—橡胶垫；12—连接杆销；13—拐臂销；15—盖板；16—销钉；17—注油嘴；19—调整垫片

图 6-1-13　平行牵引杆结构图

图 6-1-14　DF<sub>4B</sub>型内燃机车平行牵引杆

牵引杆的一端通过牵引销与车体牵引座连接，另一端通过牵引杆销与拐臂连接。2 个拐臂分别用 2 个拐臂销和止板安装在构架侧梁下方的拐臂座上。中间的连接杆两端通过连接杆销与 2 个拐臂连接，使左右牵引杆受力均匀。牵引杆中心线离轨面高度为 725 m，采用这种低位牵引杆装置可以减小牵引力作用下的轴重转移，减少空转，$DF_{4B}$ 型内燃机车平行牵引杆如图 6-1-14 所示。

在转向架上设有球形侧挡，其作用是限制转向架对于车体的横动量和传递横向力。转向架侧挡的安装和调整在落车时进行。侧挡每侧自由横动量为 15 mm，调整时，左右自由横动量相加为 30 mm 即可。由于横动量的存在和二系弹簧的设置，车体与转向架之间在水平方向和垂直方向都有相对移动，因此牵引杆两端必须采用球面关节轴承连接，才能满足上述运动的要求。球面关节轴承和它的外套都采用轴承钢制成，并经表面淬火提高硬度。关节轴承及其销、套均需润滑，为此在各销子端部设有注油嘴，润滑脂从此注入，经销子内孔通到润滑表面。

由于牵引杆装置直接传递牵引力和制动力，其主要部件的强度、焊接质量的优劣对机车的安全运行影响极大，虽然设计上考虑了足够的安全系数，但出厂时仍需对焊缝进行探伤检查，机车运用中乘务人员应经常进行外观检查。

学习工作单与考核表

| 任务 | 牵引装置 | | | |
|---|---|---|---|---|
| 学习小组 | | 姓名 | | |
| 学习工作任务 | 学习工作完成评价 | | | |
| 学习工作 1：了解牵引装置的作用 | 自我评价 | 小组评价 | 教师评价 | |
| | | | | |
| 学习工作 2：掌握牵引装置的类型、构成和特点 | 自我评价 | 小组评价 | 教师评价 | |
| | | | | |
| 学习工作 3：对比分析不同牵引装置的优缺点 | 自我评价 | 小组评价 | 教师评价 | |
| | | | | |

# 自测题

## 一、填空题

1. $HXD_{3C}$ 型电力机车牵引装置结构形式为（　　　　）中央平拉杆。

2. 牵引装置是连接机车车体与转向架构架的重要组成部分，其主要作用是传递机车的（　　　）和（　　　　）。

3. $SS_4$ 改型电力机车的牵引装置结构形式为（　　　　）推挽式牵引杆。

4. DF$_{4B}$ 型内燃机车采用的牵引杆装置传递水平载荷。牵引杆装置由与转向架纵中心线呈对称的 2 根（　　　）、2 个（　　　）、1 根连接杆、球面关节轴承及牵引销等组成。

## 二、选择题

1. SS$_4$ 改型电力机车的牵引装置结构形式为（　　　）式牵引杆。

　　A. 中央斜单杆推挽　　　　B. 平行　　　C. 中间推挽　　　D. 低位

2. （　　　）用来缓和牵引和制动过程中力的冲击，保证各部件之间的良好作用。

　　A. 牵引橡胶垫　　　　　　B. 牵引座　　C. 压盖　　　　　D. 牵引叉头

3. 牵引力和制动力的传递，即来自轮轨黏着产生的牵引力或制动力的传递过程为：转向架（　　　）→橡胶关节→牵引杆→牵引杆销装配→车体牵引底座→车体。

　　A. 牵引橡胶垫　　　　　　B. 牵引座　　C. 压盖　　　　D. 牵引叉头

## 三、简答题

1. 简述 SS$_4$ 改型电力机车牵引装置的主要组成部件。

2. 写出 SS$_4$ 改型、HXD$_{3C}$ 型和 DF$_{4B}$ 型电力机车牵引装置的结构形式。

# 任务 6.2　牵引缓冲装置

### 布置任务

1. 了解牵引缓冲装置的作用；
2. 掌握车钩的类型、构成和特点，以及车钩的三态作用；
3. 分析不同缓冲装置的优缺点。

### 相关资料

牵引缓冲装置，包括车钩及缓冲器，电力机车上还设有车钩复原装置，它们都安装在车体底架两端的牵引梁内，共同完成列车连挂，牵引力、制动力的传递，以及吸收连挂和运行时产生的纵向冲击振动。

牵引缓冲装置的构造和性能在很大程度上影响着列车运行的平稳性，严重的缺陷还可能引起重大的行车事故。

## 6.2.1　车钩的种类

车钩是机车牵引缓冲装置的主要部件之一，是用来实现机车和车辆或车辆和车辆之间的连挂，传递牵引力，制动力及冲击力，并使它们之间保持一定距离的部件。

火车的车钩类型多样，每种车钩都有其独特的设计和功能。在铁路的发展历程中，车钩的角色不可忽视，它们连接着车厢与车头以及车厢与车厢，确保火车的安全与顺畅运行。接下来，让我们一起了解几种主要的车钩类型。

### 1. 按结构类型分类

#### 1）非刚性车钩

非刚性车钩指传统车钩，它允许两个相连接的车钩钩体在垂直方向上有相对位移。当两个车钩的纵轴线存在高度差时，两个车钩呈阶梯形状，并且各自保持水平位置。非刚性车钩较普遍地应用于一般铁路机车车辆。

（1）插销式车钩。

19世纪初，人们采用一种"插销式车钩"来连接车厢，它的两侧向内凹陷，其中一侧设有一个连接环，挂车时只需要将连接环怼入另一侧，再安上插销即可。这种车钩虽然结构简单，但存在很大的安全隐患，连接的时候需要多人配合，且时间久了磨损较大。插销式车钩如图6-2-1所示。

图6-2-1　插销式车钩

（2）螺旋式车钩。

1830年英国人发明了螺旋式车钩，挂车时只需要将铁链挂在两侧的车钩上，再将中间的把手拧紧即可，但铁链只能传递拉力并不能产生推力，所以在车钩两侧安装了缓冲饼，这种

图6-2-2　螺旋式车钩

车钩的弊端是铁链的强度有限，不能挂载太多车厢，且同样需要人工亲手操作，依然存在很大的安全隐患。螺旋式车钩如图6-2-2所示。

（3）詹式车钩。

1868年美国工程师伊利·汉尔顿·詹内因机缘巧合发明了应用最为广泛且沿用至今"詹式车钩"，它是一种由钩舌、锁销及推铁组成的自动车钩，当两个车钩靠近时，钩舌受到冲击，里面的推铁会自动落下，将车钩牢牢锁住，而解挂只需将锁销轻轻提拉起来即可，其特点是自动化且受力强度大。

2）刚性车钩

刚性车钩也称密接式车钩，其电气与风管连接器通常与车钩组合成一复合部件，构成全车低压电气系统及空气系统的通路，主要应用于动车组和城轨车辆。密接式车钩如图6-2-4所示。

图6-2-3　詹式车钩　　　　　　　　　图6-2-4　密接式车钩

**2. 按开启方式分类**

按开启方式，车钩分为上作用式及下作用式两种。由设在钩头上部提升机构开启的，称为上作用式车钩；由设在钩头下部推顶机构开启的，称为下作用式车钩。上作用式车钩如

图 6-2-5 所示，下作用式车钩如图 6-2-6 所示。

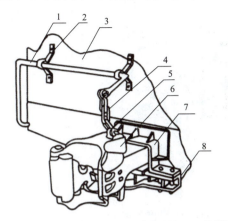

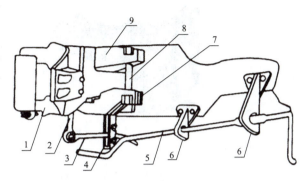

1—车钩提杆；1—钩提杆座；3—车体端墙；4—钩提杆链；
5—上锁销；6—钩头；7—冲击座；8—车钩托梁

1—钩头；2—下锁销；3—下顶杆组成；4—托架；5—车钩提杆；
6—钩提杆座；7—摆铁；8—吊杆；9—冲击座

**图 6-2-5　上作用式车钩**　　　　　　**图 6-2-6　下作用式车钩**

### 3. 按连接的操作方式分类

按连接的操作方式，车钩分为非自动车钩和自动车钩。非自动车钩由人工操作来完成机车车辆的连挂，而自动车钩则通过相关机构具有自动连挂的功能。

### 4. 按型号分类

车钩的型号常用数字来表示。我国铁路规定的标准车钩有 1 号、2 号、13 号、13A 型、15 号、17 号等多种。国内各型电力机车主要采用下作用式 13 号、13A 型（E 级钢）自动车钩。SS$_4$ 改型和 SS$_9$ 型电力机车均采用下作用式 13 号自动车钩，HXD$_3$ 型电力机车采用下作用式 13A 型（E 级钢）自动车钩，HXD$_{3D}$ 型电力机车采用 15 号小间隙 C 级钢车钩。HXD$_1$ 型电力机车采用下作用式 13B 型（E 级钢）自动车钩，FXD1 型电力机车采用 10 号密接式机械牵引车钩。

**1）对车钩的要求**

无论哪种型号的车钩，都必须满足下列要求。

（1）有足够的强度。

（2）容易辨识其连接状态，以免被误认而造成列车分离事故。

（3）不能因运行振动而造成自动解锁脱钩。

（4）不能因各部稍有磨耗而影响其作用和挂钩作业的安全。

（5）结构简单、操作方便，拆装容易，运用保养成本低。

**2）车钩的设计参数**

（1）车钩的开度：在闭锁位时，其开度为 110～130 mm；在全开位时，其开度为 220～250 mm。

（2）车钩中心线距轨面高度为（880±10）mm。

（3）两个车钩连挂后，其两个车钩的中心线相差不得超过 75 mm。

（4）车钩在闭锁位时，钩舌锁铁往上的活动量为 5～15 mm。

（5）钩舌销与销孔径向间隙为 1～4 mm。

## 6.2.2　车钩的结构

下作用式 13 号车钩由钩体、钩舌、钩舌销、钩锁、钩舌推铁和下锁销装配等组成，如图 6-2-7 所示。

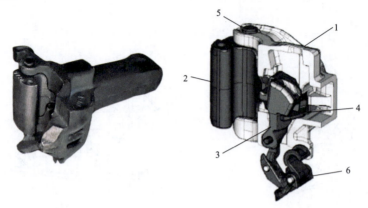

1—钩体；2—钩舌；3—钩锁；4—钩舌推铁；5—钩舌销；6—下锁销装配

图 6-2-7　13 号下作用式车钩

## 1. 钩体

钩体由铸钢铸成，是车钩的主体件，按部位可分为钩头、钩身、钩尾三部分。整个钩体像一个半张开的拳头。

### 1）钩头

钩头前部空腔用来安装其他车钩零件。

13 号车钩钩头配件如图 6-2-8 所示，其主要由钩舌、钩锁铁、钩舌推铁、钩舌销、下锁销钩、下锁销体、下锁销、上锁销杆、上锁销等组成。

钩耳：分上、下钩耳，安装钩舌用。钩锁腔：容纳并安装钩锁、钩舌推铁等零件。

13 号车钩钩锁腔内部结构如图 6-2-9 所示。

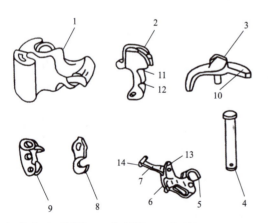

1—钩舌；2—钩锁铁；3—钩舌推铁；4—钩舌销；5—下锁销钩；6—下锁销体；7—下锁销；8—上锁销杆；9—上锁销；10—锁座；11—后座锁面；12—开锁座锁面；13—二次防跳部；14——次防跳部

图 6-2-8　13 号车钩钩头配件

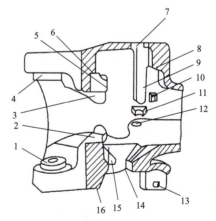

1—下护销突缘；2—下牵引突缘；3—上牵引突缘；4—上护销突缘；5—导向挡；6—全开作用台；7—上锁销孔；8—上防跳（脱）台；9—钩锁导向壁；10—钩锁后定位挡；11—钩舌推铁挡块；12—钩舌推铁轴孔；13—下锁销转轴；14—下锁销孔；15—下防跳（脱）台；16—二次防跳台

图 6-2-9　13 号车钩钩锁腔内部结构

2）钩身

钩身铸成中空断面结构。

3）钩尾

钩尾分叉并设销孔，用来连接车钩尾框，在尾框内设缓冲器。

**2. 钩舌**

钩舌是一个形状复杂的铸钢件，按部位可分为钩舌和钩舌尾部。钩舌是挽钩部分，钩舌尾部是锁钩、开钩的控制部分，并且是车钩承受拉压载荷的部分。

在钩舌转轴处，设一垂向销孔，通过钩舌销把钩舌装在钩头上，并可以适当转动，呈张开或闭拢状态。张开时可以进行挂钩，闭拢并锁住后即为连挂好以后的状态。

**3. 钩舌销**

钩舌销是锻钢制成的圆形长销。它穿在钩头及钩舌的销孔内，把钩舌装在钩头上，并保证钩舌可以绕其适当转动。钩舌销顶部有凸边，可以防止掉落；下部有开口销孔，以穿入开口销，避免脱落。

**4. 钩锁**

13 号车钩钩锁如图 6-2-10 所示。钩锁是一个形状复杂的铸钢件，它有相当大的自重，安放在钩头空腔内，处于钩舌尾部适当位置。当钩舌转到闭拢位置时，钩舌尾部和钩头空腔内壁之间转出一个空间，钩锁因自重落下，卡住钩舌尾部，使钩舌不能张开，即成锁钩状态。在钩锁的下端尾部，有一销孔，用来连接下锁销；在钩锁的上部，还设有一个短梁，这是为上作用式车钩连接提锁零件用的。

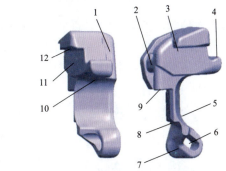

1—前导向面；2—上锁销杆转轴；3、8—开锁坐锁面；9—后坐锁面；
10—后导向面；4—全开回转支点；5—锁腿；6—下锁销轴孔；
7—后踢足面锁面；11—锁面；12—侧坐锁面

图 6-2-10　13 号车钩钩锁

**5. 钩舌推铁**

13 号车钩钩舌推铁如图 6-2-11 所示。钩舌推铁是一个弯曲状的铸钢件，平置于钩头空腔内，处于钩舌尾部的后面，下部有一短圆销作为转轴。当钩锁被提起时，钩锁推动钩舌推铁的一端，使它绕轴转动一定角度，其另一端则拨动钩舌尾部，使钩舌张开成全开状态。在挂钩后，钩舌尾部又将它转回原位。

1—钩舌推铁腿；2—锁座；3—踢足推动面；4—踢足导向面；5—推铁踢足

图 6-2-11　13 号车钩钩舌推铁

**6. 下锁销**

下锁销由下锁销轴、下锁销体和下锁销钩组成，如图 6-2-12 所示。其为下作用式车钩

图 6-2-12　下锁销装配

顶起钩锁用，用沉头铆钉活动连接。下锁销钩以转轴孔和钩头下锁销钩转轴连接，另一端和下锁销体相连；下锁销体另一端和下锁销相连，其上有二次防脱（跳）尖端，中部有回转挡和钩提杆止挡；下锁销另一端由下锁销轴和钩锁轴的下锁销孔相连。

为适应我国铁道运输高速重载的发展需要，国产大功率HXD₃型电力机车采用 E 级钢 13A 型下作用式车钩。13A 型下作用式车钩与 13 号车钩结构原理基本相同，其主要区别在于：13A 型下作用式车钩采用 E 级钢和小间隙钩舌，并在钩体下方增加了钩身磨耗板。13A 型下作用式车钩的连挂间隙为 11.5 mm，比普通的 13 号车钩连挂间隙 19.5 mm 减小了8 mm，可有效降低列车的纵向冲动，改善列车的动力学性能。

### 6.2.3　车钩的三态作用

车钩由各种零件组装成完整的车钩。各零件处于不同的位置时，起着不同的作用，从而使车钩具有闭锁、开锁、全开三种作用，俗称为车钩的三态作用。所谓自动车钩，就是具有自联挂性能、具有三态作用的车钩。车钩三态如图 6-2-13 所示。

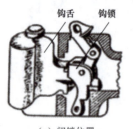
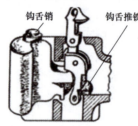
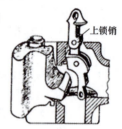

（a）闭锁位置　　　　　　（b）开锁位置　　　　　　（c）全开位置

图 6-2-13　车钩三态

#### 1. 闭锁位置

闭锁位置是车钩联挂好以后的状态。这时钩舌尾部转入钩锁腔内。钩锁以自重落下，其后锁面和侧坐锁面分别坐在钩舌推铁的锁座和钩舌尾部侧面的钩锁正台上，卡在钩舌尾部侧面及钩锁腔侧壁面之间，拦住钩舌不能张开。当钩锁以自重落下后，下锁销沿钩锁腿部的下锁销轴孔下滑，使下锁销的防跳台处于下锁销孔中防跳台下方，起防跳作用。同时，二次防跳尖端卡在下锁销孔的前沿二次防跳台下，再次限制钩锁的跳动。

#### 2. 开锁位置

开锁位置是一种闭而不锁的状态，如图 6-2-14 所示，此时钩舌虽未张开，但钩锁已被人为操纵顶起一定高度、解除了对钩舌的锁闭。操作时，适当用力扳动钩提杆，推动下锁销轴沿钩锁腿部的下锁销轴孔斜向上滑动，脱离防跳位置。另外，下锁销从下锁销孔顶起钩锁，使之上移，并使钩锁腿部向后转动，锁面坐在钩舌推铁的锁座上，使钩锁不能落下，形成开位置。

#### 3. 全开位置

全开位置是车钩钩舌完全张开的状态，为车钩再次联挂的准备位置，如图 6-2-15 所示，在闭锁或开锁位用力提起车钩提杆（若在闭锁位置，则先脱离防跳），下锁销推动钩锁充分使其上升，钩锁全开回转，以钩锁腔前壁全开作用点为支点，钩锁的腿部向后转动，后踢足踢动钩舌推铁的踢足推动面，使钩舌推铁以其轴转动，推铁踢足踢动钩舌尾部侧面，使钩舌以钩舌销为轴张开，形成全开位置。全开位置，钩锁坐落在钩舌尾部上方，不能落下。

图 6-2-14  开锁位置

图 6-2-15  全开位置

在挂钩时，相互联挂的两个车钩，必须有一个处于全开位，另一个则处于什么位置都可以。也就是说，挂钩的必要充分条件是其中一个车钩处于全开位。由此可知，全开位置是联挂车钩的准备位置。

## 6.2.4  车钩的受力及磨耗情况

### 1. 车钩的受力

车钩在牵引或推进运行时，分别受着拉力或推力。这些力都作用在钩舌和钩体上。

车钩受力状况如图 6-2-16 所示。当机车牵引运行时，载荷经钩舌尾部凸起的 m 及 n 处分别作用于钩头的内缘 o 及 p 处；在推进运行时，载荷经钩头的 g 及 r 处分别作用于钩舌的 s 及 t 处。在这两种情况下，钩舌销都不受力，因而它只起钩舌旋转轴的作用（钩舌销与钩舌销孔、钩头销孔的间隙，大于上述接触受力部位的间隙）。

在牵引或推进运行中，万一钩舌销折损，只要车钩确实处于相互连接而且完全锁闭的状态下，钩舌并没有自动落下或被拉脱的危险；只有当互扣的钩舌解开后，钩舌方可取下。这种设计，目的是保障列车运行中车钩安全而可靠地连接。

### 2. 车钩的磨耗

钩舌磨耗示意图如图 6-2-17 所示。列车在运行中的纵向冲击和垂直振动，使得互相连接的两车钩，经常发生相对运动。特别是在路基较软、曲线较多的行车线路上行车时，车钩经常处于相互摩擦状态，这就必然导致磨耗。钩舌的磨耗情况。牵引运行时，钩舌内侧面 M 处易磨耗；推进运行时，钩舌外侧面 N 处易磨耗。因而车钩长期使用后，钩舌会逐渐磨薄。钩舌厚度磨薄后，强度自然要减弱，而且由于钩舌磨耗过薄，相互连接的车钩必然松旷过大，致使列车冲动增加，钩舌容易相互脱离，造成列车分离事故。另外，钩舌尾部与钩头接触受力的部分，也会因磨耗而逐渐减弱。

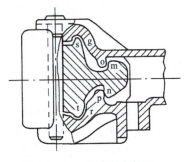

图 6-2-16  车钩受力状况

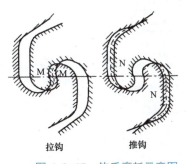

拉钩        推钩

图 6-2-17  钩舌磨耗示意图

## 6.2.5 缓冲装置的作用及种类

### 1. 缓冲器的作用和种类

1）缓冲器的作用

缓冲器用来减小列车在运行中由于机车牵引力的变化或起动、制动及调车挂钩时机车车辆相互碰撞而引起的冲击和振动，从而减少机车、车辆的破损，货物的损伤，提高列车运行的平稳性。

缓冲器的工作原理与减振器相同。它一方面借助弹性元件来缓和冲击作用力，另一方面在弹性元件变形过程中吸收冲击能量。

2）缓冲器的种类

缓冲器的种类很多。可以分为弹簧式、摩擦式、摩擦橡胶式、液压式等。其中弹簧式缓冲器是借助弹簧的作用来缓和冲击的，但它不能吸收冲击能量，因而不适用于大的冲击力。

我国铁路规定的标准型缓冲器，有 1 号、2 号、3 号，以及 MX-1、MT-2、MT-3 型几种。机车上现在大多采用的是 MX-1 型缓冲器，如 SS$_4$ 改型、SS$_8$ 型；SS$_{4B}$ 型电力机车采用 MT-2 型缓冲器；SS$_9$ 型、SS$_{7E}$ 型等机车采用的是 MT-3 型缓冲器。MX-1 型缓冲器属于橡胶摩擦式缓冲器，MT-3 型缓冲器则是弹簧摩擦式缓冲器。在和谐型电力机车上，例如 HXD$_3$、HXD$_{3B}$、HXD$_{3C}$ 等型号的电力机车则采用 QKX100 型大容量弹性胶泥缓冲器。

### 2. 缓冲器的性能参数

1）行程

缓冲器受力下产生的最大变形量称为行程。此时，弹性元件处于压死状态，当继续增加外力时，变形量不再增加。

2）作用力

缓冲器变形量达到行程时的作用外力。

3）容量

缓冲器在全压缩过程中，外力所做的功。即压缩缓冲器时，作用力在其行程上所做的功的总和，称为容量。容量是衡量缓冲器缓冲能力大小的主要数据。如果缓冲器的容量过小，则在冲击力作用下，将常常被压死，产生刚性冲击。

4）能量吸收率

缓冲器在压缩过程中，有一部分冲击能量被阻尼所消耗。其消耗部分能量与容量（总能量）之比，称为能量吸收率。它表明缓冲器吸收冲击的能力。吸收率越大，则反作用力越小，冲动过程停止得越快。

### 3. MX-1 型橡胶摩擦式缓冲器

目前我国电力机车上普遍采用的是 MX-1 型橡胶摩擦式缓冲器。SS$_4$ 改型电力机车也采用 MX-1 型橡胶摩擦式缓冲器，其结构如图 6-2-18 所示。

9 片形状相同的橡胶片，借助顶隔板、两块中隔板以及底隔板，在箱体

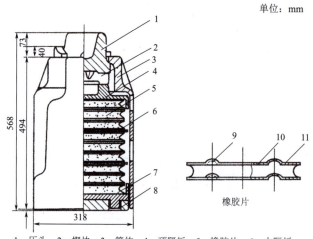

单位：mm

1—压头；2—楔块；3—箱体；4—顶隔板；5—橡胶片；6—中隔板；7—底隔板；8—底板；9—凸台；10—钢板；11—橡胶

**图 6-2-18 MX-1 型橡胶摩擦式缓冲器**

内将缓冲器分为 3 层，每层 3 片。橡胶片的两面均与钢板经过硫化固结在一起，组成减振元件。

为了组装定位方便，在每个橡胶片的钢板上对角压有两个球形的凸起及凹坑。

橡胶片能很好地起缓冲吸振作用，但由于承压面积的限制，单靠橡胶片的作用仍会出现容量不足，变形量过大的问题。所以在缓冲器的前部另设摩擦部分，由 3 个形状相同带有倾角的楔块、箱体及压头组成。楔块介于箱体及压头中间。当缓冲器受压时，接触面间产生摩擦，与橡胶片共同吸收、缓和冲击能量，这就可以获得较大的缓冲器容量。

在缓冲器组装时，由箱体底部依次将压头、楔块、顶隔板及橡胶元件等零件放入，并在压力机上加压，通过专门的压具，将橡胶片压缩，使底板倾斜进入箱体内，并卡在箱体对应位置的凹槽内。

这种橡胶缓冲器的优点如下。

（1）容量大。该型缓冲器的容量在 34 300 J 以上，比 3 号缓冲器大 80%～100%。

（2）性能好。能量吸收率高达 90%，适用于各种不同的冲击能量，即：受到小的冲击时易于变形，对于大的冲击则变形增加较慢，抗阻能力显著增强。工作安全可靠。

（3）零件少，重量轻，成本低。

（4）制造方便，检修容易。

这种橡胶缓冲器的主要问题是橡胶片的性能不稳定，箱体容易产生裂纹。

### 4. MT-3 型缓冲器

MT-3 型缓冲器是摩擦式弹簧缓冲器，由摩擦机构、主系弹簧和箱体三部分组成。MT-3 型缓冲器如图 6-2-19 所示。MT-3 型缓冲器是根据我国铁路重载运输的要求开发的大容量通用的铁路机车车辆缓冲器。MT-2、MT-3 型缓冲器结构基本相同，只是缓冲器的容量、阻抗性能有所不同。

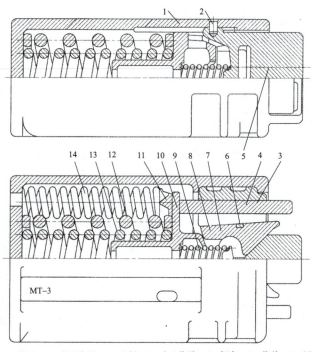

1—箱体；2—销子；3—外固定板；4—动板；5—中心楔块；6—铜条；7—楔块；8—固定斜板；
9—复原弹簧；10—弹簧座；11—角弹簧座；12—外圆弹簧；13—内圆弹簧；14—角弹簧

图 6-2-19　MT-3 型缓冲器

### 1）摩擦机构

摩擦机构分为两组，一组摩擦机构由两个形状相同并带有 3 个倾斜角的楔块、中心楔块、固定斜板和弹簧座组成。中心楔块承受来自从板的冲击力，楔块沿着固定斜板、中心楔块和弹簧座的斜面滑动，固定斜板置于箱体口部两个凸肩之间不动。另一组摩擦机构由动板、固定斜板、外固定板组成。外固定板也置于箱体口部两个凸肩之间不动。动板沿着固定斜板、外固定板的平面滑动。

### 2）主系弹簧

主系弹簧由一个外圆弹簧、一个内圆弹簧和四个角弹簧组成，主系弹簧有较大的刚度。复原弹簧置于中心楔块和弹簧座之间，用来冲击后辅助中心楔块恢复原位，防止摩擦机构产生卡滞。楔块上压有铜条，起固体润滑作用，对防止摩擦机构产生卡滞起积极作用。在冲击过程中，冲击力所做的功的一部分转化为缓冲器主系弹簧的弹簧能，另一部分转化为摩擦机构的摩擦功。冲击后，主系弹簧的弹簧能，一部分消耗在摩擦机构复原过程中产生的摩擦功上，剩下的一部分能量传给从板，从而使缓冲器通过吸收冲击动能，起到降低作用在机车车辆上的冲击力的作用。

### 3）箱体

一端开口的长方体，将摩擦机构和主系弹簧装入其中。

### 4）技术参数

MT-3 型缓冲器主要技术参数如下。

缓冲器组装长度：566～571 mm

缓冲器额定容量：≥45 kJ

缓冲器额定阻抗力：≤2 000 kN

缓冲器额定行程：83 mm

缓冲器吸收率：≥80%。

MT-3 型缓冲器的优点是容量大、维修量极少，外形尺寸可与其他类型缓冲器互换。

## 5. QKX100 型大容量弹性胶泥缓冲器

### 1）弹性胶泥缓冲器构造

常用的缓冲器减振介质有液压油、金属弹簧、橡胶 3 种，利用未硫化硅橡胶的黏弹性、流动性和体积可压缩性制作的弹性胶泥是一种新型黏弹性高阻尼材料，由它制作的弹性胶泥缓冲器克服了液压缓冲器、弹簧缓冲器和硫化橡胶缓冲器的缺点，集合了它们的优点，具有特殊的减振缓冲性能和理想的使用寿命。

HXD₃、HXD₃B、HXD₃C 等型号的电力机车采用了 QKX100 型弹性胶泥缓冲器，它由箱体、垫板、垫块、减磨套和螺杆等组成，如图 6-2-20 所示。

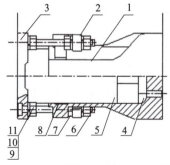

1—箱体；2—连接板；3—预压板；4—垫板；5—弹性胶泥芯子；6—开口销；7—垫块；
8—减磨套；9—螺杆；10—螺母；11—垫圈

**图 6-2-20　QKX100 型弹性胶泥缓冲器**

QKX100 型弹性胶泥缓冲器的性能参数如下。

| | |
|---|---|
| 容量不低于 | 100 kJ; |
| 阻抗力不大于 | 2 500 kN; |
| 行程 | 83 mm; |
| 最大阻抗力 | 2 500 kN; |
| 吸收率不小于 | 80%。 |

**2）弹性胶泥缓冲器基本工作原理**

弹性胶泥缓冲器的结构如图 6-2-21 所示。弹性胶泥缓冲器的基本工作原理是将弹性胶泥装进能够承受一定压力的缓冲器活塞缸内，根据需要增加一定的预压缩力；当弹性胶泥缓冲器活塞柱受到一定压力（静压力或冲击力）时，活塞利用活塞缸内节流孔或节流间隙以及弹性胶泥本身体积被压缩后的反

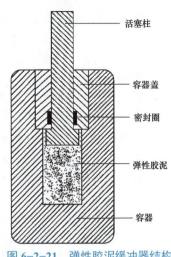

图 6-2-21　弹性胶泥缓冲器结构

作用力产生一定的阻抗力。弹性胶泥受到的预压缩力越大或活塞的运动速度越快，则产生的阻抗力越大，这有利于提高缓冲器在大冲击下的容量。当缓冲器的活塞被压缩后，缓冲器体内的弹性胶泥处于压缩状态；当作用在活塞柱上的外力撤销后，弹性胶泥的体积则会自行膨胀，将活塞推回到原始位置，在这个过程中弹性胶泥以较慢的速度通过活塞环行间隙（或节流孔）流回原位，实现缓冲器的回程运作。

**6. 缓冲器与车钩的安装**

车钩钩体尾部，通过钩尾销，连接车钩尾框。在车钩尾框内，安装前从板，缓冲器及后从板（有时不设后从板），如图 6-2-22 所示。

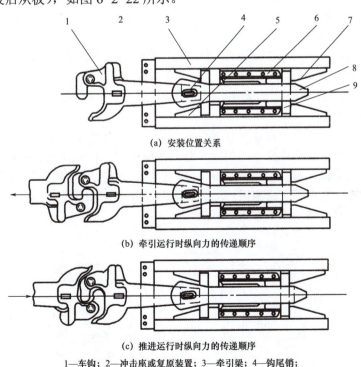

(a) 安装位置关系

(b) 牵引运行时纵向力的传递顺序

(c) 推进运行时纵向力的传递顺序

1—车钩；2—冲击座或复原装置；3—牵引梁；4—钩尾销；
5—前从板座；6—缓冲器；7—后从板座；8—钩尾框；9—后从板
图 6-2-22　车钩和缓冲器的安装及受力状态

车钩尾框和前后从板，是牵引缓冲装置中传递纵向力的构件。它们和车钩、缓冲器组装以后，

一同安装在车体底架前后两端的牵引梁内。前后从板及缓冲器卡装在牵引梁前后从板座之间。

牵引运行时纵向力的传递顺序如图 6-2-22（b）所示。

牵引运行时，牵引力由车体底架传至车钩，其传力顺序为：

车体底架→牵引梁→前从板座→前从板→缓冲器→后从板→车钩尾框→钩尾销→车钩

推进运行时纵向力的传递顺序如图 6-2-22（c）所示。

推进运行时，机车推力也由底架传至车钩，其传力顺序为：

车体底架→牵引梁→后从板座→后从板→缓冲器→前从板→车钩尾框→钩尾销→车钩

由以上可知，车钩缓冲装置无论在牵引运行还是在推进运行中，机车的纵向力都是经过缓冲器来传递的，而且缓冲器都会受到进一步的压缩，起到缓冲作用，减轻了纵向冲动，改善了运行品质。

由于车钩用于机车和车辆之间的连接，所以各种机车车辆的车钩安装高度，必须统一。我国统一规定的车钩中心线距轨面的高度为（880±10）mm。如果不符合这一规定，应在车钩下部与托铁之间加减垫板来进行调整。

## 6.2.6　车钩复原装置

曲线运行时，车钩中心线与车体中心线之间必将产生一个偏角，即车钩将发生左右的摆动。为了防止车钩偏移时钩身与车体牵引梁相碰而产生障碍，在牵引梁的中间开有较宽的钩门。

机车的车钩，允许有一定的横向偏移量。这不但有利于曲线运行，而且便于在弯道上挂车。

为了使车钩在偏移后能及时恢复正常位置，避免车钩左右任意摆动不稳，减小摘挂车钩时的困难，在车钩钩头的后面，钩身的下部，装设了车钩复原装置。

常用复原装置有两种。

### 1. 弹簧式复原装置

弹簧式复原装置如图 6-2-23 所示。弹簧式复原装置由钩身托板、复原弹簧托、复原弹簧鞍、复原弹簧、垫板等零件组成。车钩钩身坐落在复原弹簧鞍内。当车钩偏倚时，弹簧鞍压缩下部一侧的弹簧垫板及弹簧，此时弹簧的复原力就可使弹簧鞍恢复到正位，起复原作用。

### 2. 吊杆式复原装置

吊杆式复原装置由摆块、摆块吊杆等组成。钩身卡在摆块上，摆块两端支承在吊杆下。当车钩向一侧偏移时，车钩本身重力的水平分力将使自身和摆块恢复到原来的正常位置，增加了车钩摆动的灵活性，增强了车钩的复原能力。这种吊杆式复原装置结构简单、很少有磨损，所以被标准化，并得到广泛应用。$SS_4$ 改型、$SS_9$ 型及 $HXD_3$ 型电力机车均采用吊杆式复原装置。吊杆式复原装置如图 6-2-24 所示。

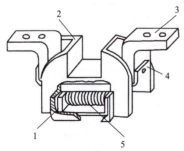

1—垫板；2—复原弹簧鞍；3—钩身托板；
4—复原弹簧托；5—复原弹簧

图 6-2-23　弹簧式复原装置

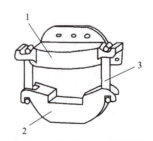

1—摆块；2—冲击座；3—摆块吊杆

图 6-2-24　吊杆式复原装置

**学习工作单与考核表**

| 任 务 | 牵引缓冲装置 | | | |
|---|---|---|---|---|
| 学习小组 | | 姓名 | | |
| 学习工作任务 | | 学习工作完成评价 | | |
| 学习工作 1：了解牵引缓冲装置的作用 | | 自我评价 | 小组评价 | 教师评价 |
| | | | | |
| 学习工作 2：掌握车钩的类型、构成和特点，以及车钩的三态作用 | | 自我评价 | 小组评价 | 教师评价 |
| | | | | |
| 学习工作 3：分析不同缓冲装置的优缺点 | | 自我评价 | 小组评价 | 教师评价 |
| | | | | |

# 自 测 题

## 一、填空题

1. 牵引缓冲装置，包括车钩及（　　　　），电力机车上还设有车钩复原装置，它们都安装在车体底架两端的牵引梁内。

2. 机车车钩中心至轨面高度为（　　　　）。

3.（　　　　）是机车牵引缓冲装置的主要部件之一，用来实现机车和车辆或车辆之间的连挂，传递牵引力，制动力及冲击力，并使它们之间保持一定距离的部件。

4 电力机车牵引缓冲装置包括车钩、（　　　　）及车钩复原装置。

5. $SS_4$ 改型电力机车车钩具有三个作用位置，即（　　　　）位、开锁位及全开位。

## 二、选择题

1. 转向架的功用之一是在（　　　）产生黏着力，并传给车体底架、车钩，牵引列车前进或对机车实行制动。

    A. 轮对　　　　　B. 轮轨接触点　　　　C. 钢轨　　　　D. 车体

2. 摘解车钩时，至少有一个车钩应处于（　　　）位。

    A. 全开　　　　　B. 闭锁　　　　　　C. 开锁　　　　D. 零位

3. MX-1 型缓冲器属于（　　　）式缓冲器。

    A. 弹簧摩擦　　　B. 橡胶摩擦　　　　C. 液压式　　　D. 弹簧橡胶

## 三、简答题

1. 简述车钩三态及三态的作用。

2. 试述车钩检查的内容及要求。

3. 说出几种常用缓冲器的类型。

模块 **7**

# 机车整备作业

所谓整备作业，就是对机车进行出发前的准备和供应工作，使其达到《铁路技术管理规程》规定的技术状态，作业内容主要包括燃料、水、润滑油（脂）和砂子的供应，机车的擦洗，机车各部件的日常检查和给油保养等工作。整备作业是机车运用管理的重要内容之一。

本模块主要介绍整备作业的内容，整备作业的基本技能，掌握典型电力机车前端部、走行部、机械间、司机室、车顶设备检查作业的标准。

# 任务 7.1　整备作业工作内容与流程

## 布置任务

1. 了解机车整备作业的工作内容；
2. 掌握电力机车全面检查走行路线。

## 相关资料

### 7.1.1　机车整备作业的工作内容

机车整备是指在机车运用周转过程中，机车自入段时分起至出段时分止，为保证机车运用安全、质量与良好状态所做的一切供应和准备工作。

机车整备按照标准化、专业化、流程化、信息化要求，实行属地化等级整备，做到安全高效。

**1. 整备等级划分**

机车整备分为全面整备、基础整备、报修整备三级。交流传动电力机车、全部内燃机车实施三级整备，即全面整备、基础整备、报修整备。

**2. 整备周期的规定**

各型机车、各级整备均不得超越以下整备周期，并在运行图中明确。

1）全面整备周期

交流传动客运机车不大于 4 000 km 或不大于 72 h；交流传动货运机车不大于 3 000 km 或不大于 72 h；直流传动客运机车不大于 2 000 km 或不大于 48 h；直流传动货运机车不大于 1 500 km 或不大于 48 h。

２）基础整备周期

交流传动客运机车不大于 2 500 km 或不大于 48 h；交流传动货运机车不大于 2 000 km 或不大于 48 h；直流传动客、货运机车基础整备周期同全面整备周期。

**3. 整备职责划分**

一级整备点设专业整备人员，负责全面整备业务。其中机车临修、碎修由检修人员负责，运用机车动态检查、机能试验由机车乘务员负责，机车检测、数据下载和上传由检测人员负责，其余整备作业由专业整备人员负责。

二级整备点设综合整备人员，负责所有全面整备业务，含检测、数据下载上传。机能试验、机车入段转线作业由机车乘务员负责。

三级整备点设兼职整备人员，负责机车报修整备业务。二、三级整备点机车乘务员交车后，其余整备作业由整备人员负责。

**4. 整备作业的管理**

机车整备作业实行属地专业化整备管理，要遵循在铁路局集团公司范围内"整备机车一个标准、整备作业一个流程、整备职场统一指挥"的原则。机车进入任何整备点均须按照统一的等级整备标准及流程，在统一指挥下进行整备作业。电力机车外部整备作业均需在降弓状态下进行，车上、车顶作业及保洁作业均须在无电区进行。

**5. 机车整备作业流程**

机车整备作业流程：机车入库→自动检测区：进行走行部检测、轮对检测及探伤、机车自动洗车→电务检测：进行电务检测及轴报、监控转录，进行上砂、抄电表作业，升降弓试验，与乘务员进行交接→无电区：机车受电弓检查、保养，瓷瓶保洁、大顶绝缘漆保洁作业，机车司机室、机车间影像专检、保养、给油作业，机车下部影像专检、保养、给油作业，机统 6 提票、机车保洁作业→牵出专线。

## 7.1.2　电力机车全面检查走行路线

**1. SS₄ 改型电力机车全面检查走行路线**

电力机车静止检查时要遵守自上而下，从内到外，由左向右的检查顺序，这是对乘务员基本功训练的要求。实行轮乘制的机务段，机车检查工作完全由地勤检查人员和辅修检查人员按分工进行检查，从而实现检查专业化。专业检查的特点是质量高、速度快、不易发生漏检；便于积累检查经验；能及时发现机车薄弱环节和惯性故障；掌握机车质量动态，从而不断提高机车检查水平。

机车整备作业流程及标准

SS₄ 改型电力机车静止检查顺序如下。

**１）车顶检查顺序**

SS₄ 改型电力机车车顶检查顺序如图 7-1-1 所示。由前节车顶门上车顶，沿车顶走板依次检查，即制动电阻通风百叶窗→互感器、避雷器→导电杆→前节受电弓→前节风笛和前照灯→制动电阻通风百叶窗→主断路器→导电杆→后节全车顶部检查（与前节车相同）→返回前节车顶门下。

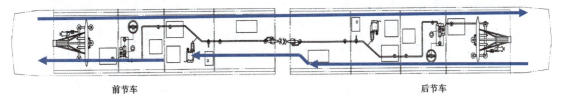

前节车　　　　　　　　　　　　　　　　　后节车

图 7-1-1　SS₄ 改型电力机车车顶检查顺序

铁道机车总体及整备作业

### 2）司机全面检查走行路线

SS₄改型电力机车检查走行路线如图7-1-2所示，自B节，机车前端→B节走行部左侧→重联装置→A节走行部右侧→A节机车前端→A节走行部左侧→重联装置→B节走行部右侧→B节车钩→下地沟→B节底部→A节底部→A节车钩→从A节左侧上机车司机室→A节上部左侧→B节上部右侧→B节司机室→B节上部左侧→A节上部右侧→回A节司机室→由A节司机室右侧门下。

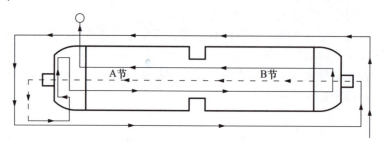

图 7-1-2　SS₄改型电力机车检查走行路线
注：始点△、终点〇、检查线→、车底检查线——▶。

### 2. HXD₃型电力机车全面检查走行路线

#### 1）车顶检查顺序

车顶作业必须两人同时进行，一人（车顶作业人员）负责车顶作业，另一人（中部作业人员）负责对整个作业过程进行安全监护并记录受电弓接触压力及升降弓时间。中部人员在未得到顶部人员指示时，禁止操作受电弓、接地装置和受电弓隔离开关。HXD₃型电力机车车顶检查走行路线如图7-1-3所示。

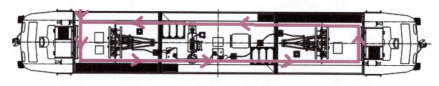

图 7-1-3　HXD₃型电力机车车顶检查走行路线

司机室顶部设备→风道进口过滤网→受电弓检查→受电弓隔离开关高压部分→避雷器和高压电压互感器→真空断路器及接地装置高压部分→受电弓隔离开关高压部分→受电弓检查→司机室顶部设备→风道进口过滤网→穿墙瓷瓶及编织软连线。

#### 2）机车中部、底部检查顺序

机车Ⅱ端部→右侧走行部→机车前部→左侧走行部→车底部→Ⅰ端司机室→机械间走廊两侧→Ⅱ端司机室。HXD₃型电力机车中部、底部检查顺序如图7-1-4所示。

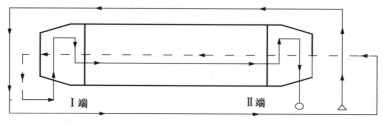

图 7-1-4　HXD₃型电力机车中部、底部检查顺序
注：始点△、终点〇、检查线→、车底检查线——▶。

学习工作单与考核表

| 任　　务 | 整备作业工作内容与流程 | | | |
|---|---|---|---|---|
| 学习小组 | | 姓名 | | |
| 学习工作任务 | 学习工作完成评价 | | | |
| 学习工作 1：了解机车整备作业的工作内容 | 自我评价 | 小组评价 | 教师评价 | |
| | | | | |
| 学习工作 2：掌握电力机车全面检查走行路线 | 自我评价 | 小组评价 | 教师评价 | |
| | | | | |

# 自测题

## 一、填空题

1. (　　　　　) 是指在机车运用周转过程中，机车自入段时分起至出段时分止，为保证机车运用安全、质量与良好状态所做的一切供应和准备工作。

2. 机车整备按照标准化、(　　　　)、(　　　　)、信息化要求，实行属地化等级整备，做到安全高效。

3. 机车整备分为全面整备、基础整备、(　　　　) 三级。

4. 一级整备点设专业整备人员，负责全面整备业务，机能试验由 (　　　　) 负责。

5. 电力机车外部整备作业均需在 (　　　　) 状态下进行，车上、车顶作业及保洁作业均须在无电区进行。

6. 内燃、电力机车整备作业进行的主要试验包括：机车电气试验及 (　　　　) 系统的机能试验。

## 二、选择题

1. 所谓整备作业，就是对机车进行出发前的准备和供应工作，使其达到 (　　) 规定的技术状态。

　　A.《铁路技术管理规程》　　　B.《铁路机车运用管理规则》　　　C.《机车操作规则》

2. 机车整备分为 (　　) 级。

　　A. 一　　　　　　　　　　B. 二　　　　　　　　　　C. 三

## 三、简答题

1. 何谓整备作业？

2. 整备作业的内容有哪些？

3. 简述 $SS_4$ 改型电力机车检查路线。

4. 简述 $HXD_3$ 型电力机车检查路线。

# 任务 7.2　整备作业基本技能

## 布置任务

1. 掌握机车整备补砂与油脂技能；
2. 掌握机车防寒打温作业技能；
3. 掌握机车检查、给油基本技能。

## 相关资料

### 7.2.1　机车整备补砂与油脂

**1. 补砂**

机车储备砂子，是为了在必要时将砂子撒到轮轨之间，防止动轮空转或制动时轮对发生行进擦伤车轮踏面。机车用砂要能使其在砂管内均匀流动，不会结成砂块而堵塞砂管。砂子应保持松散的状态，不致黏附在砂箱壁上，其中要有一定大小的颗粒。颗粒过小时容易从钢轨上吹掉，过大时又容易从钢轨上滚落。砂粒要具有足够的硬度和强度，含石英量越多，硬度和强度就越大。原砂中所含的水分应很少而且容易排掉，且烘干后的砂子品质不应降低，机车用石英砂如图 7-2-1 所示。

图 7-2-1　机车用石英砂

1）撒砂装置应达到下列技术要求

（1）撒砂装置作用良好，砂管的撒砂量均应调整到 2～3 kg/min。

（2）砂管距轨面高度 30～55 mm，砂管距动轮踏面 15～30 mm。

（3）撒砂装置应能做到均匀撒砂。机车撒砂装置撒砂量应为 0.3～0.7 L/min；动车组撒砂装置在 450 kPa 撒砂压力下，撒砂量应为 500～1 000 g/30 s。

2）机车整备补砂的要求

（1）重力式撒砂装置用砂子。

砂子形状应尽可能不规则，颗粒大小分布（按质量）应符合表 7-2-1 要求。

表 7-2-1　砂子颗粒大小分布

| 砂子结构粒度（砂子直径）$d$/mm | 所占比例（按质量） | 砂子结构粒度（砂子直径）$d$/mm | 所占比例（按质量） |
|---|---|---|---|
| $d\leq 0.5$ | <2% | $2.8<d\leq 4$ | <10% |
| $0.5<d\leq 2.8$ | >88% | — | — |

（2）压差式撒砂装置用砂子。

砂子用的原材料应为矿井、河流、湖泊或岩石碎砂的自然砂粒。

砂子形状应尽可能不规则。砂子颗粒大小分布应符合表 7-2-2 要求。

表 7-2-2　砂子颗粒大小分布

| 砂子结构粒度（砂子直径）$d$/mm | 所占比例（按质量） | 砂子结构粒度（砂子直径）$d$/mm | 所占比例（按质量） |
|---|---|---|---|
| $d\leq 0.1$ | <1% | $0.3<d\leq 1.6$ | >50% |
| $0.1<d\leq 0.63$ | <5% | $16<2-=20$ | <30% |
| $0.63<d\leq 0.8$ | <30% | $2.0<a\leq 2.5$ | <5% |

（3）砂子化学成分和物理性能要求。

① 砂子中 $SiO_2$ 的含量应大于 90%。

② 砂子不应含有可见的泥土、铁性杂质或有机杂质。

③ 砂子应经过干燥处理，干燥处理后含水量应小于 0.5%。

④ 砂子的硬度应大于 5（莫氏硬度）。

⑤ 砂子的灼烧损失小于 0.2%（按质量）。

⑥ 砂子的干燥颗粒密度应大于 2.5 g/cm³，松散容积密度应大于 1.5 g/cm³。

### 2. 补充各种润滑油脂

#### 1）电力机车的常用油脂

机车主要用油种类：钙钠基润滑脂、二硫化钼润滑脂、工业凡士林、轴油、双曲线齿轮油、13 号压缩机油、3 号锂基脂、变压器油等。

（1）钙钠基润滑脂。钙钠基润滑脂具有钙基和钠基润滑脂的特点。有钙基脂的抗水性，又有钠基脂的耐温性，滴点在 120 ℃ 左右，使用温度范围为 90～100 ℃。具有良好的机械安全性和泵输送性，可用于不太潮湿条件下的滚动轴承上。最常应用的是轴承脂和压延机润滑脂，可用于润滑中等负荷的电机，通风机等部位的滚动轴承。

（2）锂基润滑脂。锂基润滑脂是由天然脂肪酸（硬脂酸或 12-羟基硬脂酸）、锂皂稠化石油润滑油或合成润滑油制成。由合成润滑油制成的，称为合成锂基润滑脂。因锂基润滑脂具有多种优良性能，被广泛地用于机械设备的轴承润滑。其滴点高于 180 ℃，能长期在 120 ℃ 左右的环境下使用。其具有良好的机械安定性，化学安定性和低温性，可用在高转速的机械轴承上；具有优良的抗水性，可使用在潮湿和与水接触的机械部件上。锂皂稠化能力较强，在润滑脂中添加极压、防锈等添加剂后，制成的多效长寿命润滑脂，具有广泛用途。

（3）工业凡士林。工业凡士林是以蜡膏稠化润滑油为基础油，加入防锈剂调制成的均匀软膏，该产品在金属制品和一般机械零件的防锈，轻负荷机械等的润滑方面有较好的应用，同时还可以用作皮革的浸润剂，橡胶制品的软化剂，乳化炸药等产品的功能改进剂，车辆保养剂等。在机车上，由于凡士林油滴点较低，且本身不具有导电性，可采用涂抹方法用于电器及导线的带电裸露部分。

性能特点：工业凡士林具有良好的防锈性、抗水性、黏附性和润滑性能。

注意事项：产品储存和使用过程中应避免其他油品混入，防止水分、杂质混入。

（4）双曲线齿轮油。普通车辆用的是一般齿轮油，中等负荷车辆、重负荷车辆，用的是双曲线齿轮油。双曲线齿轮不能用普通车辆用的一般齿轮油。双曲线齿轮油具有氧化安定性好、使用寿命长、挤压抗磨性好等优点，可以保证齿轮较长时间不被磨损，并可以保护齿轮不锈蚀，从而极大地延长了机车的大修里程，降低了修理费用。

（5）二硫化钼锂基润滑脂。二硫化钼锂基润滑脂按其规格分为2、3号，用于电机滚动轴承的润滑。其具有较好的抗水性和机械安定性，有较强的抗极压性能和较好的润滑、耐高温性能及耐用性能，使用温度范围宽，可在高温、高负荷及边界润滑的苛刻条件下使用。在机车上用于各滚动轴承、旁承、电机轴承及悬挂装置、调压开关传动齿轮、主断路器、机械摩擦部分及各软油堵等处。

（6）变压器油。变压器油主要用于主变压器。

（7）轴油。牵引电机抱轴承、基础制动装置、车钩及各滑动摩擦面，通过油枪喷射或油壶注入加油口。

（8）压缩机油。压缩机油用于机车的主、辅压缩机的冬、夏两季润滑。

机车给油时各种油脂不能互相代替，补油工具也不能混用。SS$_{7E}$型电力机车油脂的使用情况见表7-2-3所示，和谐系列电力机车油脂的使用情况见表7-2-4所示。

表 7–2–3　SS$_{7E}$型电力机车油脂的使用情况

| 序号 | 方法 | 给油处所 | 使用油脂牌号 | 给油量 | 周期 |
|---|---|---|---|---|---|
| 1 | 注入 | 压缩机、辅助压缩机 | 压缩机油 | 油位在油表中刻线 | 不定期 |
| 2 | 注入 | 压缩机空气滤清器 | 压缩机油 | 适量 | 不定期或清洗后 |
| 3 | 注入 | 牵引电机齿轮箱 | 齿轮油 | 油位在油尺上、下刻线间 | 不定期 |
| 4 | 压入 | 受电弓轴承各销 | 3#锂基脂 | 适量 | 小辅修 |
| 5 | 压入 | 牵引电机轴承 | 3#锂基脂 | 100～200 g | 小修 |
| 6 | 压入 | 辅助电机轴承 | 3#锂基脂 | 20～30 g | 小修 |
| 7 | 加入 | 轴箱轴承 | 3#锂基脂 | 适量 | 双次小修 |
| 8 | 注入 | 主变压器 | 25#变压器油 | 油位在油表上、下刻线间 | 不定期 |
| 9 | 涂抹 | 蓄电池连接片 | 工业凡士林 | 适量 | 不定期 |
| 10 | 涂抹 | 两位置开关、隔离开关静触头 | 工业凡士林 | 抹前要将旧凡士林擦干净 | 不定期 |
| 11 | 压入 | 单元制动器 | 3#锂基脂 | 适量 | 小辅修 |
| 12 | 压入 | 牵引杆、销、导框 | 3#锂基脂 | 适量 | 小辅修 |
| 13 | 涂抹 | 滚子装置 | 3#锂基脂 | 适量 | 日常 |
| 14 | 点注 | 车钩各摩擦面 | 轴油 | 适量 | 日常 |
| 15 | 点注 | 基础制动装置各销套 | 轴油 | 适量 | 日常 |
| 16 | 注入 | 轮缘喷油器油脂罐 | 轮轨润滑脂 | 油罐 2/3 以上 | 日常 |

表 7-2-4　和谐系列电力机车油脂的使用情况

| 名称 | 用于车型 | 使用部位 | 添加/更换周期 |
|---|---|---|---|
| 合成齿轮油 | HXD$_3$/HXD$_{3C}$ | 齿轮箱轴承 | 首保 7 500 km 换油 |
| 合成齿轮油 | HXN$_3$ | 牵引电机轮对齿轮箱 | 15 万 km/1 年换油 |
| 润滑脂 | HXD$_3$/HXD$_{3B}$/HXD$_{3C}$ | 抱轴箱滚动轴承 | 15 万 km 或每年加脂 |
| 开式齿轮脂 | HXD$_3$/HXD$_{3C}$/HXN$_3$ | 受电弓升降润滑 | 检查补油 |
| 黑霸王机油 | HXN$_3$ | 内燃机 | 检查补油 |
| 润滑脂 | HXD$_3$ | 联轴节（齿轮、电机间） | |
| 润滑脂 | HXD$_3$/HXD$_{3C}$ | 空压机电机轴承脂 | 检查补油 |
| 轴承脂 | HXD$_3$/HXD$_{3C}$ | 空压机电机轴承脂 | |
| 合成齿轮油 | HXD$_3$/HXD$_{3C}$ | 齿轮箱轴承 | 首保 15 000 km |
| 合成齿轮油 | HXD$_{3B}$ | 齿轮箱轴承 | 25 万 km/4 年换油 |
| 空压机油 | HXD$_3$/HXD$_{3B}$/HXD$_{3C}$ | 空压机体 | 3 000 km 换油 |
| | | | 300～500 km/检查补油 |
| 润滑剂 | HXD$_{3B}$ | 电机轮对装配 | |
| 润滑脂 | HXD$_{3B}$ | 牵引电机轴承（非输出端） | 25 万 km |
| | | 抱轴箱滚动轴承（非驱动端） | 25 万 km |
| 润滑剂 | HXD$_3$/HXD$_{3C}$ | 除塑料衬套外销轴及衬套 | 检修时制动单元 |
| 装配油膏 | HXD$_3$/HXD$_{3B}$/HXD$_{3C}$ | 连接轴承试运转装配 | |
| 润滑脂 | HXD$_3$/HXD$_{3B}$/HXD$_{3C}$ | 转向架中间轴承 | 35 万～40 万 km |
| | | 所有轴箱轴承 | 60 万 km 或 5 年换油 |
| 导电接触脂 | HXD$_3$/HXD$_{3C}$ | 受电弓滑板及软线连接 | 更换滑板时/中修 |
| 润滑脂 | HXD$_3$/HXD$_{3B}$/HXD$_{3C}$ | 齿轮试运转润滑 | |
| 润滑脂 | HXD$_{3B}$ | 心轴及联轴节轴承 | |
| 金属润滑膏 | HXD$_{3B}$ | 联轴节轴承 | |
| 装配油膏 | HXD$_3$/HXD$_{3B}$/HXD$_{3C}$ | 连接轴承试运转装配 | |
| 轴承脂 | HXN$_3$ | 抱轴箱轴承（非驱动端） | 第一次更换车轮 |
| | | 抱轴箱轴承（驱动端） | 第一次更换车轮 |
| 轴颈保护剂 | HXD$_{3B}$ | 车轴轴颈 | |
| 锌基润滑脂 | HXD$_{3B}$ | 内燃机螺栓 | |
| 清洗剂 | HXD$_3$/HXD$_{3B}$/HXD$_{3C}$ | 刹车盘清洗 | |
| 密封胶 | HXN$_3$ | 齿轮箱密封 | |
| 密封胶 | HXD$_3$/HXD$_{3B}$/HXD$_{3C}$ | 齿轮箱端盖密封 | |
| 润滑脂 | HXD$_3$/HXD$_{3C}$ | 牵引电机轴承 | 每 2 年或 30 万 km |

2）各类油脂的鉴别

在机车给油作业前，首先要对油脂进行鉴别以防油脂混用，引起润滑不良、轴瓦烧损等事故。在进行油脂鉴别时，主要采用鼻闻、目视、手检的方法。

（1）通过目视确认油桶、油壶的油种标记。

（2）在标记不清时，采用鼻嗅、手检的方法，在作业中，轴油与双曲线油容易混用。轴油黏度较小，色泽较黑；双曲线油黏度较大，呈淡绿色。

## 7.2.2　机车防寒作业

冬季由于气温较低，环境恶劣，季节性故障时有发生，既影响机车质量，也威胁运输生产的安全，因此，必须强化过冬的防寒意识，加强防寒教育，做好过冬前的防寒准备工作，杜绝季节性、惯性故障的发生，保证运输任务的顺利完成。机车防寒范围及标准如表7-2-5所示。

表7-2-5　机车防寒范围及标准

| 机型 | 防寒部位 | 防寒方式及标准 | 备注 |
|---|---|---|---|
| 通用 | 车顶、车体、地板缝隙及各管孔 | 发泡剂填充密封 | |
| | 机车门 | 门口粘密封胶条 | 确保密封作用，门锁开关良好，把手无抗劲 |
| | 司机室侧窗 | 加密封毡条或胶条 | 确保关闭时密封 |
| | 司机室空调出风口 | 用塑料布封堵 | |
| 直流传动内燃机车 | 车体百叶窗 | 外挂防寒被 | 根据气温定数量 |
| | 机车吸油、回油管 | 吸油、回油管包扎泡沫防寒层，扎条间距为80 mm | |
| | 压力表管 | 用石棉被与车底部隔开 | 地板上部（机械间压力表盘处）压力表管 |
| | $\phi16$ mm 以下风管路、冷却间排水阀 | 与地面间用防寒物隔离 | |
| | 直供电柴油机油箱 | 粘贴防寒层 | $DF_{11G}$ |
| | 直供电柴油机来、回油管 | 包扎泡沫防寒层，扎条间距150 mm | |
| | 车体通风机通风口 | 防寒套包扎（辅助间内） | $DF_{11}$ |
| | 前端部空调进风口 | 外侧防寒封堵 | $DF_{11G}$ |
| | 司机室电暖器 | 侧壁电暖器 1 000～1 500 kW；后壁电暖气 1 500～2 000 kW；脚炉电暖气 500～600 kW | |
| | 风源净化装置排污阀 | 电加热套或电加热片 | |
| | 车下油水分离器及排水阀 | 电加热套 | |
| | 总风缸逆止阀 | 电加热套 | $DF_{11}$、$DF_{11G}$、$DF_{4D}$ |
| | 柴油机上水阀 | 电加热套 | $DF_{11}$、$DF_{11G}$ |
| | 双风管供风调压阀 | 电加热套或其他加热方式（Ⅱ端） | $DF_{4D}$ |

| 机型 | 防寒部位 | 防寒方式及标准 | 备注 |
|---|---|---|---|
| 交流传动内燃机车 | 燃油箱 | 粘贴防寒层 | |
| | 风泵间侧门 | 加防雪挡板 | |
| | 风泵间水管路 | GD 空压机散热器前水管路进行防寒，包扎泡沫防寒层，扎条间距 200 mm | |
| | 总风缸进风管 | 加装电加热及保温管 | |
| | 制动机 | EPCU 制动机加装电加热罩 | |
| | 空压机高效水分离器 | 电加热套 | |
| 交流传动电力机车 | 风源净化装置 | 出风口管路及安全阀包扎泡沫防寒层 | |
| | 总风缸逆止阀及管路 | 两总风缸之间逆止阀及管路包扎泡沫防寒层 | |
| | 制动柜 | EPCU 制动机加装电加热罩 | |
| | 总风压力开关 | 总风压力开关加装电加热套 | |
| | 风源净化装置 | 进、排气转换阀加装电加热套或电加热片 | |
| | 排污阀管路及其阀门 | 排污阀管路及其阀门加装伴热带并包扎保温管 | |
| | 升弓阀盘 | 整体加装电加热套或升弓电磁阀、节流调整阀，压力开关加装电加热片 | |
| | 总风缸排水阀及管路 | 排水管路包扎泡沫防寒层，排水阀加装电加热套 | |
| | 双风管供风调压阀 | 电加热套 | HXD$_{3C}$、HXD$_{3D}$ |

## 7.2.3　机车打温作业

机车打温作业由外勤调度员（值班员）统一指挥，打温司机在其领导下进行打温作业，负责打温机车的防亏电、防冻、防溜、防火安全等。各整备部门要根据打温机车的实际台数，配备打温司机，每名打温司机原则上同时打温不超过四台机车，并确定打温司机交接班地点，设置机车打温附表和段内打温机车位置图。

段内停留 3 h 及其以上机车，整备完毕后整备司机（或机车乘务员）与打温司机办理交接，由打温司机负责打温。

段内停留不足 3 h 机车，执行机车乘务员与整备司机对口交接制度。打温机车交接分为机车转入打温交接、打温机车转出交接、机车在打温状态中打温司机间换班交接。

### 1. 打温交接项点及标准

#### 1）机车防溜、防火措施

关闭司机室电暖器，实施基础制动，同一线路停放的打温机车连挂在一起，二、三级整备点两端机车采取止轮，一级整备点除出库待机线外，其他地点打温须止轮。打温机车总风缸风压不低于 700 kPa，机车无火情隐患，并检查蓄电池充电状态。

2）机车各部温度

机油、燃油、冷却水系统无冻结处所，电动仪表显示机油、冷却水温度不低于 20 ℃。

3）机车油、水位

水箱水位在水表三分之二以上，机油油位不低于最低整备油位，燃油油位不低于最低运用安全油位。

客、货运内燃机车最低运用安全油位：$HXN_5$ 型为 1 000 L，$DF_8$ 型为 2 500 L，$DF_{4D}$ 型为 2 000 L，$DF_{4DZ}$ 型为 1 500 L；专用调车机车最低油位：$DF_{5(G)}$ 型为 2 500 L，$DF_7$ 型为 1 500 L，$HXN_{3B}$ 型为 1 150 L。

4）机车状态

机油、燃油、冷却水、升弓系统无影响机车起机打温的漏泄处所。机车备品齐全（铅封）完好。

**2. 机车打温温度要求**

（1）环境气温在 0 ℃以下及−20 ℃以上时，所有机车在段内停留时必须采用间隔打温办法。在气温低于−20 ℃时严禁间隔打温。

（2）间隔打温时，既有机车油水温度低于 30 ℃时启动柴油机打温，提手柄提高油水温度，油水温度达到 60 ℃时柴油机停机。

（3）$HXN_5$ 型间隔打温机车按压多级菜单、重联监控器查看柴油机温度栏，低于 40 ℃时启动柴油机，启动柴油机后检查油水管路有无漏泄处所及火灾隐患；柴油机温度栏显示达到 70 ℃时柴油机停机。

**3. 起机打温前须确认机车各部状态符合起机规定**

机车起机打温作业中，内燃机车打温要启动双燃油泵以提高燃油箱温度。$HXN_5$、$HXN_{3B}$ 型内燃机车严禁使用自动起机功能进行打温。

柴油机转数根据外温确定，严禁长时间低转速打温、加负荷打温。

当机车油水温度高于 40 ℃时，柴油机转速可以在最低转速，当机车油水温度低于 40 ℃时，将柴油机转速提高到 500~600 r/min，时间视油水温度而定，油水温提高后柴油机转速回到最低转速。打温人员负责多台机车时，要均衡每台机车的打温时间，每 2 h 对包保打温机车巡检一遍，严禁漏车。

## 7.2.4　机车检查、给油作业

**1. 机车检查**

1）机车检查的意义

电力机车是我国铁路运输重要的牵引设备。经过一段时间的运用后，由于运行中的摩擦、振动等因素的作用，各部件将会发生自然的磨损、衰弱、变形、折损、堵塞、松缓、泄漏、腐蚀等；电器装置还会出现断线、接地、绝缘老化、破损等；此外，由于检修工作的缺陷，还会产生接触面不足、各部间隙过小或过大、中心不一致、作用不良、间隙不均匀、长短不适、压力及弹力不足等不良现象，所有上述异常的存在都会影响机车的寿命，并危胁着行车安全。因此，对运用机车定时检查、给油，做到早期发现不良处所，及时处理，就会减少机车不正常的磨耗和破损，甚至避免引起事故造成重大损失。

机车乘务员在日常的机车运用中，要做到不漏检、不漏修，及时发现机车不良状态，预防事故发生，以提高机车运用质量，确保铁路运输安全正点。

2）机车检查的类别

一般电力机车的检查按时间可分为日常检查和定期检查；按检查形式又分为静态检查和动态检查。

（1）日常检查。日常检查主要包括以下几方面。

① 全面检查：机车每完成一个交路或一次循环后入段进行整备作业的检查过程。

② 机车乘务员交接班的检查：机车乘务员跑完一个交路进行交接班的检查。一般是对机车重点部位的检查。

③ 途中停车检查：列车在中途停车，司机、学习司机对机车进行检查。一般是对机车走行部的重点部位进行检查。

（2）定期检查。定期检查指机车每运用一段时间或完成一定的走行公里后对机车进行较大范围的检查，一般是在大、中、小辅修后进行的检查。

（3）静态检查。静态检查即机车在无动力电源时对机车各个部位进行的检查。

（4）动态检查。动态检查即机车在牵引列车的运行中对机车的巡视检查，或停车后立即对有关发热部件的检测，以及对电器、机械进行机能试验，对主电路来讲是动态下的空载试验。

**2. 机车给油**

1）机车给油的意义

机车牵引列车高速运行，各运动部件必然要发生剧烈摩擦，因而增加了机车阻力，加速了各部件的磨耗，甚至发生发热、烧损和熔化。在各摩擦面间适当给油，经常保持液体摩擦状态，减少摩擦阻力，防止部件发热烧损，对于提高机车牵引力、延长机车使用寿命、保证行车安全等有着十分重要的意义。

2）机车给油的类别

（1）日常给油：运用机车在机务段整备或折返段整备中的给油作业。一般包括压缩机、抱轴、齿轮箱、轮缘喷油器给油等。

（2）定期给油：在机车小修、辅修时对机车的给油作业，一般包括各电机的轴承、变压器、牵引杆装置的销套以及裸露的摩擦件的给油。

## 7.2.5  机车检查中不良处所的判断

机车运行一定时间后，各部件由于磨耗和自然衰老或意外损伤，都会出现状态不良的迹象。当发现机车状态有不良迹象时，必须认真检查，科学地判断并及时排除故障，防止造成严重后果。

**1. 机车不良状态的迹象**

（1）走行部件歪、偏、破损、不牢固、高度不够等。

（2）各种管子发生扭偏、压瘪、堵塞、裂损、弯曲等。

（3）螺栓及卡子松缓、脱落、丢失、紧余量不足、松动等。

（4）各种杆类裂纹、弯曲、折损、别劲、开口销角度不良、丢失等。

（5）转动部件发热、烧损、拉伤、熔化，滚动部件剥离、擦伤、磨耗过限、松弛、弛缓等。

（6）仪表指针不对、检查日期过期、破损等。

（7）给油处所运动部件表面发干、烧损、缺油等。

**2. 机车运用常见不良处所**

查找机车运用中常见的不良迹象处所，确定故障名称。

机车运用中常见的不良处所如表 7-2-6 所示。

表 7-2-6　机车运用中常见的不良处所

| 机车部件分类 | 常见故障处所（代表件） |
|---|---|
| 抱轴油箱、齿轮箱 | 抱轴瓦的油箱油位不足，齿轮箱体裂开，油堵松漏 |
| 胶管、卡子 | 列车软管卡子松 |
| 各种管子 | 撒砂管弯曲、堵塞，各压力仪表管子裂损、松漏 |
| 开口销 | 各开口销开度不正确、丢失 |
| 滚动部件 | 轮箍踏面擦伤、剥离、弛缓 |
| 仪表、键盘 | 表针指示不正确，检查日期过期，主台开关损坏 |
| 距离、间隙部件 | 排障器、扫石器高度不够，闸瓦间隙过大、过小 |
| 裸露的摩擦部 | 制动缸活塞杆，各销缺油干磨 |
| 电器部件 | 线圈、联锁接线断、松动，灭弧罩破损等 |
| 各种电机 | 电刷接触不良，刷辫断股、脱辫，换向器发黑、烧损 |
| 各种阀、手柄 | 位置不正确 |

## 7.2.6　机车检查给油着装与工具的使用

### 1. 机车检查给油着装

机车乘务员进行机车检查、给油作业时应穿戴好工作服、工作帽，脚穿绝缘鞋。司机左手持手电筒，右手持检查锤。学习司机左手持手电筒、少量棉丝，右手持油枪，如图 7-2-2 所示。

### 2. 机车检查工具的使用

机车检查给油的工具主要有机车检查锤、手电筒、棉丝、压油机等。在检查给油工作中，以灯领锤（油枪），灯与锤不能换手，锤不能触地，手电、检查锤要放置在固定位置，防止遗忘。做到灯照，锤敲，动作协调。

机车车辆检查锤主要是检查机车车辆连接件是否松动，通过锤击、锤触、锤撬等方法，通过听声、手感等检查机件有没有失效。锤柄与锤头装配后必须紧固，

图 7-2-2　检查着装

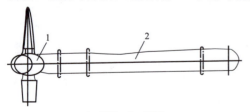

1—垂头；2—锤柄

图 7-2-3　机车车辆检查锤外形

允许由端头打入适当的楔铁，机车车辆检查锤重量为 0.35 kg，木柄长 480 mm，锤头长 117 mm，机车车辆检查锤外形如图 7-2-3 所示。

机车车辆检查锤锤头材料为 T7，两端头部表面热处理，硬度为 HRC48～52，锤头必须光整，不许有毛刺，重量为 0.25 kg，锤头基本尺寸如图 7-2-4 所示。

机车车辆检查锤锤柄材料为柞（茶、黄檀）木，木材必须坚硬，不许有节疤、伤痕、裂缝等缺陷，木材的含水量不许超过 25%，表面必须光滑，不许有毛刺并涂以干性油漆，重量为 0.1 kg，锤柄尺寸如图 7-2-5 所示。

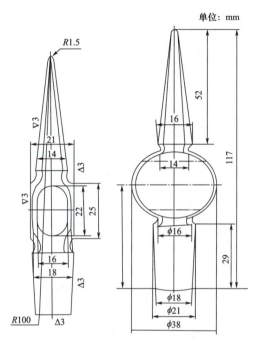

图 7-2-4　锤头基本尺寸

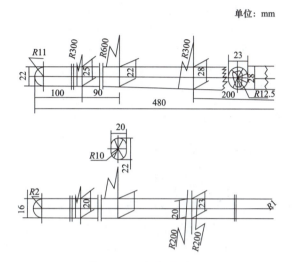

图 7-2-5　锤柄尺寸

手持机车车辆检查锤的方法是右手持锤，并手握锤柄（距锤柄末端 20～30 mm），如图 7-2-6 所示。

## 7.2.7　机车检查、给油的基本要求

### 1. 机车检查基本要求

1）机车检查基本知识

检查人员应熟练掌握机车构造、各部件名称及结构、部件安装位置及正常工作状态。在检查机车时手、眼、身、步、法运用自如，以正确的姿势，

图 7-2-6　手持锤方法

适当的方法，按规定的顺序、步骤进行。局部检查顺序原则上为先上后下，由里向外进行。以检查的部位为"点"，由左向右，再由右向左连成"线"，使所检查的部位都包括在检查顺序中。在检查过程中，以锤击的声音、部件的工作状态、部件的温度及颜色和气味等线索为依据，准确地判断分析故障原因和查找故障处所。视故障的程度，及时采取适当的处理办法和措施。

2）检查机车要做到

姿势正确、步伐不乱、循序检查、由上至下、里外左右、锤分轻重、敲击触撬、手摸鼻嗅、拍拉拧摇、耳听目视、测试量塞、运用自如。

**2. 机车给油的基本要求**

（1）检查给油顺序要熟练，不重复、不漏检、不漏给（油），工具使用正确、方法合理，根据机车交路整备的时间，要做好日常和定期机车检查及给油作业。日常的检查及给油作业，还要做到灵活机动。机车停留时间短时，做好重点检查及给油；机车停留时间长时，做好全面检查及给油。

（2）在进行给油作业前，要先检查给油装置的机能和各摩擦面的油膜状态，各油箱的存油量，要判断各润滑处所的油润状态和部件作用状态是否良好。

（3）对不同的润滑处所，要使用规定牌号的油脂。不同种类的油脂，不能混用。

（4）空气压缩机、牵引电动机抱轴及齿轮箱的油位，在交接班时应认真检查是否符合规定，油位不足时应及时补油。补油量不可过多，以免造成油封漏油或甩油。

（5）在检查及给油时，不得损坏工具和部件，给油方式要正确，应注意人身安全。

（6）检查及给油作业完毕后，各阀、开关、按钮、手柄等必须恢复原位，各防护网、罩及盖等要恢复为原状态。

## 7.2.8　机车检查的基本方法

机车检查的方法主要有目视检查法、锤检法、手检法、耳听法、鼻嗅法、测量法、测试法。

**1. 目视检查法**

这是机车检查最基本的方法。主要检查各种仪表的显示、铅封、漆封；各类扳钮、刀开关、囊门位置；各部件有无断裂、变形、丢失、歪斜、折损、擦伤、剥离、泄漏、脱落、卡滞、缺油、拉伤、发热、烧损、变色，以及油、砂储备量；各类电器的导线连接、绝缘状态、触点接触状态等。目视检查贯穿在各种检查方法之中，是最基本的检查方法。

**2. 锤检法**

锤检法分为锤击、锤触、锤撬。

1）锤击

锤击，适用于检查各种紧固螺栓、螺钉。敲击螺栓和螺钉时，应向紧的方向敲击，以免敲松紧固件。在锤击时靠声响及手柄的传动感觉来判断螺栓（钉）的紧固程度。锤击适用于检查 14 mm 以上的各紧固螺栓、弹簧螺钉、装置以及适宜用锤击判别容易发生断裂的部件。

使用锤敲检查时应根据螺栓的大小、部件的状态和位置，用力适当，掌握好轻重以免损坏部件。对带有压力的管接头、摩擦工作面、光洁度较高的部件和 14 mm 及其以下的螺栓禁止用锤敲击。

2）锤触

锤触，主要适用于检查一些较细的管子、卡子和一些脆弱部件，以及 14 mm 以下螺栓、螺钉。通过锤触，检查其是否松缓或裂损。

3）锤撬

锤撬，用锤柄或锤尖拨动、撬动一些零部件，检查其跳动量、横动量及间隙等是否正常。

**3. 手检法**

手检法又可分为手动检查和手触检查。

1）手动检查

手动检查，对于不适宜锤检的部件应用手动检查。手动包括晃、抹、拧、拨等手法。对于较小的螺栓、管接头，用手拧的方法判断松紧；对于法兰盖、胶垫油封等处，用手抹法判断是否漏泄；对于电气元件安装接线的检查，用手指拨动法；对于传动轴、花键套及有横动量的部件，应用手扳方法检查。

2）手触检查

手触检查，主要适用于检查有关部件的温度、管路的振动、高压油管的脉冲等。手触检查应先用手指感觉温度，再用手背判断温度。手背触及部件表面的持续时间与相应的温度可参照表 7-2-7。

表 7-2-7　手背触及部件表面的持续时间与相应的温度

| 热　别 | 相应的温度 | 判别方法 |
|---|---|---|
| 平热 | 40 ℃ | 能长时间手触 |
| 微热 | 70 ℃上下 | 手触持续 3 s |
| 强热 | 90 ℃上下 | 不能手触 |
| 激热 | 150 ℃上下 | 变色 |
| 烧热 | 150 ℃上下 | 生烟 |

#### 4. 耳听法、鼻嗅法

凭听觉或借助锤柄、听棒等判断运转机件有无异常；用鼻嗅感觉、判断部件及电气装置有无过热、烧损现象。

#### 5. 测试法

使用仪表、仪器测试电压、电流、电阻的数据及电路状态等。例如：使用万用表测试电压、电阻、电流的数值；使用试灯测试电路中的断路、虚接等故障。

#### 6. 测量法

使用塞尺、直尺、卷尺及专用工具测量有关部件的间隙、距离、行程等各种限度尺寸。

### 7.2.9　机车给油的基本方法

#### 1. 压油机压入式

（1）对于使用软油润滑的各销及套，在压油时，一般应压至销套间隙中，见新油挤出即可。压油过少，使摩擦表面的润滑不良，产生干摩擦及半干摩擦，造成抗劲和部件的非正常的磨损；压油过多，浪费油脂，也易使尘土杂物附着在销套表面，影响清洁，同样会产生非正常磨损，缩短部件的使用寿命。

（2）各轴承的给油，由于部件在组装过程中，轴承空腔内部已预加油脂，机车在运行中需在辅修、小修时定期补油，轴承内存油量不应多于轴承空腔容积的 2/3，油量过多，使轴承空腔内充满油脂，散热不良，影响电机的正常工作；油量过少，会使轴承产生非正常磨损，导致发热烧损。

#### 2. 注入式

注入式，是机车运用中油箱日常给油的方式，运用中应根据机车各部件对润滑的不同要求，正确使用油脂，避免造成混油，同时使油位保持在最低油位刻线以上。

#### 3. 油枪给油方式

油枪给油方式包括点式给油、弧形给油、线式给油。

1）点式给油

点式给油，适用于直径较小的穿销及摩擦接触面较小的部位。

2）弧形给油

弧形给油，适用于点式给油不能满足其润滑要求的穿销及销套。

3）线式给油

线式给油，适用于摩擦接触面较大的部件。

**4. 抹入式**

抹入式给油，适用于采用软油润滑的较大摩擦接触面。

## 7.2.10　机车检查给油作业动作训练要领

**1. 检查给油用语（呼唤方法）**

1）呼唤的要求

在检查中，名词术语的呼唤应做到检查哪呼唤哪，口齿清晰，声音洪亮，用语准确，故障现象表达正确。

2）部件的呼唤

用检查锤或徒手指示某一部件，呼唤"××检查"。然后按一定顺序检查该部件的各个零部件。

3）检查方法呼唤

呼唤"××检查"→确定检查方法→确定给油方式→呼唤技术要求→确认该零部件的技术状态→呼唤故障现象。

4）给油方式呼唤

呼唤"油尺（油表）油位检查"→呼唤油量要求→呼唤技术要求→呼唤使用油脂→呼唤不良现象。

**2. 动作要领演练**

1）过渡步

进入检查的部位前的步伐称"过渡步"，一般运用在两个检查部位之间。过渡步是当一个部位检查完毕后进入下一个部位时的步伐，如机车前端外观检查完进入检查车钩项目时，前端检查完转入侧部检查时，进入地沟检查时，地沟检查完上机车时。

2）直立前视

直立前视如图 7-2-7 所示。

（1）检查处所：机车前后端、两侧墙面。

（2）检查姿势：右脚向右迈开，与肩部平行。

（3）检查动作：目视检查，对检查部位，眼见锤指点（或锤敲）、口呼唤。

（4）检查方法：检查机车外观，由上至下，由左至右。

3）站立检查

站立前视如图 7-2-8 所示。

（1）检查处所：车钩、风管、蓄电池、底部牵引电机。

（2）检查姿势：右脚向右后迈半步，或左脚向前迈一步。

（3）检查动作：目视检查，对检查部位，眼见锤指点（或锤敲）、口呼唤。

（4）检查方法：检查机车外观，由上至下，由左至右。

4）蹲步右侧身

蹲步右侧身如图 7-2-9 所示。

（1）检查处所：机车走行部。

（2）检查姿势：面向机车检查部位，手持检查锤伸到检查之处，身体与机车相距约为

400 mm。右脚向右跨出一步，比双肩部略宽，右膝关节弯曲 90° 左右。右侧身时，身体重心落右脚，左脚向外伸直。

（3）检查动作：检查由上至下，由左至右，由里至外。

（4）检查方法：手锤检查部位，锤击轮缘踏面、弹簧、轴箱螺丝，听是否有弛缓、断裂、松动的异音。

（5）手锤要求：凡螺丝有防缓装置、防缓标记，手锤只点击，不予敲打。

图 7-2-7 直立前视

图 7-2-8 站立前视

图 7-2-9 蹲步右侧身

5）蹲步左侧身

蹲步左侧身如图 7-2-10 所示。

（1）检查处所：机车走行部。

（2）检查姿势：面向机车检查，手持检查锤伸到检查之处，身体站立与机车相距约 400 mm。左脚向左跨出一步，比双肩部略宽，膝关节弯曲 90° 左右。左侧身时，身体重心落左脚，右脚向外伸直。

（3）检查动作：检查由上至下，由左至右，由内至外。

（4）检查方法：手锤检查部位，锤击轮缘踏面、弹簧、轴箱螺丝，听其声音是否有弛缓、断裂、松动的异音。

（5）手锤要求：凡螺丝有防缓装置、防缓标记，手锤只点击，不予敲打。

图 7-2-10 蹲步左侧身

6）蹲步向右探身

蹲步向右探身如图 7-2-11 所示。

（1）检查处所：机车走行部。

（2）检查姿势：蹲步检查处所看不见时，须向前探身，右脚向前一步。右脚向前时，右手持检查锤，身体重心向右前探身观测检查。

（3）检查动作：检查由上至下，由左至右，由内至外。

（4）检查方法：观察各部有无异状。

7）蹲步向左探身

蹲步向左探身如图 7-2-12 所示。

（1）检查处所：机车走行部。

（2）检查姿势：蹲步检查处所看不见时，须向前探身，左脚向前一步。左脚向前时，右手持检查锤，身体重心向左前探身观测检查。

（3）检查动作：检查由上至下，由左至右，由内至外。

（4）检查方法：观察各部有无异状。

8）弯腰向左或右探身

弯腰向左或右探身如图 7-2-13 所示。

（1）检查处所：机车走行部。

（2）检查姿势：机车内侧，检查处所看不见时，须向前探身，左脚或右脚向前一步，弯腰向内检查，身体重心向前。

（3）检查动作：检查由上至下，由左至右，由内至外。

（4）检查方法：观察各部有无异状。

图 7-2-11 蹲步向右探身　　图 7-2-12 蹲步向左探身　　图 7-2-13 弯腰向左或向右探身

9）向右后转身检查

向右后转身检查如图 7-2-14 所示。

（1）检查处所：机车走行部，机车机械间走廊、电器间走廊。

（2）动作姿势：直立身体，左脚向右迈过一步，同时身体向右转 180°，右脚就地旋转 180° 转身，向右后转身步伐如图 7-2-15 所示。

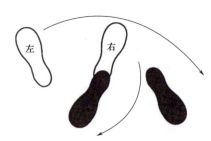

图 7-2-14 向右后转身检查　　　图 7-2-15 向右后转身步伐

（3）作用：更换检查部位。

（4）检查部位：走廊两侧部分。

10）向左后转身检查

向左后转身步伐如图 7-2-16 所示。

（1）检查处所：机车走行部，机车机械间走廊、电器间走廊。

（2）动作姿势：直立身体，右脚向左迈过一步，同时身体向左转 180°，左脚就地旋转 180° 转身。

（3）作用：更换检查部位。

（4）检查部位：走廊两侧部分。

11）登梯上、下车

上、下车前将检查锤与手电筒放在车门口，面对车门，双手抓牢手把杆，上车或下车。注意上车时首先应检查扶手安装是否牢固。登梯上、下车动作如图 7-2-17 所示。

12）弯腰屈步前移

弯腰屈步前移如图 7-2-18 所示。

（1）检查处所：进入地沟底部走行检查。

（2）检查姿势：双腿膝部略屈，弯腰，右手持检查锤，锤头落地走行（锤头落地控制身体高度，避免撞头）。

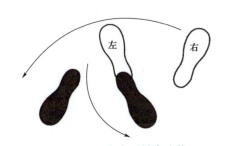

图 7-2-16　向左后转身步伐

图 7-2-17　登梯上、下车动作

图 7-2-18　弯腰屈步前移

13）侧步右进

侧步右进步伐如图 7-2-19 所示。

（1）检查处所：机车走行部，机车机械间走廊、电器间走廊。

（2）动作姿势：直立身体向右转 90°，同时左脚向右迈一步；右脚向右迈一步，同时向左转 90°。

（3）作用：更换检查部位。

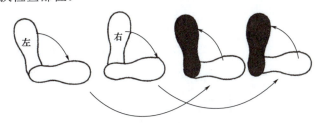

图 7-2-19　侧步右进步伐

**3. 机车检查步伐示意图**

机车检查步伐示意图如图 7-2-20 所示。

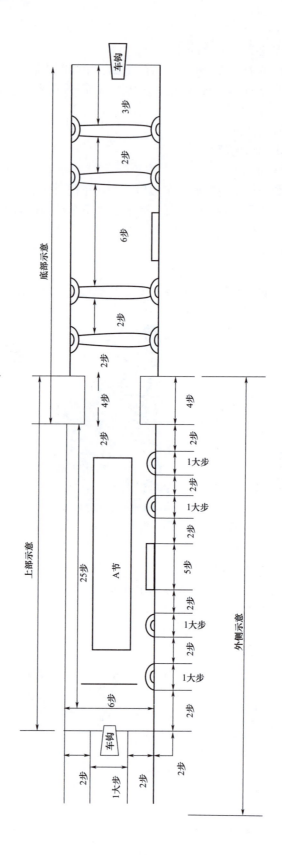

图 7-2-20 机车检查步伐示意图

学习工作单与考核表

| 任　　务 | 整备作业基本技能 | | | |
|---|---|---|---|---|
| 学习小组 | | 姓名 | | |
| 学习工作任务 | 学习工作完成评价 | | | |
| 学习工作 1：掌握机车整备补砂与油脂技能 | 自我评价 | 小组评价 | 教师评价 | |
| 学习工作 2：掌握机车防寒打温作业技能 | 自我评价 | 小组评价 | 教师评价 | |
| 学习工作 3：掌握机车检查、给油基本技能 | 自我评价 | 小组评价 | 教师评价 | |

## 自 测 题

### 一、填空题

1. 手检法可分为（　　　　　）和手触检查。

2. 对带有压力的管接头、摩擦工作面、光洁度较高的部件和（　　　）mm 及其以下的螺栓禁止用锤敲击。

3. 锤检法分为锤击、锤触、（　　　　　）。

4. 机车检查方法归纳起来主要有目视检查法、（　　　　　）法、手检法、耳听法、鼻嗅法、测量法、测试法。

5. 在进行油脂鉴别时，主要采用鼻闻、目视、（　　　　　）的方法。

6. 一般电力机车的检查按时间可分为日常检查和（　　　　　）检查；按检查形式又分为静止检查和（　　　　　）检查。

7. （　　　　　）是指机车每完成一个交路或一次循环后入段进行整备作业的检查过程。

8. 机车给油的类别分为日常给油和（　　　　　）。

### 二、选择题

1. 撒砂装置作用良好，砂管的撒砂量均应调整到（　　　）kg/min。

　　A. 1～2　　　　　　　B. 2～3　　　　　　　C. 3～4

2. 砂子中 $SiO_2$ 的含量应大于（　　　）。

　　A. 50%　　　　　　　B. 60%　　　　　　　C. 90%

3. 牵引电机轴承使用（　　　）。

　　A. $3^{\#}$锂基脂　　　　B. 轴油　　　　　　C. 双曲线齿轮油

4. 蓄电池连接片应涂抹（　　　）。

　　A. $3^{\#}$锂基脂　　　　B. 压缩机油　　　　C. 工业凡士林

### 三、简答题

1. 什么叫机车整备？其主要包括哪些内容？

2. 机车检查时要做到哪些方面？
3. 试述对机车给油的目的。
4. 机车检查的基本方法有哪些？
5. 机车给油的基本方法有哪些？
6. 试述机车整备用砂的功用及质量要求。
7. 试述电力机车的常用油脂及使用注意事项。

# 任务 7.3  机车给油检查前的准备工作

## 布置任务

1. 掌握机车乘务员工作时的安全注意事项与要求；
2. 掌握技能考核时检查给油作业的技能；
3. 掌握机车整备检查给油作业前的整备工作。

## 相关资料

### 7.3.1  机车乘务员工作时的安全注意事项

（1）工作时必须穿工作服，戴工作帽。进行机车检查作业前，必须首先确认机车已制动或打好止轮器，做好安全防护。

（2）作业中严禁跨越地沟。

（3）上下机车时，双手握紧手把杆。

（4）在机车上部或顶部作业时，谨防工具落下，严禁向机车下部扔工具及部件。

（5）在有电区车顶检查作业时，必须办理停电手续、挂好接地线后进行。上车顶必须由车顶门登上，严禁从其他部位爬上车顶。在检查中，注意防止跌落和摔伤，确保人身安全。

（6）当机车受电弓升起时，禁止进入高压室、变压器室，开启防护高压用的护板、外罩及电机换向器孔盖，以及检查、修理电力机车车体下面的电气设备。

（7）机车检查前必须遵守"先联系、后检查"的原则，而且要求有关作业人员在操纵的手柄开关处挂好禁动标志。检查带电部件和转动部件时，禁止手触，以防触电和挤伤。

（8）带有压力部件、M14 以下的螺母、光洁度高或有镀层的零件表面，禁止用锤击法检查。

（9）用手晃动、拧动零件时，用力要适当，防止损伤部件；检查紧固件松紧时要顺时针方向转动。

（10）对于加封的零部件（如铅封、漆封），严禁随意破封。对于各种保护装置及测量、计量仪器，不得任意变更其动作值。

（11）升弓做高压试验前，必须确认各室和地沟无人，并严格执行呼唤应答和鸣笛规定，以确保人身安全。

（12）各部件、塞门、开关检查完后，必须恢复运行状态。

### 7.3.2  机车检查给油作业文明生产的基本要求（实习环境）

（1）实习者取放工具时应轻拿轻放，禁止随意存放，要放在指定地点。

（2）正确使用工具、量具，按规定操作，严禁随意蛮干。

（3）非实习者应站在安全线以外观看，严禁在实习者背后停留。

（4）实习者手中应拿一小团棉丝，及时将手中油污擦净，以防污染电机、电器等部件。

（5）在实习过程中，应养成呼唤应答的好习惯。

### 7.3.3　安全操作注意事项

在机车整备作业前，乘务员应注意以下安全事项。

（1）出勤后，机班人员要同行，应走固定道路，严禁扒车以车代步，严禁走道心或枕木。

（2）司机检查作业开始前，应对机车实行制动或确认打好止轮器。

（3）进行机车检查作业要穿好工作服，戴好工作帽。

（4）作业中严禁跳越地沟。

（5）司机、副司机按规定出勤到调度室及外勤值班室，核实担当车次所用机车的车号，掌握机车停放位置。

（6）到地勤值班室办理接车手续，了解机车运用、检修情况，领取、查阅"机车运行日记"。

（7）副司机领取机车钥匙、工具、备品及棉丝。

（8）两人上车后，准备好检查机车所需工具，对机车实行制动，准备开始进行机车检查作业。

### 7.3.4　机车整备检查给油作业前的整备工作

（1）机车应停于有检查地沟的平直线路上，机车二、五位动轮应放置止轮器，防止机车溜逸，打开隔离开关，挂好接地线。

（2）检查地沟两端应放置渡板，来车方向应设防护牌。

（3）机车总风缸压力应在 700 kPa 以上，蓄电池闸刀置断开位。

（4）机车检查工具：司机使用检车锤、短接线和手电筒，学习司机使用反射油枪和手电筒。

（5）司机、学习司机作业完毕后应将所有检查孔盖、防护罩、加油口盖、塞门、止阀，以及手柄、按钮、开关闸刀等恢复到正常状态。

### 7.3.5　技能考核时检查给油作业前的准备工作

（1）技能考核时进行机车检查及给油作业，应在主断断开、受电弓降下的状态下进行。

（2）机车停放在有地沟的线路上，打好止轮器，铺设好地沟渡板。

（3）在司机室的制动机手把上挂好禁动牌，电空制动控制器、空气制动阀分别置运转位，换向手柄置零位。

（4）进行各种试验时，必须与有关人员充分联系，配合密切，保证安全。

（5）准备好检查锤、手电筒、油壶、记录本、棉丝等。

（6）进行机车全面检查时，事先应打开三个牵引电机检查盖。

（7）作业完毕，取出止轮器。

### 7.3.6　技能考核时的工作程序

（1）呼唤姓名，由给油指导（老师）呼唤学生姓名，学生答"到"，立即跑步到工作台前，以立正姿势站好，向指导敬礼，并报告姓名。

（2）给油准备（检查准备），当指导发出"给油准备（检查准备）"的口令后，学生应立即做好下列准备工作。

① 机车安全措施检查。指导发出"止轮器，禁动牌，电空制动控制器、空气制动阀运转位，机车缓解状态，打开相应的电机盖"口令。

② 给油（检查）工具、材料准备。准备好手电、检查锤、各种油壶、油枪、棉丝、仪表仪器。将油壶放在下地沟的入口处，试灯、测量仪表放在Ⅰ端司机室操纵台上。

③ 准备完成。将工具材料检查准备完毕后，以立正姿势站在工作台前，向指导报告"准备完毕"，并记录时间。

（3）给油（检查）开始。当指导发出"给油（检查）开始"口令后，学生立即按机车全面给油（检查）顺序进行给油或检查。

（4）给油（检查）完毕。学生给油（检查）作业完毕后，应将工具收回，放在工作台前，随后报告"给油（检查）完毕"，并记录时间。

（5）假设呼唤。当学生在给油检查中发现故障处所时，应立即呼唤故障（假设）名称，要求准确报告故障属于哪一部位以及其标准名称，并做好记录。指导确认后应答"假设"。

## 7.3.7 技能考核时的故障假设

故障假设是人们有意识地采取某种方法，假设机车的某一零部件有缺陷或故障，供学员练习机车检查、给油的基本功或进行技术考核之用。故障假设的设置方法分为记号法、拆卸法、实验法和模拟法等。

**1. 记号法**

记号法是在零部件表面画上某种记号，表示该零件有某种缺陷或故障。

（1）白色粉笔画的线条，表示该零件上有裂纹或折损。

（2）画在轮对踏面上的白色片状图形，表示动轮踏面擦伤，其图片面积表示擦伤面积。

（3）画在轮对踏面上的环形白色粉笔线一环套一环，表示轮对踏面剥离。

（4）部件表面涂有红色粉笔，表示该部件烧损。

**2. 拆卸法**

对于一些易松缓、易丢失的零部件，一般采取拆卸法设置故障。如将螺帽卸下或松动，表示螺帽松缓或丢失。此法设置故障，一般多用于机车检查给油的练习考试或技术比赛。完毕后必须及时恢复，以保证部件处于正常运用的状态。

**3. 实验法**

对"系统"（电气系统、制动系统）设置故障，一般采用实验法判断故障处所。设置电气故障时，要对电气线路或器件进行某种处理（短接、断路），然后，需要通过电气动作试验来确认故障设置的处所。采用此法待考试或比赛完毕后，必须及时恢复，并通过试验来确认该系统是否正常。

**4. 模拟法**

通过模拟机车某种故障现象来设置故障。学员根据故障现象来分析、判断产生故障的原因，确定排除方法。制动机的故障主要是模拟声响、风表压力的显示等。机车电气故障主要是模拟信号灯、仪表显示及电气的状态。故障设置一般通过特制的"模拟装置"或与制动机、电气装置试验台相配套的"故障设置台"来实现。此种故障设置法方便灵活，很适于对学员进行基本功练习和考试。

学习工作单与考核表

| 任　务 | 机车给油检查前的准备工作 | | | |
|---|---|---|---|---|
| 学习小组 | | 姓名 | | |
| 学习工作任务 | | 学习工作完成评价 | | |
| 学习工作 1：掌握机车乘务员工作时的安全注意事项与要求 | | 自我评价 | 小组评价 | 教师评价 |
| | | | | |
| 学习工作 2：掌握技能考核时检查给油作业的技能 | | 自我评价 | 小组评价 | 教师评价 |
| | | | | |
| 学习工作 3：掌握机车整备检查给油作业前的整备工作 | | 自我评价 | 小组评价 | 教师评价 |
| | | | | |

# 自 测 题

## 一、填空题

1. 带有压力部件、（　　　）以下的螺母、光洁度高或有镀层的零件表面，禁止用锤击法检查。

2. 检查紧固件松紧时要顺时针方向转动。

3. （　　　）色粉笔画的线条，表示该零件上有裂纹或折损。

4. 检查地沟两端应放置（　　　），来车方向应设防护牌。

## 二、简答题

1. 简述机车乘务员工作时的安全注意事项与要求。

2. 简述技能考核时检查给油作业工作程序。

3. 机车整备检查给油作业前的整备工作内容有哪些？

# 任务 7.4　SS$_4$改型电力机车给油检查作业

## 布置任务

1. 掌握 SS$_4$ 改型电力机车前端部检查作业；

2. 掌握 SS$_4$ 改型电力机车走行部检查作业；

3. 掌握 SS$_4$ 改型机车车底检查作业；

4. 掌握 SS$_4$ 改型机车上部检查作业；

5. 掌握 SS$_4$ 改型机车顶部检查作业。

相关资料

## 7.4.1　SS₄改型电力机车前端部

SS₄改型电力机车前端部检查见表7-4-1所示。

表7-4-1　SS₄改型电力机车前端部检查

| 部位 | 顺号 | 部件名称 | 检查内容 | 检查方法 | 作业图示 |
|---|---|---|---|---|---|
| 机车后端 | 1 | 上部外观 | （1）头灯、雨刷、玻璃完整<br>（2）上踏板、扶手牢固、路徽完整 | 目视　目视 | |
| | 2 | 左半部 | （1）标志灯是否完整<br>（2）钩提杆有无弯曲、提杆座安装螺丝有无松动<br>（3）确认脚踏板安装牢固<br>（4）确认排障器完整，安装螺丝无松动，排障器距轨面为80～110 mm | （1）目视<br>（2）（3）（4）锤击<br>（5）测量 | |
| | 3 | 车钩 | （1）钩体无裂纹、左右有移动量<br>（2）吊杆无裂纹、未弯曲，托板无磨损<br>（3）钩舌销无折损、开口销状态良好<br>（4）钩舌、钩锁铁、钩舌锁铁无裂纹及磨损<br>（5）车钩开关灵活，防跳作用良好<br>（6）车钩各部尺寸符合以下标准<br>①车钩目视不低头左右摆动灵活，摆角不小于40°<br>②车钩全开位开度为220～250 mm<br>③车钩闭锁位开度为110～130 mm<br>④钩锁铁浮动量为5～15 mm<br>⑤钩锁铁侧动量为1～3 mm<br>⑥钩舌销径向间隙为1～4 mm<br>⑦钩舌与上下耳间隙为4～10 mm<br>⑧钩舌销开口销开度为60° | （1）目视<br>（2）手动<br>（3）（4）（5）锤击<br>（6）测量 | |
| | 4 | 制动软管 | （1）软管无裂纹，水压试验不超过3个月，制动软管应与车体中心线成45°<br>（2）软管卡子无松动，胶圈完整<br>（3）折角塞门及软管安装牢固、角度正确、无漏风<br>（4）防尘堵、安全链齐全<br>（5）开放折角塞门，检查通风状态 | （1）目视<br>（2）（3）（4）锤击<br>（5）手动 | |

续表

| 部位 | 顺号 | 部件名称 | 检查内容 | 检查方法 | 作业图示 |
|---|---|---|---|---|---|
| 机车后端 | 5 | 右半部 | （1）标志灯是否完整<br>（2）确认脚踏板安装牢固<br>（3）确认排障器完整、安装螺丝无松动、高度符合标准 | （1）目视<br>（2）（3）锤击测量 |   |

## 7.4.2　SS₄改型电力机车走行部检查

SS₄改型电力机车走行部检查如表 7-4-2 所示。

表 7-4-2　SS₄改型电力机车走行部检查

| 部位 | 顺号 | 部件名称 | 检查内容 | 检查方法 | 作业图示 |
|---|---|---|---|---|---|
| 走行部右侧 | 1 | 车体外观 | 车体应平整，百叶窗不应破损 | 目视 |  |
| | 2 | 排障器内侧与排石器 | （1）安装螺丝无松动<br>（2）自动信号安装螺丝牢固 | 锤击　手动 |  |
| | 3 | B 节司机室门窗 | （1）侧窗、侧门完整<br>（2）扶手、上下脚蹬安装牢固 | 目视　手动 |  |
| | 4 | 右第八砂箱 | （1）砂箱安装牢固，砂箱盖严密，卡子良好，砂子干燥、清洁、无异物、装载量充足<br>（2）排石器无开焊，胶皮无破损<br>（3）撒砂器及砂管状态良好，无堵塞<br>（4）砂箱吊铁无开焊；扫石器距轨面为 70～80 mm，胶皮距轨面为 10～15 mm | （1）锤击<br>（2）目视<br>（3）手动<br>（4）开焊 |  |
| | 5 | 第八动轮 | （1）踏面应无超限、无剥离、无擦伤<br>（2）轮辐无裂纹<br>（3）制动缸风管无漏泄，安装螺丝无松动<br>（4）闸瓦间隙自动调整器良好，手轮无破损，闸瓦无裂纹、磨损不到限，间隙合乎要求，踏面擦伤深度不超过 0.7 mm，剥离不超过 40 mm　深度 1 mm 缓解时，闸瓦间隙 6～8 mm 厚度不少于 10mm<br>（5）闸瓦托杆穿销良好，防尘罩良好<br>（6）手轮作用良好 | （1）（2）目视<br>（3）锤击<br>（4）手动<br>（5）锤触<br>（6）目视<br>（7）测量 |  |

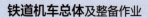

| 部位 | 顺号 | 部件名称 | 检查内容 | 检查方法 | 作业图示 |
|---|---|---|---|---|---|
| 走行部右侧 | 6 | 右第八轴箱及弹簧 | （1）内外弹簧无裂纹、折损，音响正常<br>（2）弹簧安装倾斜<br>（3）轴箱内外侧油封无漏油<br>（4）箱体及箱体接杆无裂纹，拉杆芯轴斜面座密贴，芯轴与梯形槽底面应有间隙，间隙为 1～4 mm<br>（5）轴箱盖螺丝、拉杆螺丝、盖螺丝无松动<br>（6）轴箱与构架间隙合乎标准<br>（7）速度传感器安装牢固，接线无破损 | （1）（2）锤击<br>（3）目视<br>（4）（5）（6）<br>（7）锤击 | |
| | 7 | 油压减振器 | 无漏油，安装螺丝无松动，防尘帽齐全 | 手动 | |
| | 8 | 横向油压减振器 | 无漏油，安装螺丝无松动，防尘帽齐全 | 锤触 | |
| | 9 | 右第二侧向限制器 | 螺丝无松动，橡胶块无损坏裂纹，弹簧无折损，与机车和转向架焊接处无开焊 | 目视 | |
| | 10 | 旁承 | 各部无裂纹，摩擦板良好 | 目视 | |
| | 11 | 入库插座 | 安装螺丝无松动，插座无破损 | 手动 | |
| | 12 | 第七动轮 | （1）踏面应无超限，无剥离擦伤<br>（2）轮辐无裂纹<br>（3）制动缸风管无漏泄，安装螺丝无松动<br>（4）闸瓦间隙自动调整良好，手轮无破损，闸瓦无裂纹、磨损不到限，间隙合乎标准，踏面擦伤深度不超过 0.7 mm，剥离不超过 40 mm 深度不超过 1 mm 闸瓦缓解间隙 6～8 mm<br>（5）闸瓦托杆、穿销良好，防尘罩良好<br>（6）接地线安装螺丝无松动 | （1）（2）目视<br>（3）锤击<br>（4）手动<br>（5）目视<br>（6）手动<br>（4）测量 | |

续表

| 部位 | 顺号 | 部件名称 | 检查内容 | 检查方法 | 作业图示 |
|---|---|---|---|---|---|
| 走行部右侧 | 13 | 第七轴箱弹簧 | （1）内外弹簧无裂纹、无折损，音响正常<br>（2）弹簧无倾斜<br>（3）轴箱内侧油封无漏油<br>（4）箱体与箱体接杆无裂纹、拉杆芯轴斜面密贴、芯轴与梯形槽底面应有间隙<br>（5）轴箱盖螺丝，拉杆螺丝，端盖螺丝无松动<br>（6）轴箱与构架间隙合乎要求 | （1）（2）（3）（4）目视<br>（5）（6）锤击 |  |
| | 14 | 油压减振器 | 无漏油，安装螺丝无松动，防尘帽齐全 | 手动 |  |
| | 15 | 第七砂箱 | （1）砂箱安装牢固，砂箱盖严密，卡子良好，砂子干燥，清洁无异物，装载量充足<br>（2）砂管无开焊，胶皮无破损<br>（3）撒砂器及砂管状态良好，无堵塞，排石距轨面为 70～80 mm，胶皮距轨面为 10～15 mm | （1）锤击<br>（2）目视<br>（3）手动 |  |
| | 16 | 出厂铭牌 | 完整无破损 | |  |
| | 17 | 蓄电池箱 | （1）安装螺丝无松动，箱体无变形<br>（2）侧盖安装牢固，螺栓无松动，开口销齐全<br>（3）通气孔无堵塞，引出线良好 | （1）（2）锤击<br>（3）目视、手动 | |
| | 18 | 总风盖头部 | （1）排水阀开关应灵活<br>（2）总风缸安装牢固，安装带无移动，塞门位置正确，排水阀灵活，无漏风 | 手动锤击 |  |

## 7.4.3　SS$_4$改型电力机车车底检查作业

SS$_4$改型电力机车车底检查如表 7-4-3 所示。

表 7-4-3　SS$_4$改型电力机车车底检查

| 部位 | 顺号 | 部件名称 | 检查内容 | 检查方法 | 作业图示 |
|---|---|---|---|---|---|
| 底部 | 1 | 后钩及缓冲装置 | （1）钩体托板及缓冲器托板螺丝无松动<br>（2）弹簧箱冲击座、钩尾框无裂纹<br>（3）从板磨动部无缺油 | 锤击<br>目视<br>目视 |  |
| | 2 | 牵引梁 | 与车体连接处以及各部无裂纹、开焊、变形，油堵齐全，三角板无裂纹，开口销开度良好 | |  |
| | 3 | 自动信号接收线圈 | 安装牢固，各部无破损，插销座良好，接线无松脱 | 目视 |  |
| | 4 | 排石器 | 无开焊、胶皮无破损 | 手动 |  |
| | 5 | 左右第八砂箱撒砂装置 | 箱体、撒砂阀、撒砂管安装牢固、无破损，螺丝紧固，高度符合标准，砂管距轨面为35～60 mm，胶管距轨面为15～25 mm | 锤触<br>测量 |  |
| | 6 | 后转向架后端梁 | （1）无裂纹、变形、开焊<br>（2）撒砂风管卡子无松动，胶管完整 | 目视<br>锤击 | |
| 底部 | 7 | 第八动轮 | （1）牵引电动机大线是否磨损，夹板是否完整<br>（2）牵引电机上盖严密，通风道帆布罩卡子良好 | 目视 |  |
| | 8 | 第八动轮 | （1）踏面无超限、剥离、擦伤<br>（2）轮辐、轮辋无裂纹 | 目视<br>锤击 | 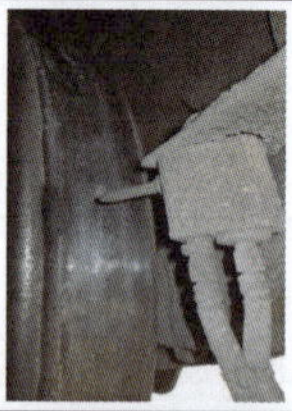 |
| | 9 | 左右第八齿轮箱 | （1）箱体安装螺丝无松动，箱体无裂纹、变形，油封无漏油<br>（2）加油口盖完好，油位合乎标准，油堵不松漏 | 锤击<br>目视<br>测量 |  |

续表

| 部位 | 顺号 | 部件名称 | 检查内容 | 检查方法 | 作业图示 |
|---|---|---|---|---|---|
| 底部 | 10 | 第八牵引电动机抱轴 | （1）各安装螺丝无松动、各部无漏油，检查盖完整齐全、轴承无过热现象<br>（2）油位合乎标准，油位在两刻线间 | 锤击<br>目视 |  |
| | 11 | 第八牵引电动机外观 | （1）机体外观无异状，检查盖严密<br>（2）小油堵及加油管无松动，轴承温度正常，温度不超过 55℃<br>（3）端盖各螺栓紧固 | 目视<br>手触<br>锤击 | |
| | 12 | 第八牵引电动机内部 | （1）牵引电机盖应完好，卡子锁闭<br>（2）通风网有无破损、堵塞，轴承无甩油、内部清洁<br>（3）整流子表面颜色正常，无电灼伤痕迹<br>（4）刷架、刷架圈固定机构良好<br>（5）各绕组接线无过热、断裂现象，绕组无变形 | （1）（2）（3）<br>（4）目视<br>（5）手动 | |
| | 13 | 第八牵引装置与手制动装置 | （1）各安装螺栓紧固，开口销良好，油堵齐全<br>（2）各部无裂纹、开焊，橡胶元件无老化、变形<br>（3）安全托铁良好、间隙合乎标准<br>（4）杆件无变形，开口销齐全，油润良好 | （1）锤击<br>（2）手动<br>（3）（4）目视 | |
| | 14 | 第七牵引电机内部 | （1）牵引电机盖严密，卡子良好<br>（2）通风网无破损、堵塞，轴承内部清洁<br>（3）整流子表面颜色正常，无电灼伤痕迹，端部绝缘良好<br>（4）刷架、刷架圈、固定机构良好<br>（5）各绕组、连接无过热、断裂、变形 | （1）（2）（3）<br>（4）目视<br>（5）手动 | |
| | 15 | 第七动轮 | 踏面应无超限、剥离、擦伤 | 目视<br>锤击 | |
| | 16 | 左右第七齿轮箱 | （1）箱体安装螺丝无松动，箱体无裂纹、变形，油封无漏油<br>（2）加油口盖完整，油位合乎标准，油堵不漏油 | 测量 | |
| | 17 | 第七牵引电动机抱轴 | （1）各安装螺丝无松动，各部无漏油，检查盖完整齐全，轴承无过热现象<br>（2）油位合乎标准，油位在两刻线间 | 锤击<br>目视 | |

| 部位 | 顺号 | 部件名称 | 检查内容 | 检查方法 | 作业图示 |
|---|---|---|---|---|---|
| 底部 | 18 | 第七牵引电动机外观 | (1) 机体外观无异状，盖严密<br>(2) 小油堵及加油管无松动，轴承温度正常，温度不超过 55℃<br>(3) 端盖螺栓紧固 | 目视<br>手动<br>手触<br>锤击 |  |
| | 19 | 左右第七砂箱撒砂装置 | 箱体、撒砂阀、撒砂管安装牢固，高度符合标准，砂管距轨面为 35～60 mm，胶管距轨面为 15～25 mm | 锤触<br>测量 | 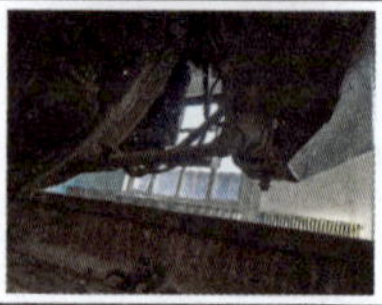 |
| | 20 | 第二枕梁 | (1) 各部无裂纹、开焊、变形<br>(2) 锰钢板安装良好<br>(3) 风机叶片、防护网良好 | 锤击<br>目视 | |
| | 21 | 变压器下部 | (1) 放油阀，油堵及管接头无漏油，器身无变形<br>(2) 左右蓄电池各部良好 | 手动<br>目视 |  |
| | 22 | 总风缸 | 安装牢固，卡子无损坏，各螺丝紧固无漏风，排水阀灵活 | | 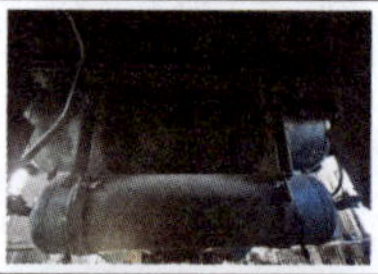 |
| | 23 | 各风管路 | 各风管路无漏风，安装卡子牢固 | 目视<br>手动 |  |
| | 24 | 第六砂箱撒砂装置 | 箱体、撒砂阀、撒砂管安装牢固、无破损、螺丝紧固、合乎标准，管距轨面为 35～50 mm 胶管距轨面为 15～25 mm | 锤触 |  |
| | 25 | 第六动轮间 | (1) 转向架侧梁无变形、裂纹、开焊<br>(2) 牵引电动机导线无磨损，夹板完整<br>(3) 牵引电动机上盖严密，通风道帆布罩卡子良好 | 目视<br>锤触<br>目视 |  |
| | 26 | 第六动轮 | (1) 踏面无超限，剥离、擦伤<br>(2) 箍辐、轮辋无裂纹 | 目视<br>锤击 |  |
| | 27 | 左右第六齿轮箱 | (1) 箱体安装螺丝无松动，箱体无裂纹、变形，油封无漏油<br>(2) 加油口盖完好，油位合乎标准 | 锤击<br>目视<br>测量 |  |

续表

| 部位 | 顺号 | 部件名称 | 检查内容 | 检查方法 | 作业图示 |
|---|---|---|---|---|---|
| 底部 | 28 | 第六牵引电动机抱轴 | （1）安装螺丝无松动，各部无漏油，检查盖齐全，轴承无过热现象<br>（2）油位合乎标准，油位在两刻线间 | 锤击<br>目视 | 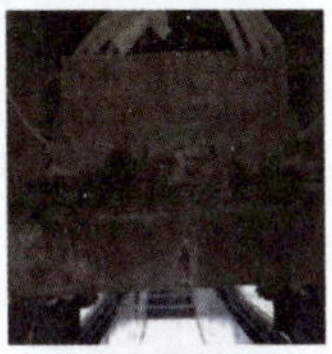 |
| | 29 | 第六牵引电动机外观 | （1）集体外观无异状，检查盖严密<br>（2）小油堵及加油管无松动，轴承温度正常，温度不超过 55℃<br>（3）端盖各螺栓紧固 | 目视<br>手动<br>手触<br>锤击 |  |
| | 30 | 第六牵引电动机内部 | （1）牵引电动机盖严密，卡子良好<br>（2）通风网无破损、堵塞，轴承内部清洁<br>（3）整流子表面颜色正常，无电灼痕迹，端部绝缘无烧伤<br>（4）刷架、刷架圈、固定机构良好<br>（5）各绕组连接线无过热，断裂现象，绕组无变形 | （1）（2）（3）<br>（4）目视<br>（5）手动 |  |
| | 31 | 第六牵引电动机悬挂装置 | （1）安装螺丝紧固，开口销良好，油堵齐全<br>（2）各部无裂纹、开焊、变形现象，橡胶元件未老化、变形<br>（3）安全托铁良好，间隙合乎标准 | 锤击<br>手动<br>目视 |  |
| | 32 | 牵引梁 | 与车体连接处及各部加强板无裂纹、开焊、变形 | 目视 | |
| | 33 | 第五牵引电动机悬挂装置 | （1）各安装螺丝牢固，开口销良好，油堵齐全<br>（2）各部无裂纹、开焊、变形。橡胶元件无老化、变形<br>（3）安全托铁良好，间隙合乎标准 | 锤击<br>手动<br>目视 |  |
| | 34 | 第五动轮间 | （1）转向架侧梁无变形、裂纹、开焊<br>（2）牵引电动机连线无磨损，夹板完整<br>（3）牵引电动机上盖严密，通风道帆布罩卡子良好 | 目视<br>锤击 |  |
| | 35 | 第五动轮 | （1）踏面无超限、剥离、擦伤<br>（2）轮辐、轮辋无裂纹 | 目视<br>锤击 |  |
| | 36 | 第五牵引电机内部 | （1）牵引电动机盖严密，卡子良好<br>（2）通风网无破损，轴承内部清洁<br>（3）整流子表面颜色正常，无电灼烧痕迹，端部绝缘良好<br>（4）刷架、刷架圈、固定机构良好<br>（5）各绕组、连线无过热、裂纹、变形 | （1）（2）（3）<br>（4）目视<br>（5）手动 |  |

| 部位 | 顺号 | 部件名称 | 检查内容 | 检查方法 | 作业图示 |
|---|---|---|---|---|---|
| 底部 | 37 | 左右第五齿轮箱 | （1）箱体安装螺丝无松动，箱体无裂纹、变形，油堵无漏油<br>（2）加油口盖完整良好，油位合乎标准，油堵不漏油 | 目视<br>测量 |  |
| | 38 | 第五牵引电动机抱轴 | （1）各安装螺丝无松动，各部无漏油，检查盖完整齐全，轴承无过热现象<br>（2）油位合乎标准，油位在两刻线间 | 锤击<br>目视 | 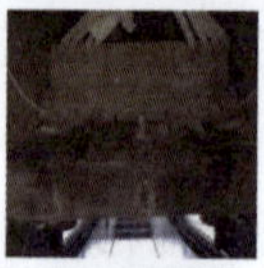 |
| | 39 | 第五牵引电动机外观 | （1）机体外观无异状，盖严密<br>（2）小油堵及加油管无松动，轴承温度正常，温度不超过55℃<br>（3）端盖各螺栓紧固 | 目视<br>手动<br>手触<br>锤击 |  |
| | 40 | 左右第五砂箱撒砂装置 | （1）箱体、撒砂阀、撒砂管安装牢固，无破损，螺丝坚固，高度符合标准，砂管距轨面为35～60 mm胶管距轨面为15～25 mm<br>（2）轮缘喷油箱及油管安装牢固，各部无漏油 | 锤触<br>测量 |  |
| | 41 | 牵引梁附近 | 牵引梁油堵，开口销齐全，转向架侧梁、枕梁各部无裂纹、变形、无焊车钩安全托铁良好，安装螺丝坚固，各风管各部状态良好 | |  |

## 7.4.4　SS₄改型电力机车上部检查作业

SS₄改型电力机车上部检查如表7-4-4所示。

表7-4-4　SS₄改型电力机车上部检查

| 部位 | 顺号 | 部件名称 | 检查内容 | 作业图示 |
|---|---|---|---|---|
| A节司机室 | 1 | 司机室左侧门窗座椅 | 门窗玻璃完整，锁闭器良好，安装牢固，手动试验灵活 |  |
| | 2 | 辅助司机控制器 | 换向手柄位置正确，标记清晰安装螺丝无松动，外罩无破损，接线及座良好，手柄杆孔无变形 |  |
| | 3 | 空气制动阀（小闸） | 安装座螺丝牢固，各管接头无松漏，接线及座良好，转换键在正常位，手把在制动位 |  |

续表

| 部位 | 顺号 | 部件名称 | 检查内容 | 作业图示 |
|---|---|---|---|---|
| A 节司机室 | 4 | 电空制动阀（大闸） | 安装牢固、机械联锁及各接点作用良好，接线各接点作用良好，接线及插座牢固，接线无松脱，手柄杆孔无变形，标记清晰 |  |
| | 5 | 司机控制器及接线插座 | 安装座螺丝紧固，手柄完整，插孔无变形，机械联锁作用正常，各接点接触良好，无烧损，电位器插头安装牢固，接线无脱落，接线插座无松脱 |  |
| | 6 | 手扳风笛 | 风阀与管接头安装牢固，无漏风，塞门位置正确 |  |
| | 7 | 油水分离器 | 排水阀及接头无漏泄 |  |
| | 8 | 调整阀 | 各接头无泄漏，调整手阀灵活，塞门正确，电空位时调至 300 kPa，空气位时调至 500 kPa 或 600 kPa | |
| | 9 | 脚踏风笛撒砂阀 | 安装良好，无漏风，塞门位置正确正常时在开放位 | |
| | 10 | 记点灯 | 安装牢固，完整无缺，接线无松脱，有关照明设备良好 |  |
| | 11 | 速度表 | 安装牢固，插座接线无松脱，表针指零 |  |
| | 12 | 各风表 | 安装无缺，指针在规定的范围内检验不超期，检验日期不超过三个月，铅封完好，风表管接头无漏风，风管固定卡子良好 |  |
| | 13 | 检查按钮 | 完整无损，标记清晰 |  |
| | 14 | 空电恢复 | 完整无损，标记清晰 |  |

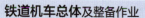

| 部位 | 顺号 | 部件名称 | 检查内容 | 作业图示 |
|---|---|---|---|---|
| A节司机室 | 15 | 按键开关及各仪表 | 开关钥匙琴键按钮作用良好各仪表完整无缺，表针为零，仪表检验日期不超过6个月 |  |
| | 16 | 主显示屏及控制开关 | （1）外观完整，标志清晰<br>（2）控制开关良好，标记清晰 |  |
| | 17 | 左电风扇 | 安装牢固，风叶，防护罩无破损、松动，接线良好 |  |
| | 18 | 左前大玻璃左遮阳帘 | 安装良好无破损，窗加热功能及接线良好 |  |
| | 19 | 左锋雨刷 | 动作灵活，风管接头无漏泄，安装牢固 |  |
| | 20 | 自动信号 | 安装牢固，接线良好 |  |
| | 21 | 电源插座 | 安装牢固，接线无松脱 |  |
| | 22 | 前照灯 | 安装螺丝牢固，灯头安装正确，接线无松脱，触发装置各部无烧损、松动、开焊 |  |
| | 23 | 电炉转换开关及仪表 | 电阻丝良好，炉盘无破损，接线良好，开关良好，插头良好。仪表检查日期不超期 |  |
| | 24 | 副司机台按钮，转换开关及按键开关 | 按钮完整无损，标记清晰，各转换开关良好，按下各开关，观察各部动作 | 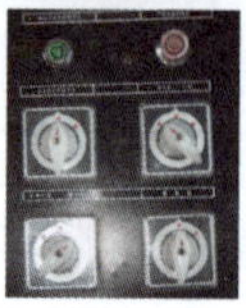 |

| 部位 | 顺号 | 部件名称 | 检查内容 | 作业图示 |
|---|---|---|---|---|
| A节司机室 | 25 | 右电风扇 | 安装牢固，风叶、防护罩无破损、松动，接线良好 |  |
| | 26 | 右侧剥离加热器，遮阳帘 | 安装良好，无破损，窗加热功能及接线良好 |  |
| | 27 | 列车放风阀右侧风笛 | （1）阀作用灵活，无漏泄<br>（2）风阀与管接头无漏泄，塞门位置正确<br>（3）座椅牢固 | 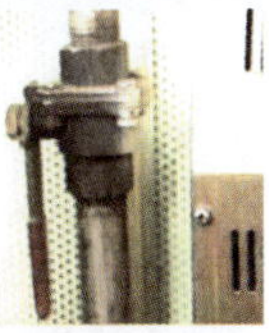 |
| | 28 | 手制动机 | 安装牢固，无窜动，作用良好 |  |
| | 29 | 空调 | 安装牢固，各部良好 |  |
| | 30 | 司机室灯 | 外罩无破损，作用良好 |  |
| | 31 | 走廊门 | 锁闭器良好，玻璃无破损 |  |
| | 32 | 接线端子板 | 端子板架无破损，接线无松动，绝缘良好，各插座牢固 |  |
| | 33 | 灭火器及各插头座 | 安装牢固，铅封良好，不超过有效期 |  |

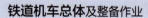

| 部位 | 顺号 | 部件名称 | 检查内容 | 作业图示 |
|---|---|---|---|---|
| Ⅰ端电器室左侧 | 34 | 高压隔离挡板 | 安装牢固，无破损 | |
| | 35 | Ⅰ端升弓电控阀 | 安装牢固，接线无松脱，阀座与管接头无漏泄 |  |
| | 36 | Ⅰ端故障转换开关 | 安装牢固，作用良好，位置正确，标记清晰 |  |
| | 37 | Ⅰ端低压柜正面 | （1）各中间、时间、电压继电器安装牢固，线圈无烧伤，接线无松脱，各接点接触良好，手动作用灵活<br>（2）时间继电器要认真检查延时铜环及延时片有无脱落，整定值准确，防尘板无丢失<br>（3）各三相接触器安装牢固，灭弧罩完整，接线良好<br>（4）辅助，接地，零压，各组无破损，脱落，开焊<br>（5）接线排，接线插座，插销良好，无松脱 |  |
| | 38 | 制动电阻柜正面 | 侧板螺丝无松动，继电器安装牢固，接线良好 |  |
| | 39 | 制动风机 | 安装螺丝牢固，接线盒完整，接线端子无脱落烧伤，打开检查孔盖，检查叶片有无折损，风筒卡子是否良好。通风机风道继电器，防护罩无破损，接线良好 |  |
| | 40 | 走廊百叶窗照明灯 | 百叶窗滤尘网完整，无破损，接线良好（照明灯）安装框架完整，照明灯防护罩无破损 |  |
| | 41 | 防护锁杆 | 门、网、防护杆作用良好，无烧毁、开焊 |  |
| 变压器室左侧 | 42 | 门联锁 | 安装牢固，阀体及推杆无裂纹变形，风管接头无漏泄，门网锁闭杆作用良好 | 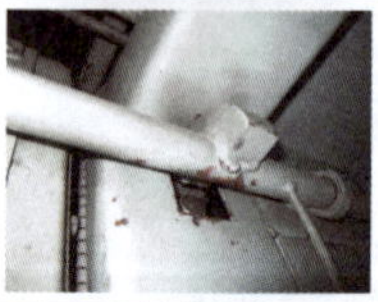 |

续表

| 部位 | 顺号 | 部件名称 | 检查内容 | 作业图示 |
|---|---|---|---|---|
| 变压器室左侧 | 43 | 变压室照明灯 | 安装牢固，防尘罩完好，接线无松脱 | |
| | 44 | 主断路器下部 | 各安装螺丝紧固，风缸及管路，各阀杆传动杆动作灵活，无断裂纹，传动齿无损伤、松脱，定位机构弹簧无折损，低压联锁机构完整，位置正确，分合闸继电磁阀接线牢固 | |
| | 45 | 吸湿器 | 安装牢固，外壳无裂纹，吸湿剂颜色正常，变色时应更换，正常呈蓝色或乳白色 | |
| | 46 | 变压器油表 | 玻璃管无破损，安装良好，油位及颜色正常 | |
| | 47 | 油箱 | 加油堵盖、放油堵、安装螺丝牢固 | |
| | 48 | 自动开关与电度表 | 自动开关闭合位，电度表安装牢固，字迹清晰，表盘无破损 | |
| | 49 | 高压电流互感器及导电杆 | 瓷瓶无裂损，无放电痕迹、清洁，二次接线牢固，导电杆无变形、裂纹、编织导线无损坏，螺丝紧固 | |
| | 50 | 铜母线 | 无裂纹、折损、松动，固定装置良好，无放电现象编织导线无毛刺、开辫 | |
| | 51 | 油泵组及油流继电器 | 安装座无裂纹，螺丝无松动，油管连接处无漏油，油阀位置正确，接线盒、接线无破损，继电器安装牢固，无漏油，接线无松脱 | |
| | 52 | 开关柜 | （1）电阻电容不过热，不松脱，接线良好<br>（2）电压传感器安装牢固接线良好<br>（3）各故障闸刀正确 | |
| Ⅱ端电器室左侧 | 53 | 防护门 | 门、网完整，安装良好，锁闭杆状态良好 | |
| | 54 | 磁场削弱电阻 | 安装牢固无烧损，连接板坚固，无短路，绝缘瓷瓶无裂纹 | |
| | 55 | 磁场削弱接触器 | 电磁接触器电空阀安装牢固，接线无松动，风道无漏泄，触头接触良好，低压联锁工作可靠 | |
| | 56 | 线路接触器及励磁接触器 | 灭弧罩完整无破损，触头无烧损，接触面积合乎要求 | |
| | 57 | 牵引电机隔离闸刀 | 绝缘柱无破损、松动，闸刀无变形、弯曲、放电痕迹，接线无破损、脱落，作用良好，位置正确，低压联锁良好 | |
| | 58 | 电压传感器 | 外罩及接线完整牢固 | |

续表

| 部位 | 顺号 | 部件名称 | 检查内容 | 作业图示 |
|---|---|---|---|---|
| Ⅱ端电器室左侧 | 59 | 两位置转换开关 | 电磁阀安装牢固，防尘帽无丢失，管路无漏泄，风缸勾贝及传动机构无损伤、漏风，手柄牢固，动静触头无烧损、裂纹，低压联锁盒完整、良好，各接线良好，手动电空阀开关转动灵活，触头超程为 2～3 mm，接触面 80% 接触压力为 8～10 kg | |
| | 60 | 库用转换开关 | 绝缘柱无破损、松动，闸刀无变形、弯曲、无放电痕迹，接线无破损、脱落，作用良好，位置正确，在运行位，低压联锁良好 | |
| | 61 | 高压柜侧面 | 供风塞门在开放位 | |
| | 62 | Ⅱ端高压柜背面 | 扁铜排无裂纹、放电，接线无松脱，线鼻无裂纹，线号清晰，绝缘瓷瓶清洁无裂纹，各风管接头、电流传感器安装牢固、无破损 | |
| | 63 | 制动电阻柜背面 | （1）接线无松动，瓷瓶、绝缘垫木清洁、无裂纹，线号清晰<br>（2）制动风机通风道安装螺丝良好，油堵齐全、无松动 | |
| | 64 | 低压柜背面 | 接线无松脱，电阻、电容无烧损，插座良好 | |
| | 65 | 通风机组 | 安装螺丝无松动，轴承无过热，油堵齐全，风筒良好 | |
| | 66 | 整流柜连接线 | 无裂损、松动，固定装置良好，无放电现象，编织线无毛刺、开瓣、烧损 | |
| | 67 | Ⅱ端整流柜与电容柜 | （1）机组及元件安装牢固，连线紧固，无放电现象，各部状态良好<br>（2）冷却通风道、网无破损，风道继电器外观无异状 | |
| | 68 | Ⅱ端整流柜正面 | 快速保险线圈安装牢固，无烧损，各接线无松动，瓷瓶、瓷片清洁无裂纹，线号清晰，通风道侧板安装良好 | |
| Ⅱ端辅助室 | 69 | 电源电子柜 | （1）切换开关在"A"档<br>（2）插件钮子开关上合<br>（3）蓄电池电源、电压表及指示灯显示正确<br>（4）自动开关处闭合位<br>（5）666QS、667QS、668QS 在闭合位，各接线、插销座良好<br>（6）各闸刀刀片无烧损<br>（7）各插座牢固，线号清晰 | 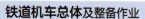 |
| | 70 | 气阀柜 | （1）各开关位置正确<br>（2）各插头座良好<br>（3）各电空阀及继电器作用正常<br>（4）各部件无漏风，压力表各处正常<br>（5）各塞门置运行位<br>（6）制动压力传感器，转换开关位置正确无漏泄，接线无松动<br>（7）冬季各阀无冻结现象 | |
| | 71 | Ⅱ号端子柜 | 端子板架无破损，接线无松动，绝缘良好，各插座牢固 | |
| | 72 | 中间门 | 锁闭器良好，玻璃屋破损 | |
| | 73 | 电容装置 | 安装架无裂纹、安装良好，不过热，未松脱，接线良好 | |

续表

| 部位 | 顺号 | 部件名称 | 检查内容 | 作业图示 |
|---|---|---|---|---|
| Ⅱ端辅助室 | 74 | 压力空气干燥器 | 安装座无裂纹，螺栓无松动，塞门位置正确，管接头无漏泄，电空阀牢固，接线无松脱，压力表安装牢固，表壳完整，表针指示正确 | |
| | 75 | 综合柜 | （1）电制动记录器安装牢固、外壳完整，数字清晰<br>（2）轮轨润滑控制器各处良好，插头座良好<br>（3）柜安装及各处良好，备品齐全 | |
| | 76 | 空气压缩机组 | 外观完整，安装螺丝无松动，油压表及管路无破损螺旋杆泵，加油堵无漏泄，油位合乎标准，散热器良好，高、低压安全阀及铅封良好，低压风路无漏泄、电机接线盒完整，接线无松脱、电机内部清洁，绝缘良好，轴承无破损，油堵齐全无松动 | |
| | 77 | 制动柜背部 | （1）辅助压缩机组正常<br>（2）各塞门位置正确<br>（3）电机及电空阀接线良好<br>（4）各安装螺丝无松动 | |
| | 78 | Ⅱ端通风机组 | 风机、电机安装牢固，螺栓无松动，轴承无过热，油堵齐全，风筒良好 | |
| | 79 | 劈相机 | 安装牢固，接线盒、盖齐全，接线无松脱，轴承无烧损，油堵齐全 | |
| Ⅱ端电器室右侧 | 80 | 脚梯 | 安装螺丝无松动、开焊 | |
| | 81 | 车顶门联锁 | 阀杆无弯曲折损，接线无破损，作用良好，动作灵活 | |
| | 82 | 车顶门 | 挂钩弹簧完整无破损，车顶门框无变形，防雨垫无破损由此上机车顶部检查 | |
| | 83 | Ⅱ号低压柜 | 辅机保护装置各插件紧固，指示灯清晰，外罩完整，紧固螺丝良好，其他同 37 项 | |
| | 84 | 制动电阻柜 | 同 38 项 | |
| 变压器室右侧 | 85 | 变压器风机 | 安装牢固，无裂纹、异音 | |
| | 86 | 油温表 | 安装牢固，表壳完整，表针指示正确，毛细管无损伤，无脱落 | |
| | 87 | 母线 | 无裂纹、折损、松动，固定装置良好，无放电现象 | |
| Ⅱ端电器室右侧 | 88 | 主断路器下部 | 各处良好、风路塞门、风缸塞门位置正确，各插头座良好 | |

| 部位 | 顺号 | 部件名称 | 检查内容 | 作业图示 |
|---|---|---|---|---|
| Ⅰ端电器室右侧 | 89 | Ⅰ号高压柜 | 同53、54、55、56、57、58、59、60、61、62项 | |
| | 90 | 制动电阻柜背面 | 同63项 | |
| | 91 | Ⅰ端低压柜背面 | 同64项 | |
| | 92 | 通风机组 | 同65项 | |
| | 93 | 整流柜连接线 | 同66项 | |
| | 94 | Ⅰ端整流柜与电容柜 | 同67项 | |
| | 95 | Ⅰ端整流柜正面 | 同68项 | |
| Ⅱ端电器室右侧 | 96 | 内连接线插头座 | 安装牢固、绝缘良好，无烧伤、短路、松脱 | |
| | 97 | 灭火器 | 同33项 | |
| | 98 | 走廊门 | 同31项 | |

## 7.4.5　SS₄改型电力机车顶部检查作业

$SS_4$改型电力机车顶部检查如表7-4-5所示。

表7-4-5　$SS_4$改型电力机车顶部检查

| 部位 | 顺号 | 部件名称 | 检查内容 | 检查方法 |
|---|---|---|---|---|
| Ⅱ端辅助室 | 1 | 车顶盖 | 车顶盖灵活，弹簧作用良好，防雨垫无破损 | 目视 |
| 机车顶部 | 2 | Ⅱ端制动电阻百叶窗 | （1）传动风缸安装牢固，传动杆无断裂<br>（2）百叶窗关闭良好 | 目视<br>手动 |
| | 3 | 主变压器百叶窗 | 主变压器百叶窗无变形，活动自如 | 目视<br>手动 |
| | 4 | 高压电压互感器 | （1）瓷瓶无裂纹及放电痕迹<br>（2）接线紧固，接地良好<br>（3）无漏油和渗油现象 | 目视<br>手动 |
| | 5 | 高压电流互感器 | （1）瓷瓶无裂纹及放电痕迹<br>（2）接线紧固 | 目视<br>手动 |
| | 6 | 空气断路器 | （1）各瓷瓶无裂纹及放电痕迹<br>（2）安装螺栓紧固<br>（3）隔离开关无烧损 | 目视<br>手动 |
| | 7 | 车顶母线支持瓷瓶放电间隙 | （1）放电间隙为（100±1）mm，安装正常<br>（2）支持瓷瓶无裂纹及放电痕迹<br>（3）车顶母线安装螺栓紧固 | 测量<br>目视<br>锤击 |
| | 8 | 导电杆及支持瓷瓶 | 导电杆无弯曲、变形，所有安装螺栓无松动，连接软线无脱落，瓷瓶无裂纹、放电痕迹，保持清洁 | 目视<br>手动 |

续表

| 部位 | 顺号 | 部件名称 | 检查内容 | 检查方法 |
|---|---|---|---|---|
| 机车顶部 | 9 | A 节受电弓 | （1）支持及拉杆瓷瓶良好，无裂纹及放电痕迹<br>（2）底架及安装螺栓无松动<br>（3）弹簧等各结构件良好，阻尼器良好，升弓装置、导杆、受流器的接触条应良好，各编织软线无破损、毛刺<br>（4）接触条及框架良好，无脱落、裂断 | 目视<br>手动 |
| | 10 | 风笛 | 风笛安装牢固，无破损，风笛接头无漏泄 | 目视<br>手动 |
| | 11 | Ⅰ端制动电阻百叶窗 | （1）传动风缸安装牢固，传动杆无断裂<br>（2）百叶窗关闭良好 | 目视<br>手动 |
| | 12 | 高压连接器 | （1）弹簧无折断，防护胶皮无破损<br>（2）连接器各部良好 | 目视<br>手动 |

学习工作单与考核表

| 任 务 | SS$_4$ 改型机车给油检查作业 | | | |
|---|---|---|---|---|
| 学习小组 | | 姓名 | | |
| 学习工作任务 | 学习工作完成评价 | | | |
| 学习工作 1：掌握 SS$_4$ 改型电力机车前端部检查作业 | 自我评价 | 小组评价 | 教师评价 | |
| | | | | |
| 学习工作 2：掌握 SS$_4$ 改型电力机车走行部检查作业 | 自我评价 | 小组评价 | 教师评价 | |
| | | | | |
| 学习工作 3：掌握 SS$_4$ 改型电力机车车底检查作业 | 自我评价 | 小组评价 | 教师评价 | |
| | | | | |
| 学习工作 4：掌握 SS$_4$ 改型电力机车上部检查作业 | 自我评价 | 小组评价 | 教师评价 | |
| | | | | |
| 学习工作 5：掌握 SS$_4$ 改型电力机车顶部检查作业 | 自我评价 | 小组评价 | 教师评价 | |
| | | | | |

## 自测题

### 简答题

1. 简述机车车钩检查的基本要求。
2. 简述机车动轮检查的基本要求。
3. 简述机车制动软管检查的基本要求。

铁道机车总体及整备作业

# 任务 7.5　HXD₃c 型电力机车给油检查作业

 布置任务

1. 掌握 HXD₃c 型电力机车前端部检查作业；
2. 掌握 HXD₃c 型电力机车走行部检查作业；
3. 掌握 HXD₃c 型电力机车车底检查作业；
4. 掌握 HXD₃c 型电力机车上部检查作业。

相关资料

**1. 机车后端部检查**

**1.1　车钩检查**

（1）扳动钩提杆，检查车钩开闭。钩提杆支架安装牢固，钩提杆无变形、抗劲；车钩开闭灵活，锁闭可靠。

（2）外观检查车钩、钩头。钩头、钩舌无裂纹，开口销完好，开度符合要求，销套无下窜；钩头不得上翘。发现异常时须提票测量调整车钩中心线距轨面高度（815～890）mm。

（3）扳动车钩检查车钩摆动。均衡梁和磨耗板随车钩摆动灵活，有油润，调整垫片确保无窜出；确认吊杆完好，防脱钢丝绳卡子紧固。

（4）外观检查防跳装置各部。各部配件齐全，防跳销座焊接牢固，防跳销及连接链牢固；车钩在闭锁位置时，应具有防跳作用。

（5）钩舌销、钩提杆各销、钩托板及吊杆有油膜

**1.2 排障器检查**

外观检查排障器。安装牢固，无裂损、开焊、变形

排障器

**1.3　折角塞门、列车、总风、平均软管，防尘堵检查**

（1）外观检查折角塞门、各软管。折角塞门开关灵活，无卡滞、泄漏；软管无折损、老化、龟裂，各软管密封胶圈无变形、龟裂，软管试验日期不得超过 3 个月，接挂正常；列车管与机车中心线夹角为45°。

（2）外观检查各软管挂板。挂板焊接牢固，无变形

**1.4　前照灯、辅照灯、标志灯、刮雨器及重联插座、列供插座、集控插座检查**

（1）外观检查前端各灯罩。无裂纹，密封严密，螺钉齐全、无松动。

（2）外观检查刮雨器。安装牢固，刷片完整，刷架无变形。

（3）外观检查列供插座。列供插座锁闭、密封严密，安装牢固，插孔无进水，无烧损。插接线牢固，无松动。

（4）外观检查集控插座。集控插座密封严密，安装牢固。插针无缺损，插接线牢固，无松动。

（5）外观检查重联插座。重联插座锁闭、密封严密，安装牢固。插接线牢固，无松动。

（6）列供插座拉伸及关闭时导杆润滑，有油膜

重联插座　列供插座　集控插座

250

续表

| | |
|---|---|
| **1.5 调车脚踏板及作业护杆检查**<br>（1）外观检查调车脚踏板。无变形、破损，焊接牢固。<br>（2）外观检查作业护杆。护杆无变形、开焊、裂纹。<br>作业时间：0.3 min |  |

**2. 机车右侧检查**

| | |
|---|---|
| **2.1 右 6 轮对撒砂装置检查**<br>（1）外观检查砂箱各螺栓、砂箱盖、砂箱安装座。砂箱无破损变形，各螺栓紧固牢固，安装座牢固、无裂纹，砂箱盖密封严密、无裂损；砂子无杂质，砂量为砂箱总容积的 1/2～2/3。<br>（2）外观检查撒砂阀、砂管。撒砂阀完好，安装螺栓无松动，砂管无松动、裂损，砂管防风罩无破损，撒砂管支架无裂纹、变形；砂管距轨面高度为（30～55）mm。<br>（3）外观检查撒砂阀风管及加热装置。砂阀风管无断损、泄漏，加热装置接线无松动、破损。<br>（4）外观检查脚踏梯、扶手杆。脚踏梯安装牢固，无变形、裂纹；扶手杆无裂纹、变形、松动 | <br>撒砂阀 |
| **2.2 右 6 轮对轴箱检查**<br>（1）检查轴箱装配各部及轴温检测装置。部件齐全、无裂纹，各紧固螺栓无松动。轴承端盖无渗油，轴温传感器安装牢固，接线无松动（轴温贴片变色不超标）；接地线安装螺栓无松动，断股不超 10%；轴箱弹簧座无断裂、变形，橡胶减振垫无老化、龟裂。轴箱弹簧无裂纹、断簧、出槽现象；一系垂向减振器无漏油，上下支架无裂纹，支架安装牢固，减振器安装螺栓紧固，防缓线清晰无错位，菊花螺母开口销开度不小于 60°。<br>（2）外观检查轴箱拉杆。轴箱拉杆安装牢固，螺栓无断损、松动，锁紧螺母锁紧。橡胶关节无老化、贯通裂纹和挤出 | <br>轴箱弹簧　菊花螺母<br>接地线　开口销<br><br>轴箱拉杆　橡胶关节 |
| **2.3 右 6 轮对基础制动器及制动盘检查**<br>（1）外观检查制动盘（检查时严禁敲击制动盘）。制动盘热裂纹长度不超过 65 mm，摩擦面擦伤深度不超过 1 mm。连接螺栓无松动。<br>（2）检查闸片。安装牢固无裂纹，闸片卡簧正常，闸片厚度不小于 5 mm。<br>（3）检查单元制动缸及夹钳。螺栓、螺母及衬套等零件不得松动、缺损，各转动部分保养正常。<br>（4）检查基础制动装置单元制动缸及夹钳各转动部分、除塑料衬套外的销轴及衬套、滑动配合面有油膜 | <br>夹钳　制动盘 |
| **2.4 右 6 轮对轮缘润滑器检查**：外观检查轮缘润滑装置。各部安装正确、牢固。喷头支架无接磨现象；轮缘润滑脂量应在储脂罐容量的 2/3～4/5 之间；支架、喷嘴防脱钢丝绳捆扎牢固，螺母无松动 | <br>防脱钢丝绳　储脂罐 |

续表

**2.5 二系垂向油压减振器检查**：外观检查二系垂向油压减振器，无漏油，安装螺母牢固无松动，上座及托板无裂纹，支架安装牢固

**2.6 右5轮对轴箱检查**
（1）检查轴箱装配各部及轴温检测装置。部件齐全、无裂纹，各紧固螺栓无松动。轴承端盖无渗油，轴温传感器安装牢固，接线无松动（轴温贴片变色不超标）；接地线安装螺栓无松动，断股不超10%；轴箱弹簧座无断裂、变形，橡胶减振垫无老化、龟裂。轴箱弹簧无裂纹、断簧、出槽现象。
（2）外观检查轴箱拉杆。轴箱拉杆安装牢固，螺栓无断损、松动，锁紧螺母锁紧。橡胶关节无老化、贯通裂纹和挤出

**2.7 右5轮对基础制动器及制动盘检查**
（1）外观检查制动盘（检查时严禁敲击制动盘）。制动盘热裂纹长度不超过65 mm，摩擦面擦伤深度不超过1 mm。连接螺栓无松动。
（2）检查闸片。安装牢固无裂纹，闸片卡簧正常，闸片厚度不小于5 mm。
（3）检查单元制动缸及夹钳。螺栓、螺母及衬套等零件不得松动、缺损

**2.8 二系高圆簧、车体侧挡、接地装置、传感器接线盒、厕所排污管、上水管检查**
（1）外观检查二系高圆簧。无裂纹、伤痕、断簧。
（2）外观检查车体侧挡。安装螺栓无松动，间隙正常，有油润。
（3）外观检查接地装置接线及传感器接线盒。螺栓无松动，接地线断股不超10%；传感器接线盒安装牢固，接线绑扎紧固，插头无松动。
（4）外观检查厕所排污管、阀门、上水管。安装牢固。阀门密封严密，无泄漏

**2.9 右4轮对撒砂装置检查**
（1）外观检查砂箱各螺栓、砂箱盖、砂箱安装座。砂箱无破损变形，各螺栓紧固，安装座牢固、无裂纹，砂箱盖密封严密、无裂损；砂子无杂质，砂量为砂箱总容积的1/2~2/3。
（2）外观检查撒砂阀、砂管。撒砂阀完好，安装螺栓无松动，砂管无松动、裂损，砂管防风罩无破损，撒砂管支架无裂纹、变形；砂管距轨面高度为（30~55）mm。
（3）外观检查撒砂风管及加热装置。砂阀风管无断损、泄漏，加热装置接线无松动、破损

续表

**2.10 右 4 轮对轴箱检查**

（1）检查轴箱装配各部及轴温检测装置。部件齐全、无裂纹，各紧固螺栓无松动。轴承端盖无渗油，轴温传感器安装牢固，接线无松动（轴温贴片变色不超标）。接地线安装螺栓无松动，断股不超 10%；轴箱弹簧座无断裂、变形，橡胶减振垫无老化、龟裂。轴箱弹簧无裂纹、断簧、出槽现象；一系垂向减振器无漏油，上下支架无裂纹，支架安装牢固，减振器安装螺栓紧固，防缓线清晰无错位，菊花螺母开口开度不小于 60°。

（2）外观检查轴箱拉杆。轴箱拉杆安装牢固，螺栓无断损、松动，锁紧螺母锁紧。橡胶关节无老化、贯通裂纹和挤出

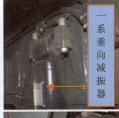

**2.11 右 4 轮对基础制动器及制动盘检查**
同 2.7 项

**2.12 主变压器、油泵、蝶阀、排油阀、管路及复合冷却器下通风网、入库插座检查**

（1）外观检查主变压器主体。无异状、泄漏，螺栓紧固。

（2）外观检查油泵、蝶阀、油流继电器、排油阀及油管路。各部件安装牢固、无漏油。油流继电器油流表玻璃表面清晰，指针指示在规定范围内，护盖及挂链齐全、牢固。

（3）外观检查复合冷却器下通风网。通风网安装牢固，无破损、异物。

（4）外观检查入库插座。安装牢固，防脱链无断损

**2.13 右 3 轮对撒砂装置检查**
同 2.9 项

**2.14 右 3 轮对轴箱检查**
同 2.10 项

**2.15 右 3 轮对基础制动器及制动盘检查**
同 2.7 项

**2.16 右 2 轮对轴箱检查**
同 2.6 项

**2.17 右 2 轮对基础制动器及制动盘检查**
同 2.7 项

**2.18 二系高圆弹簧、车体侧挡、二系垂向油压减振器、行灯插座检查**

（1）外观检查二系高圆簧。无裂纹、伤痕、断簧。

（2）外观检查车体侧挡。安装螺栓无松动，间隙正常，有油润。

（3）外观检查接地装置接线及传感器接线盒。螺栓无松动，接地线断股不超 10%；传感器接线盒安装牢固，接线绑扎紧固，插头无松动。

（4）外观检查行灯插座。安装牢固，密封严密，线路无接磨

续表

| | |
|---|---|
| **2.19 空气制动指示器、蓄能制动指示器检查**<br>外观检查空气制动指示器、蓄能制动指示器。来风管无接磨，风管接头无松动，指示器安装牢固，管路无泄漏 |   |
| **2.20 二系垂向油压减振器检查**<br>外观检查二系垂向油压减振器。无漏油，安装螺母牢固，无松动，上座及托板无裂纹，支架安装牢固 |  |
| **2.21 右 1 轮对撒砂装置检查**<br>同 2.1 项 | |
| **2.22 右 1 轮对轴箱检查**<br>同 2.2 项 | |
| **2.23 右 1 轮对基础制动器及制动盘检查**<br>同 2.3 项 | |
| **2.24 右 1 轮对轮缘润滑器检查**<br>同 2.4 项 | |
| **3. 机车前端部检查** | |
| **3.1 车钩检查**<br>同 1.1 项 | |
| **3.2 排障器检查**<br>同 1.1 项 | |
| **3.3 折角塞门，列车总风、平均软管，防尘堵检查**<br>同 1.1 项 | |
| **3.4 前照灯、辅照灯、标志灯、刮雨器及重联插座、列供插座、集控插座检查**<br>同 1.1 项 | |
| **3.5 调车脚踏板及作业护杆检查**<br>同 1.1 项 | |
| **4. 机车左侧检查** | |
| **4.1 左 1 轮对撒砂装置检查**<br>同 2.1 项 | |
| **4.2 左 1 轮对轴箱检查**<br>同 2.2 项 | |
| **4.3 左 1 轮对基础制动器及制动盘检查**<br>同 2.3 项 | |
| **4.4 左 1 轮对轮缘润滑器检查**<br>同 2.4 项 | |
| **4.5 二系垂向油压减振器检查**<br>同 2.20 项 | |
| **4.6 左 2 轮对轴箱检查**<br>同 2.2 项 | |
| **4.7 左 2 轮对基础制动器及制动盘检查**<br>同 2.3 项 | |

**4.8 二系高圆簧、车体侧挡、接地装置、传感器接线盒检查**
（1）外观检查二系高圆簧。无裂纹、伤痕、断簧。
（2）外观检查车体侧挡。安装螺栓无松动，间隙正常，有油润。
（3）外观检查接地装置接线及传感器接线盒。螺栓无松动，接地线断股不超 10%；传感器接线盒安装牢固，接线绑扎紧固，插头无松动

**4.9 左 3 轮对撒砂装置检查**
同 2.9 项

**4.10 左 3 轮对轴箱检查**
同 2.10 项
作业时间：0.4 min

**4.11 左 3 轮对基础制动器及制动盘检查**
同 2.7 项

**4. 12 主变压器、油泵、蝶阀、排油阀、管路及复合冷却器下通风网、入库插座检查**
（1）外观检查主变压器主体。无异状、泄漏，螺栓紧固。
（2）外观检查油泵、蝶阀、油流继电器、排油阀及油管路。安装牢固，各处无漏油现象。各管卡子、支架牢固。油流继电器油流表玻璃表面清晰，指针指示在规定范围内，护盖及挂链齐全、牢固。
（3）外观检查复合冷却器下通风网。通风网安装牢固，无破损、无异物。
（4）外观检查入库插座。安装牢固，防脱链无断损

**4.13 左 4 轮对撒砂装置检查**
同 2.2.13 项

**4.14 左 4 轮对轴箱检查**
同 2.2.14 项

**4.15 左 4 轮对基础制动器及制动盘检查**
同 2.15 项

**4.16 左 5 轮对轴箱检查**
同 2.6 项

**4.17 左 5 轮对基础制动器及制动盘检查**
同 2.7 项

**4.18 二系高圆弹簧、车体侧挡、行灯插座检查**
（1）外观及锤检二系高圆簧。无裂纹、伤痕、断簧。
（2）外观检查车体侧挡。安装螺栓无松动，间隙正常，有油润。
（3）外观检查二系垂向油压减振器。无漏油，安装螺母牢固无松动，支架安装牢固。
（4）外观检查行灯插座。安装牢固，密封严密，线路无接磨

| | |
|---|---|
| **4.19 空气制动指示器、蓄能制动指示器检查**<br>同 2.19 项 | |
| **4.20 二系垂向油压减振器检查**<br>　外观检查二系垂向油压减振器。无漏油，安装螺母牢固无松动，上座及托板无裂纹，支架安装牢固 |  |
| **4.21 左 6 轮对撒砂装置检查**<br>同 2.20 项 | |
| **4.22 左 6 轮对轴箱检查**<br>同 2.21 项<br>作业时间：0.4 min | |
| **4.23 左 6 轮对基础制动器及制动盘检查**<br>同 2.2 项 | |
| **4.24 左 6 轮对轮缘润滑器检查**<br>同 2.3 项 | |

**5. 机车后端底部检查**
作业时间：0.8 min

**5.1 后端底部检查**

（1）外观锤检车钩下部各螺栓、缓冲器、钩尾销、钩尾销螺栓。各部螺栓紧固牢固，各开口销齐全，开度60°，钩尾销防脱螺栓安装牢固，有油润，缓冲器与从板密贴且无上窜现象。

（2）外观检查安全吊。检查各部开口销齐全，开度60°；各螺栓紧固；安全吊吊架、止挡无变形、移位；钩尾销螺栓、套筒不得存在严重弯曲、变形及裂纹，有油润，钩尾销螺栓磨损不得大于1 mm、套筒磨损不得大于2 mm。

（3）外观检查感应器（自动过分相）支架。感应器支架无开焊、松脱，螺栓紧固。

（4）外观检查轨道信号接收装置。安装牢固。

（5）外观检查扫石器、排障器。各螺栓无松动，排障器底面距轨面的距离为（110±10）mm；扫石器支架牢固，无裂损、变形，胶板无缺损，胶板距轨面的距离为（25±5）mm。

（6）外观检查制动、总风、平均管第二塞门。各阀柄位置正确，绑扎牢固，管路无泄漏

续表

**6. 第二转向架底部检查**

**6.1 横向减振器检查**
外观检查横向减振器。无漏油，安装螺母牢固无松动，支架无裂损

横向减振器

**6.2 牵引装置检查**
（1）外观检查牵引销装配、座、杆、橡胶关节。牵引销、挡圈、橡胶关节、托板安装牢固，螺栓无松动，橡胶关节无老化、裂损和挤出。各处焊缝无裂纹，螺堵与放缓螺丝无松动、变形，防缓铁丝无破损、断裂。
（2）外观检查防脱落钢丝绳。钢丝绳无断股、折损，并呈自由状态，固定座、穿销、开口销完好

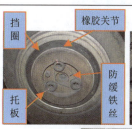

挡圈　　橡胶关节
托板　　防缓铁丝

防脱钢丝绳

**6.3 第 6 轴轮对检查**
外观检查轮对。轮辋等各部无裂纹，轮缘无异常；踏面擦伤深度不超过 0.7 mm；缺陷或剥离长度不超过 40 mm，深度不超过 1 mm

轮辋

**6.4 第 6 轴弹停装置检查**
外观检查弹停装置。无异常，风管接头无松动、泄漏；弹停风管无龟裂、泄漏

弹停装置

**6.5 左、右 6 基础制动器（制动盘、闸片、制动缸）检查**

（1）外观检查制动盘（检查时严禁敲击制动盘）。制动盘热裂纹长度不超过 65 mm，摩擦面擦伤深度不超过 1 mm。连接螺栓无松动。

（2）外观检查闸片。安装牢固无裂纹，闸片卡簧正常，闸片厚度不小于 5 mm。

（3）外观检查单元制动缸及夹钳。单元制动缸及夹钳的螺栓、螺母及衬套等零件不得松动、缺损，制动缸无卡滞。制动风管路牢固，无龟裂、泄漏

**6.6 第 6 轴齿轮箱检查**

（1）外观检查合口螺栓、安装螺栓无松动。

（2）外观检查箱体无裂纹、漏油；加油口盖、放油堵紧固，无漏油，放油堵防缓齐全；检查孔盖安装螺栓无松动、漏油。通气孔安装牢固、无漏油

齿轮箱安装螺栓

**6.7 第 6 轴电机悬挂装置检查**

（1）外观检查抱轴箱及轴温检测装置。各安装螺栓紧固，抱轴承油脂无泄漏；轴温传感器接线盒安装牢固，接线绑扎紧固，插头无松动（轴温贴片变色不超标）。

（2）外观检查电机接线端子。各接线端子部无松动、过热、断裂。

（3）外观检查电机吊杆、座、牵引电机通风道橡胶套。各部无裂纹，安装紧密无缝隙，固定螺栓无松动，橡胶心轴无裂损；牵引电机通风道橡胶套无裂损

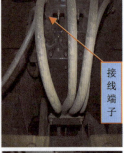

接线端子

牵引电机通风道

电机吊杆

传感器接线盒

续表

| | |
|---|---|
| **6.8 第 5 轴轮对检查**<br>同 6.3 项 | |
| **6.9 左、右 5 基础制动器（制动盘、闸片、制动缸）检查**<br>同 6.5 项 | |
| **6.10 第 5 轴齿轮箱检查**<br>同 6.6 项 | |
| **6.11 第 5 轴电机悬挂装置检查**<br>同 6.7 项 | |
| **6.12 第 4 轴轮对检查**<br>同 6.3 项 | |
| **6.13 左、右 4 基础制动器（制动盘、闸片、制动缸）检查**<br>同 6.5 项 | |
| **6.14 第 4 轴齿轮箱检查**<br>同 6.6 项 | |
| **6.15 第 4 轴电机悬挂装置检查**<br>同 6.7 项 | |
| **6.16 横向减振器检查**<br>外观检查横向减振器。无漏油，安装螺母牢固无松动，支架无裂损 |  |
| **6.17 转向架及其附件检查**<br>外观检查转向架整体和各部件的安装状态。各紧固部件无松动，部件无明显变形 |   |
| **7. 主变压器底部检查**<br>作业时间：0.1 min | |
| （1）外观检查主变压器安装状态。螺栓紧固，箱体无变形、渗漏。各卡箍安装牢固、无裂纹。<br>（2）外观检查油管路。螺栓紧固，法兰无渗漏。<br>作业时间：0.1 min |  |
| **8. 第一转向架底部检查** | |
| **8.1 转向架及其附件检查**<br>外观检查转向架整体和各部件的安装状态。各紧固部件无松动，部件无明显变形 |   |

**8.2 横向减振器检查**

外观检查横向减振器。无漏油，安装螺母牢固无松动，支架无裂损

作业时间：0.1 min

**8.3 第 3 轴轮对检查**

外观检查轮对。轮辋等各部无裂纹，轮缘无异常；踏面擦伤深度不超过 0.7 mm；缺陷或剥离长度不超过 40 mm，深度不超过 1 mm

**8.4 左、右 3 基础制动器（制动盘、闸片、制动缸）检查**

（1）外观检查制动盘（检查时严禁敲击制动盘）。制动盘热裂纹长度不超过 65 mm，摩擦面擦伤深度不超过 1 mm。连接螺栓无松动。

（2）外观检查闸片。安装牢固无裂纹，闸片卡簧正常，闸片厚度不小于 5 mm。

（3）外观检查单元制动缸及夹钳。单元制动缸及夹钳的螺栓、螺母及衬套等零件不得松动、缺损，制动缸无卡滞。制动风管路牢固，无龟裂、泄漏

**8.5 第 3 轴齿轮箱检查**

（1）外观检查合口螺栓、安装螺栓无松动。

（2）外观检查箱体，无裂纹、漏油。

（3）加油口盖、放油堵紧固，无漏油。

检查孔盖安装螺栓，无松动、漏油。通气孔安装牢固、无漏油

**8.6 第 3 轴电机悬挂装置检查**

（1）外观检查抱轴箱及轴温检测装置。各安装螺栓紧固，抱轴承油脂无泄漏。

轴温传感器接线盒安装牢固，接线绑扎紧固，插头无松动（轴温贴片变色不超标）。

（2）外观检查电机接线端子。各接线端子部无松动、过热、断裂。

（3）外观检查电机吊杆、座、牵引电机通风道橡胶套。各部无裂纹，安装紧密无缝隙，固定螺栓无松动，橡胶心轴无裂损；牵引电机通风道橡胶套无裂损

---

**8.7 第 2 轴轮对检查**

同 8.3 项

---

**8.8 左、右 2 基础制动器（制动盘、闸片、制动缸）检查**

同 8.4 项

---

**8.9 第 2 轴齿轮箱检查**

同 8.5 项

---

**8.10 第 2 轴电机悬挂装置检查**

同 8.6 项

---

**8.11 第 1 轴轮对检查**

同 8.3 项

---

**8.12 第 1 轴弹停装置检查**

外观检查弹停装置。无异常，风管接头无松动、泄漏；弹停风管无龟裂、泄漏

---

**8.13 左、右 1 基础制动器（制动盘、闸片、制动缸）检查**

同 8.4 项

---

**8.14 第 1 轴齿轮箱检查**

同 8.5 项

---

**8.15 第 1 轴电机悬挂装置检查**

同 8.6 项

### 8.16 牵引装置检查

（1）外观检查牵引销装配、座、杆、橡胶关节。各部件安装牢固，螺栓无松动，橡胶关节无老化、裂纹和挤出。各处焊缝无裂纹，螺堵与放缓螺丝无松动、变形，放缓铁丝无破损、断裂。

（2）外观检查防脱落钢丝绳。钢丝绳无断股、折损，并呈自由状态，固定座、穿销、开口销开度为60°

### 8.17 横向减振器检查

外观检查横向减振器。无漏油，安装螺母牢固，无松动，支架无裂损

### 9. 机车前端底部检查

同 5.1 项

### 10. 其他项目检查

作业时间：1 min

### 10.1 车底照明检查

检查车底照明灯及线。各防水灯口齐全，灯泡齐全、明亮；电线布设规范无打结、松摆现象，与车底设备无接磨

作业时间：0.1 min

### 10.2 防寒包扎检查

过冬防寒期检查车底防寒包扎。无破损、脱落

### 11. Ⅰ 端司机室检查

### 11.1 左侧司机室门、窗、取暖器检查

（1）检查司机室门。开闭灵活，门轴固定，门框密封胶条齐全。把手安装平直牢固，门锁具备锁闭作用良好；

（2）检查侧窗，锁闭器锁闭严密，玻璃无破损，安装牢固；

（3）检查取暖器，配件齐全，安装牢固。

（4）灭火器安放稳固，铅封无破损，无欠压（压力表指针指向绿区）不超期

续表

**11.2 检查操纵台**

（1）检查制动屏，应清洁，安装牢固，屏面无划痕，时间与 LKJ 时间误差不大于 1 min，查阅故障记录；

（2）检查微机屏，显示及触摸功能正常，触摸屏表面无损伤，时间与 LKJ 时间误差不大于 1 min，查阅故障记录；

（3）检查空调控制板，无损坏，各旋钮转动灵活；

（4）检查多功能状态组合模块，安装牢固，仪表不超期。状态指示灯自检全部能够闪亮；

（5）外观检查各扳键开关，扳键齐全，无机械损伤，扳键槽内无杂物；

（6）外观检查电子制动阀控制器，安装牢固，配件齐全；

（7）外观检查操纵台各按钮，配件齐全，动作无卡滞，安装牢固；

（8）外观检查司机控制器，无破损，自锁作用正常；

（9）外观检查操纵台冰箱柜及电气线路，柜门锁闭，冰箱无破损；电气线路无烧损，220 V 插座安装牢固，接线无过热、烧损；柜内电气线路接线安装牢固、无过热，各按钮安装螺栓牢固；

（10）外观检查重联电话，重联电话部件齐全；

（11）检查撒砂、无人警惕装置、风笛脚踏开关，安装牢固，配件齐全，无卡滞；

（12）外观检查操纵台电气柜，柜门锁闭，各开关配件齐全，接线牢固，无过热、烧损。插头插接牢固；

（13）外观检查喷淋装置，柜门锁闭，水箱无泄漏；

（14）外观检查烟灰缸，烟灰缸无破损，烟灰缸内无烟头等杂物

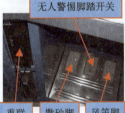

**11.3 司机室瞭望玻璃、遮阳帘、刮雨器检查**

（1）外观检查瞭望玻璃，无裂纹、破损，无漏水痕迹；

（2）外观检查遮阳帘。升降无卡滞，无破损；

（3）外观检查刮雨器。安装牢固，刷片完好并与玻璃密贴；

（4）外观检查多功能语音箱，安装牢固；

（5）外观检查双针压力表模块，安装牢固、无泄漏，双针压力表不超过校验周期；

（6）试验机车前照灯、辅照灯、标志灯，明亮、无偏斜；

（7）外观检查司机室空调出风口。进、出风口安装牢固，外观清洁、无缺失

**11.4 右侧司机室门、窗、取暖器检查**
同 11.1 项

### 11.5 司机室座椅及司机室顶部检查

（1）外观检查司机室座椅，配件齐全，无破损，紧固螺栓无松动，调整灵活、作用到位，表面整洁；

（2）外观检查司机室顶灯，灯罩无缺失，安装牢固，试验强弱灯光变化准确；

（3）外观检查司机室风扇，风扇罩安装牢固，外观清洁。风扇转动无异音

### 11.6 司机室后墙及地板检查

（1）外观检查紧急放风阀，铅封无破损，管路无泄漏；

（2）外观检查左、右后壁取暖器，配件齐全、安装牢固；

（3）外观检查挂衣钩、添乘座椅及灭火器，挂衣钩齐全，无破损；添乘座椅安装牢固，无破损；灭火器安放稳固，铅封无破损，不超期，压力指针指向绿区；

（4）检查司机室地板，地板无缺失，支架牢固，铺设平整，无塌陷；

（5）外观检查司机室顶部及四周密封，无漏水、透光痕迹；

（6）灭火器安放稳固，铅封无破损，无欠压（压力表指针指向绿区）不超期；

（7）检查过道门，门把手安装牢固，门锁灵活无卡滞，密封胶条完整

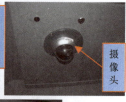

### 11.7 6A系统音视频显示终端及视频摄像头、防火探测器检查

外观检查音视频显示终端外观无异常、安装螺栓紧固，表面清洁无灰尘，上电检查屏幕上下亮度一致，字符、图形显示正确清晰。按键正常，触摸灵敏，背光调节和音量调节功能正常，触摸屏各功能正常。摄像头外观、安装牢固，镜头表面清洁；防火探测器安装牢固，表面清洁

**12. 机械间检查**

#### 12.1 控制电源柜检查

外观检查各开关绝缘、手动脱扣按钮、自动开关。各开关绝缘无裂损。手动脱扣按钮，自动开关能跳开到中间位，试后恢复。各操作扳钮断开动作灵活，闭合时无卡滞现象。

外观检查主电路库用转换装置、辅助电路库用转换装置、各种接地闸刀。各种继电器元件，无过热、变形、破损等；各安装螺栓紧固，接线端子及接线无松动、过热现象，紧固牢靠；各种插头插接牢固（不拔下）

#### 12.2 机械间视频摄像头、防火探测器检查

摄像头外观、安装牢固，镜头表面清洁；防火探测器安装牢固，表面清洁；各连线外观完整，捆扎整齐、牢固

#### 12.3 TCMS 柜（微机柜）检查

外观检查 TCMS 柜（微机柜）铅封完好；随车物品定置定位图张贴牢固，无破损丢失

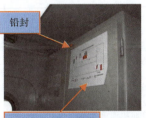

#### 12.4 升弓阀板检查

外观检查升弓阀板，各风管路无泄漏，各部件安装牢固。精密调压阀不超校验周期

#### 12.5 轮缘补润滑和鸣笛控制装置检查

外观检查气路板，各阀风管路无泄漏，各部件安装牢固。轮缘减压阀压力表不超校验周期

### 12.6　6A 系统主机检查

外观检查 6A 系统主机机柜、主机箱、电源箱、绝缘监测箱,安装牢固,各安装螺栓、卡子紧固,机箱表面清洁无灰尘;电源开关动作可靠,主机电源保险管紧固。各插件紧固状态良好,各插件把手良好,无丢失。各连接插头、插座安装紧固,无松动。主机、绝缘监测箱液晶屏无破损、显示完整,检测箱电钥匙动作正常

主机箱　电源箱　绝缘监测箱

### 12.7　DC 110 V 电源装置检查

外观检查、试验各部件,外盖无变形,安装牢固,运转时检查无异音和异味;各可见电器元件无变色、发热等异常现象,接线牢固。各插头插接牢固。变压器、电抗线圈工作时无异味和异音;冷却风扇运转时无振动或异音,确认电压正常(范围为 109~115 V)

### 12.8　第 1 空气压缩机、空气干燥器检查

(1)外观检查机体及空气滤清器,机体无裂纹、变形,安装螺栓防缓线无错位。各部无漏油,油气分离器安装牢固、无裂损。真空指示器红色指示标无弹出。油位在刻线范围内,油质无乳化现象。

(2)外观检查空气干燥器,各部件安装牢固,风管路无泄漏。电控阀、控制盒各电器线路无烧损。指示灯显示正常。微油过滤器外观无破损,无积油

空气压缩机

空气干燥器

### 12.9 高压电器柜检查

(1)外观检查隔离开关,安装牢固,绝缘子表面清洁,无破损、灼伤;翼片及夹钳无过热、裂损,夹钳涂抹导电膏。

(2)外观检查高压电压互感器表面及连接线,互感器无放电痕迹,表面无老化、裂损;连接线无过热、烧损,安装螺栓牢固。

(3)外观检查主断路器瓷瓶及连线,表面无油污、灰尘,无放电痕迹,无裂纹、缺损;连线压接牢固,无过热现象,防缓线无错位。接地线连接牢固、无破损;各密封部位密封无破损。

(4)外观检查高压接地开关,闸刀完整,部件无缺失、松动,无烧损、放电痕迹;软连线无过热、烧损,断股不超过 10%。接地线连接牢固、无破损。

(5)外观检查高压电流互感器表面及连线,表面无油污、灰尘,无老化、裂损、放电灼痕;连线无松脱、过热。安装螺栓紧固。

(6)外观检查避雷器外观及连线,表面无油污、灰尘,无老化、裂损,无放电灼痕;安装螺栓紧固,接地线连接牢固、无破损。

(7)外观检查接地开关。安装牢固,绝缘子表面清洁,无破损、灼伤;翼片及夹钳无过热、裂损。

作业时间:2 min

受电弓隔离开关

避雷器　主断路器

高压电压互感器

高压电流互感器

接地开关

**12.10 牵引电机通风机检查**

外观检查牵引风机组，各安装螺栓防缓线无错位；外部线路无过热、烧损、折损。

作业时间：0.2 min

牵引电机通风机

**12.11 列车供电柜检查**

外观检查列供柜各部件，接线牢固，驱动弹簧状态正常，辅助联锁无烧损，接线牢固；电阻无过热现象，电容无鼓包和漏液现象，检查电压、电流传感器，同步变压器及连线状态正常。

作业时间：1 min

**12.12 第 1 复合冷却器检查**

（1）外观检查复合冷却器风机接线，无松动、过热、烧损、接磨现象。

（2）外观检查复合冷却器、油堵、法兰及安装螺栓，各螺栓安装牢固；管路无泄漏。复合冷却器启动后，冷却液流量表保持在 200 L/min 以上。

作业时间：0.5 min

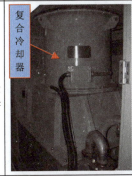

复合冷却器

流量表

**12.13 电源变换装置检查**

外观检查电源柜箱，安装螺栓牢固。冷却液液面在中刻线以上。

作业时间：1 min

电源变换装置

冷却液

**12.14 第 2 复合冷却器检查**

同 2.2.10 项

作业时间：0.5 min

**12.15 列车供电柜检查**

同 2.2.9 项

作业时间：1 min

**12.16 电源变换装置检查**

同 2.2.11 项

作业时间：1 min

**12.17 总风缸检查**

外观检查总风缸，安装牢固，无泄漏；排水彻底，排水阀安装牢固。

作业时间：0.5 min

排水阀

**12.18 牵引电机通风机检查**

同 2.2.8 项

作业时间：0.2 min

**12.19 第 2 空气压缩机、空气干燥器检查**

同 2.2.6 项

作业时间：1 min

**12.20 电务装置柜及 TCMS 柜检查**

外观检查各柜门，柜门锁闭，无破损。

作业时间：0.2 min

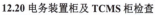

**12.21 制动柜检查**

（1）外观检查各电器部件，接线、插头连接牢固。指示灯均为绿色灯亮，无红色灯亮。

（2）外观检查各塞门位置，无泄漏。制动缸塞门、弹停塞门及铅封，铅封无破损，塞门均处于开放位。其他塞门在规定开通、关闭位。

（3）外观检查各部件安装，各部件安装牢固，螺栓无松动。

作业时间：1 min

制动缸塞门

**12.22 升弓阀板检查**

同 12.3 项

作业时间：0.2 min

**12.23 轮缘补润滑和鸣笛控制装置检查**

同 12.5 项

作业时间：0.2 min

**12.24 卫生间检查**

外观检查卫生间，门锁闭灵活；水、风管路无泄漏，清洁无积水，无异味。照明灯、排气扇、加热装置工作正常。上水、排污功能正常。

作业时间：0.5 min

**12.25 走廊灯、顶部密封、地板检查**

（1）外观检查走廊灯，各灯罩安装牢固、无破损，灯泡明亮。

（2）外观检查机械间顶部密封，无漏水痕迹。

（3）外观检查地板，地板无缺失，支架牢固，铺设平整无塌陷。

作业时间：1 min

**13.Ⅱ端司机室检查**

作业时间：5 min

**13.1 左侧司机室门、窗、取暖器检查**

同 2.1.1 项

作业时间：0.4 min

**13.2 检查操纵台**

（1）检查制动显示模块屏，应清洁，制动屏安装牢固，屏面无划痕；

（2）检查微机显示屏，显示及触摸功能正常，触摸屏表面无损伤，时间误差不大于 1 min，查阅故障记录；

（3）检查空调控制板，无损坏，各旋钮转动灵活；

（4）检查多功能状态组合模块，安装牢固，仪表不超期。状态指示灯自检全部能够闪亮；

（5）外观检查各扳键开关，扳键齐全，无机械损伤，扳键槽内无杂物；

（6）外观检查电子制动阀控制器，安装牢固，配件齐全；

（7）外观检查操纵台各按钮，配件齐全，动作无卡滞，安装牢固；

（8）外观检查司机控制器，外观无破损，自锁作用正常；

（9）外观检查操纵台微波炉柜及电气线路，柜门锁闭严密，微波炉无破损，微波炉内无杂物；电气线路无烧损，220 V 插座牢固，接线无过热、烧损；柜内电气线路接线紧固、无过热，各按钮安装螺栓牢固；

（10）外观检查重联电话，重联电话部件齐全；

（11）检查撒砂、无人警惕装置、风笛脚踏开关，安装牢固，配件齐全，无卡滞

续表

（12）外观检查操纵台电气柜，柜门锁闭严密；各开关配件齐全，接线牢固，无过热、烧损。插头插接牢固；

（13）外观检查喷淋装置，柜门锁闭严密，水箱无泄漏；

（14）外观检查烟灰缸，烟灰缸无破损，烟灰缸内无烟头等杂物。

作业时间：2 min

**13.3 司机室瞭望玻璃、遮阳帘、刮雨器检查**
同 11.3 项
作业时间：0.5 min

**13.4.右侧司机室门、窗、后视镜、取暖器检查**
同 11.4 项
作业时间：0.4 min

**13.5 司机室座椅及司机室顶部检查**
同 11.5 项
作业时间：0.2 min

**13.6 司机室后墙及地板检查**
同 11.6 项
作业时间：0.5 min

**13.7 外观检查 6A 系统音视频显示终端及视频摄像头、防火探测器。**
同 11.7 项
作业时间：1 min

**14. 机车车中整备检查作业（动态）**
作业时间：20 min

**14.1 动态试验前的确认及检查**
（1）静态检查完毕，确认防护撤除，检车人员到隔离开关组办理隔离开关合闸手续，隔离开关合闸送电，确认机车升弓及动车条件。确认车上、车下无作业人员，升弓前确认感应网压符合要求，并具备升弓及动车条件。

（2）机车放置规定的动态试验区域。机车单阀、自阀置全制位，实施停放制动。

作业时间：5 min

**14.2 性能试验**
作业时间：15 min（一台司机室作业时间）

**14.2.1 两端性能试验**
（1）检查各照明设备、仪表照明。前照灯、辅照灯及标志灯明亮、无偏斜，司机室顶灯、走廊灯明亮，仪表照明明亮清晰。刮雨器开关正常，刷杆安装牢固，动作灵活，刷片完好，并与前窗玻璃密贴。

（2）确认各显示屏。制动屏启动，微机屏、多功能状态显示屏、6A 显示屏显示正常。按压多功能状态显示屏"自检"键，各状态指示灯均亮。制动屏、微机屏时间与 LKJ 时间误差不超过 1 min。

（3）查看各显示屏记录，针对该趟出现的机车故障进行重点试验。按照故障履历提示进行故障确认。

（4）试验辅助压缩机，升前、后受电弓。试验辅助压缩机泵风正常，风管路无泄漏，前、后弓扳键作用灵活。

（5）闭合主断路器，确认辅助变流器、充电装置状态。在微机屏"辅助电源"中查看：辅助变流器启动正常，根据冬夏季模式查看辅助变流器 1、2 输出电压频率正常。同时进行辅助变流器测频率试验。方法：通过微机屏将 6 组 CI 全部隔离，将换向手柄置于"前"位，辅助变流器 APU1 应开始运行，将调速手柄置牵引"3 级"以下时确认 APU1 输出的电源频率为

33 Hz，"3 级"以上时 APU1 输出的电源频率为 50 Hz，调速手柄回"0"位后，经过一定延时，APU1 输出的电源频率下降为 33 Hz；确认 PSU1、PSU2 均无红色显示，确定蓄电池充电状态下控制电压在 110 V。

（6）将空气压缩机扳键开关置"空压机"位，确认启动状态，再将扳键开关置"强泵"位进行强泵风试验。观察机械风压表，当总风压在 680 kPa 以下时，两台空压机均工作，启动时间差 3 s，当总风缸压力升至（900±20）kPa 时，空压机自动停止工作，当总风缸压力降至 750 kPa 时，只有远离操纵端的压缩机工作。强泵风试验，当总风缸压力达到（930～950）kPa 时，安全阀动作。

（7）换向、各风机启动试验。微机屏显示机车牵引方向与手柄指示方向一致，换向器无卡滞，司机控制器互锁作用正常，各风机启动，风机无异音。

（8）缓解停放制动，换向手柄置前进位，调速手柄置"＊"位，查看微机屏显示的 6 个牵引电机扭矩，观察有无故障提示。调速手柄回"0"位，实施停放制动。调速手柄无卡滞，各电机扭矩均衡，无机车跳主断现象，微机屏无故障报警。

（9）试验"无人警惕"脚踏开关及按钮状态。根据车型不同在"DI2"界面中的 521 信号（或者 521、531、621、631 信号）得到信号后亮。

作业时间：1 min（一台司机室作业时间）

---

### 14.2.2 列供试验

列供装置试验。集控器隔离开关置"隔离"位，将列供控制箱转换开关分别置于 A 组或 B 组时，列车供电电压均能稳定保持在 600 V（1±5%），试验完毕将集控器隔离开关恢复"投入"位。

作业时间：1 min（一台司机室作业时间）

---

### 14.2.3 制动机试验

第一步：

（1）自阀手把移至初制位。

① 均衡风缸、制动管减压（40～60）kPa；

② 制动缸压力上升至（70～110）kPa；

③ 下车检查：闸瓦应压紧制动盘，空气制动指示器应呈红色。

（2）自阀手把阶段移至全制位

① 均衡风缸、制动管压力阶段下降，并能阶段保压；

② 制动缸压力阶段上升，并能阶段保压。全制位时，均衡风缸、制动管减压（140～170）kPa（货～客），制动缸压力应升至（360～420）kPa（客～货）。

（3）自阀手把移至抑制位，均衡风缸、制动管、制动缸压力保持不变。

（4）侧压单阀手把。

① 制动缸压力降至 0；

② 松开手把制动缸压力应不回升。

（5）自阀手把移至重联位。

① 均衡风缸压力缓慢降至 0；

② 制动管减压至 70 kPa 左右；

③ 制动缸压力上升至（450±15）kPa 左右。

（6）自阀手把移至运转位。

① 均衡风缸、制动管恢复定压；

② 制动缸压力下降至 0；

③ 下车检查闸瓦与制动盘应有缓解间隙，制动指示器应呈绿色

**第二步：**

（1）自阀手把直接移至全制位。

① 均衡风缸、制动管（5~7）s 减压 140 kPa；

② 制动缸压力（6~8）s 上升至 360 kPa 左右；

③ 保压 1min，均衡风缸、制动管泄漏不超过 10 kPa。

（2）自阀手把移至运转位。

① 均衡风缸、制动管恢复定压；

② 制动缸压力降至 0。

**第三步：**

（1）单阀手把阶段移至全制位。

① 制动缸压力阶段上升并能保压；

② 全制位制动缸压力上升至（300±15）kPa 左右；

③ 下车检查：闸瓦应压紧制动盘，空气制动指示器应呈红色；

④ 小开前后制动管折角塞门，检查贯通状态。

（2）单阀手把阶段移至运转位。

① 制动缸压力阶段下降并能保压；

② 运转位时制动缸压力应降至 0。

**第四步：**

（1）单阀手把直接移至全制位制动缸压力（2~3）s 上升至（300±15）kPa。

（2）单阀手把直接移至运转位，制动缸压力（3~5）s 下降至 0。

**第五步：**

（1）换向手柄置前进位，自阀手把置紧急位。

① 制动管压力迅速降至 0，制动显示屏显示"动力切断"；

② 均衡风缸压力缓慢降至 0；

③ 自动撒砂 5 s；

④ 制动缸压力（3~5）s 升至 200 kPa，并继续升至 450 kPa。

（2）侧压单阀手把。

① 闸缸压力降至 0；

② 松开手把，闸缸压力应上升至（450±15）kPa。

（3）1 min 后，确认制动显示屏提示缓解信息，将自阀手把移至运转位。制动显示屏"动力切断"显示熄灭；均衡风缸、制动管恢复定压；制动缸压力降至 0。换向手柄置 0 位。

作业时间：5 min（一台司机室作业时间）

**14.2.4 撒砂试验**

在规定区域进行撒砂试验。各砂路畅通。

**14.2.5 轮喷试验**

在触摸屏上按压检修状态键，输入"000"三位密码，进入试验状态画面，点击轮缘润滑试验，将司机控制器换向手柄置"前"或"后"位，进行试验。

作业时间：0.5 min（一台司机室作业时间）

**14.2.6 闸瓦间隙**

缓解单、自阀，注意机车防溜，检查机车闸瓦间隙。闸片与制动盘缓解间隙为（2~3）mm。

作业时间：1 min

**14.3 试验后确认**

故障履历确认，故障履历无机车高压试验期间的故障提报。

作业时间：0.5 min（一台司机室作业时间）

续表

**14.4 季节性试验**

（1）使用风速测试仪测量并记录复合冷却器、辅助变流器通风量。复合冷却器、辅助变流器通风量应符合技术要求：复合冷却器不得低于 3.5 m/s；辅助变流器不得低于 6.5 m/s。

（2）试验机车空调，机车空调通风量、制冷符合要求。

（3）试验取暖设备。各取暖设备制热。

作业时间：1 min

## 学习工作单与考核表

| 任　　务 | | HXD$_{3C}$ 型电力机车给油检查作业 | | | |
|---|---|---|---|---|---|
| 学习小组 | | | 姓名 | | |
| 学习工作任务 | | 学习工作完成评价 | | | |
| 学习工作 1：掌握 HXD$_{3C}$ 型电力机车前端部检查作业 | | 自我评价 | 小组评价 | 教师评价 | |
| | | | | | |
| 学习工作 2：掌握 HXD$_{3C}$ 型电力机车走行部检查作业 | | 自我评价 | 小组评价 | 教师评价 | |
| | | | | | |
| 学习工作 3：掌握 HXD$_{3C}$ 型电力机车车底检查作业 | | 自我评价 | 小组评价 | 教师评价 | |
| | | | | | |
| 学习工作 4：掌握 HXD$_{3C}$ 型电力机车上部检查作业 | | 自我评价 | 小组评价 | 教师评价 | |
| | | | | | |

## 自 测 题

### 简答题

1. 简述弹停装置检查的基本要求。

2. 简述升弓阀板检查的基本要求。

3. 简述机车制动软管检查的基本要求。

# 参 考 文 献

[1] 中国国家铁路集团有限公司运输部. 铁道概论. 北京：中国铁道出版社有限公司，2022.
[2] 中国国家铁路集团有限公司运输部. 铁路机车概论. 北京：中国铁道出版社有限公司，2022.
[3] 高伟，钟恩松，李长留. 电力机车构造. 3 版. 成都：西南交通大学出版社，2023.
[4] 《时速 160 公里动力集中型电力动车组（CR200J3 型）原理与操作》编委会. 时速 160 公里动力集中型电力动车组（CR200J3 型）原理与操作. 北京：中国铁道出版社有限公司，2021.
[5] 北京铁路局. HXD$_{3C}$ 型电力机车原理与操作. 北京：中国铁道出版社，2015.
[6] 陈艳伶，金环. 电力机车总体及走行部. 北京：北京交通大学出版社，2020.